AI+

DeepSeek高效财务

孙玥璠　苏　芮　张真昊　编著

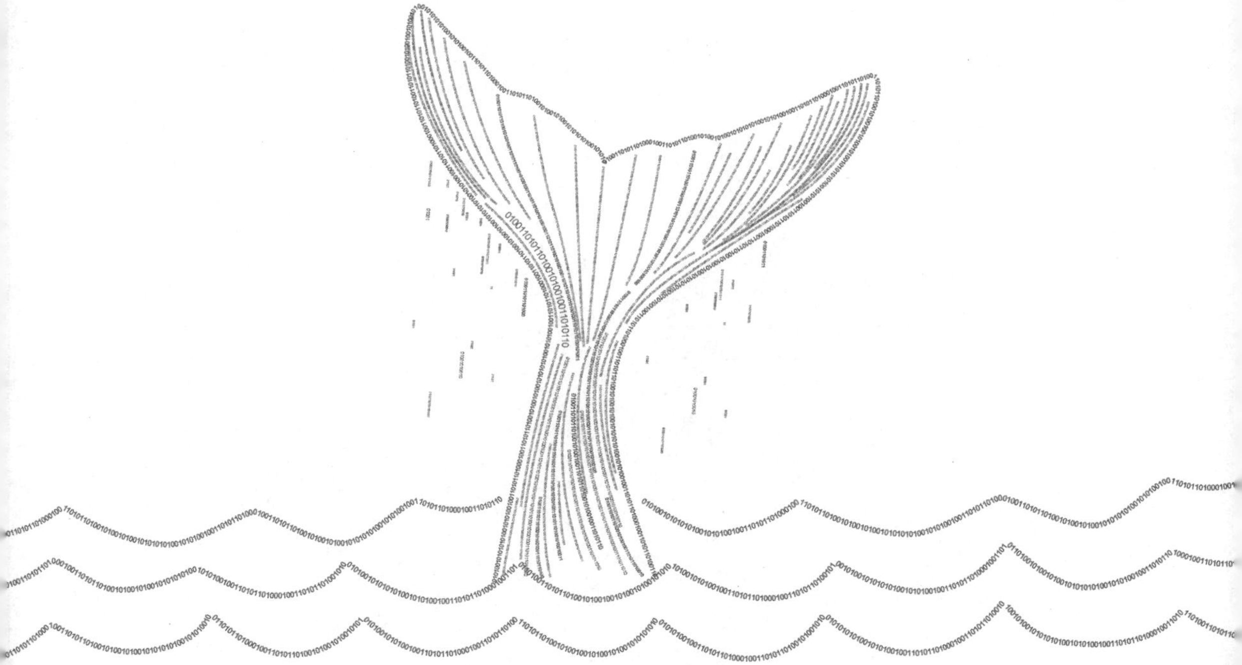

中国人民大学出版社
·北京·

AI 时代，财务人路在何方？

某天晚上，我给研究生开完例会后，一位学生找到我说："老师，您还记得我们班的 ××× 吗？她前几天联系我，让我一定当面向您转达她的敬意和感谢。她在读研期间实习时，有一天老板给她布置的工作是把访问者数据一条条粘贴到 Excel 表格中，要求一个星期做完。她就想起了之前上您的课时您说过的话——'所有重复 30 次以上的工作都不值得我们自己亲自做'。于是她用了一个晚上，复习了您教我们的机器人流程自动化（RPA）知识，还联系了班上其他同学，一起做出了流程自动化，最终用一个小时就做完了工作。老板对她的能力表示认可，她的实习由此获得了极高的评价。您的课是她觉得收获最大的课。"

这些年我经常听到学生跟我分享类似的应用 AI 辅助高效完成财务工作并获得赞赏或得到机会的故事，我为此感到自豪不已。教书 20 年了，从手把手教老一辈会计人怎样使用电算化软件、大面积普及 Excel 财务应用，到教财务人应用 ERP 系统、大型企业集团财务共享服务模式、财务 BP 落地实操、"无代码" RPA 财务机器人开发，再到今天 AI 财务的划时代发展，我深刻体会着技术进步对财会工作的变革给财务人带来的冲击和挑战，更亲历了每次变革给主动学习的财务人带来的巨大机遇和上升机会。

AI 是替代者吗？不是！AI 是拥有放大人类价值的力量的超级工具，这种力量是强大的，甚至是惊人的。那么谁的价值将被放大？自然是会使用 AI 的人，也就是我们俗称的“AI 精英”。在 AI 时代，马太效应显著：强者更强，弱者更弱，两极分化加剧。会使用 AI 的人工作效率空前提高，新的职业、新的技能标签出现。因此，AI 淘汰的是不会用 AI 的人，在 AI 时代，适者生存。所以财务人要学习、适应、提升、进化。成为新时代 AI 财务精英，是财务人面临的新课题，更是财务人突破职场天花板，实现职业跃迁的黄金契机。

未来已来，唯变不变。

基于此，本书旨在为财务人提供 AI 时代的转型指南，从工具应用、思维升级到价值重构，全方位赋能财务人掌握 AI 核心技能。本书不仅是技术手册，更是财务职业革命的路线图，让我们共同开启这场 AI 赋能的财务进化之旅。

2025 年 1 月下旬 DeepSeek R1 发布，我和我的团队整个春节假期都在兴奋地讨论和尝试。2 月我们开始设计课程，准备开学后给本科注册会计师专门化和会计专业的高年级学生、会计专业硕士（MPAcc）和 MBA 学员开课。同时我们也在准备给大量社会在职财务人进行的培训，来自不同行业的许多学员以极高的热情积极参与了学习，积累了大量宝贵的实操经验。

教学和培训成果表明：第一，只学习基本的 AI 理论知识（如大模型理论、提示词知识）是不够的，AI 的价值在于实操落地，财务 AI 尤其如此。第二，经过一段时间的学习和练习，财务人使用 AI 的技能大幅提升。这在本书中“普通组”和“优秀组”的操作与成果对比中体现尤为明显；而经过训练，最终两组都能在 60 分钟内高效完成指定任务。

本书得以出版，是团队共同努力的成果。本书的提纲、“任务场景描述”、审校、“作者点评”、“本章总结”、“实用技巧”，以及第 6、7、8、10、11 章，由孙玥璠完成；全书所有 AI 任务实现（包括人工检验）以及第 4、5、9、12 章，由苏芮完成；第 1、2、3 章和全书所有“小贴士”、技术支持，由张真昊完成。

感谢我的学生们：吴润佳参与了第 1 章的资料整理工作；黄聪慧、李梦丽参与了第 2 章的资料整理工作；杨秋萍参与了第 3 章的资料整理工作；靳凯宇、屈文宇、申珊、秦柳、马莹莹参与了第 5 章的资料整理工作；朱晨光、范宇欣参与了第 12 章的资料整理工作；丰淑成、肖惠琪参与了第 4 章的编写；黄聪慧参与了第 7 章的编写；石江霞参与了第 9 章的编写；李梦丽参与了第 10 章的编写；杨一帆参与了第 11 章的编写；薛博文为第 7 章提供了部分数据支持；李云轩为第 8 章提供了部分数据支持；张盟雨、梁予露、董瞳为第 12 章提供了部分数据支持。还要感谢中国人民大学出版社编辑陈永凤、张萌的辛勤付出。

本书可以作为高等学校财会及相关专业课程教材，也可以作为在职财务人员学习、培训资料。无论是 DeepSeek 还是其他 AI 大模型，它们的更新迭代都很快，本书力求在核心方法论和底层逻辑上保持前瞻性，同时努力提供可迁移的实践框架以适应技术演进。

本书所有配套的代码和可视化网页资源，均可以通过扫描书中的二维码下载，本书作者还将在“AI 财务专家丨孙玥璠”账号不定期发布 AI 财务实操案例、DeepSeek 实用技巧、AI 大模型工具使用指南等免费内容，欢迎大家共同讨论，一起进步。为了方便大家交流心得体会，我们还建了专门的微信交流群，可扫码加入。

微信交流群

由于能力所限，本书难免存在问题，在此恳请各位愿意拥抱和尝试财务 AI 的读者批评指正。

路虽远行则将至，事虽难做则必成。AI 财务，正当破晓时分，未来星辰大海。

AI 时代，财务人路在何方？路在脚下。

孙玥璠

目录

上篇　AI 与 DeepSeek

中篇 应用 DeepSeek 辅助财务工作基础实操

上篇

AI与DeepSeek

随着 AI 大模型技术的持续突破，AI 正在以前所未有的速度重塑财务管理的格局。在这一过程中，AI 已不仅仅是替代人工处理事务的工具，更是演变为辅助财务战略制定与风险控制的“智能大脑”，在智能核算、预算预测、资金管理、审计分析等关键环节展现出强大的能力。

尤为值得关注的是，随着中国自主大模型研发的兴起，DeepSeek 凭借卓越的中文语义理解能力和高效的行业场景适配能力，成为推动财务智能化转型的重要支点。在实际应用中，DeepSeek 能帮助财务人员处理财务报销、凭证审核、数据整理、报告生成等工作，提升工作效率及合规性、准确性。其在多模态能力和自然语言交互上的优势，进一步拓展了财务人员与系统之间的交互边界，使“人机协同”从理想愿景走向现实场景。

上篇从 AI 的基本概念与技术特征入手，系统梳理了其发展历程、核心优势与现实挑战，深入分析了 AI 在财务领域中的应用场景及其角色转变，并对如何使用 AI 的通用模型和推理模型、如何设计提示词等进行了详细的讲解。其中，第 1 章为“时代之光：AI”，聚焦 AI 的技术内涵与发展脉络；第 2 章为“AI 大模型”，系统介绍主流大模型的性能特征与代表性应用；第 3 章为“DeepSeek 应用必杀技：提示词”，深入讲解 DeepSeek 交互中的提示词高效构建方法。

第 1 章

时代之光：AI

1.1 AI 概述

1.1.1 AI 的概念和特点

1. AI 的概念

人工智能（artificial intelligence，AI）是一门前沿的交叉学科，正如很多新兴学科一样，对于 AI 至今尚无统一的定义。目前比较经典的 AI 定义有：

（1）AI 是计算机系统模拟、扩展和执行人类智能的能力。

（2）AI 是研究那些使理解、推理和行为成为可能的计算。

（3）AI 是一种能够运行需要人类智能的创造性机器的技术。

（4）AI 是试图揭示智能的本质，并用一种能够以类似于人类智能的方式作出反应的智能机器或智能系统。

（5）AI 是智能机器执行的通常与人类智能有关的智能行为，如判断、推理、证明、识别、感知、理解、通信、设计、思考、规划、学习、问题求解等思维活动，同时还应具备伴随思维活动的环境适应能力和行动能力。

2. AI 的特点

AI 作为当今科技领域的重要突破，正在深刻改变我们的生活和工作方式。它的独特能力使其在各个领域展现出巨大的潜力。以下是 AI 的八个特点：

（1）自主学习与自适应性

AI 可以通过分析大量数据，自主发现规律，并随着新数据的增加不断调整优化。具体表现为：传统的软件需要人为编写详细的规则，而 AI 可以自动学习，不需要逐条设定。

AI 能适应不同的环境，比如在财务管理中，它可以通过不断分析新的财务数据，提升预测的准确性。例如，应用 AI 进行智能财务风控。某公司使用 AI 系统来检测财务风险，最开始，它只能识别简单的错误，如同一个报销单据重复报销。但随着时间的推移，AI 通过学习历史财务数据，开始发现更复杂的风险模式，如某供应商的合同金额经常接近审批上限，这可能是故意规避内部控制的行为。

（2）数据驱动

AI 的决策主要依赖数据，而不是人为设定的规则。数据越多，AI 的决策就越准确。具体表现为 AI 不是凭感觉作决策，而是依赖数据进行分析。

在财务管理中，AI 可以处理大量交易记录、报表和市场数据，提供更客观的分析。例如，应用 AI 进行智能税务合规计划。企业可以使用 AI 分析过去的纳税情况，自动识别可能的节税空间。如果 AI 发现某家公司经常在年末集中采购大批办公用品，它可能建议公司平摊采购，优化税务策略，以减少年度纳税压力。

（3）高度计算能力

AI 能够处理庞大的数据量，并在短时间内完成复杂计算。具体表现为：传统财务分析可能需要人工整理表格、计算数据，而 AI 可以在几秒钟内完成这些工作。AI 依赖高性能处理器（如 GPU、TPU），可以同时处理大量交易数据，进行高频交易分析等。

例如，应用 AI 进行现金流预测。一家零售企业想预测下季度的现金流情况，AI 可以快速处理过去五年的销售数据、供应链数据、市场趋势，并预测未来的现金流走势，比传统应用 Excel 分析要快得多，同时更精准。

（4）模式识别与预测能力

AI 擅长识别数据中的规律，并基于这些规律进行预测。具体表现为：AI 可以发现隐藏的数据模式，如某产品的销量与气候、假期等因素的关系。

在财务管理中，AI 可以预测未来的成本、收入、市场价格走势等。例如，应用 AI 进行股票市场趋势预测。一家投资公司使用 AI 分析股票市场数据。AI 通过分析发现，每次美联储降息后，某些行业的股票表现会更好，投资经理可以基于此作出更好的投资决策。

（5）自动化与智能决策

AI 可以自动完成许多财务流程，并根据数据作出合理的决策。具体表现为：AI 可以代替人工完成财务报表编制、发票审核、费用报销审核等任务，提高效率。AI 还可以基于数据给出建议，比如“应该调整预算”或“应该增加现金储备”。

例如，应用 AI 进行智能报销审批。某公司引入 AI 进行报销审核，AI 可以自动识别异常报销，如“某员工在一个月内多次报销在同一家餐厅的高额消费”，并提醒财务人员进行进一步核查。

（6）语义理解与自然语言处理（NLP）

AI 可以理解和处理人类语言，实现智能对话、财务文档分析等功能。具体表现为：AI 可以阅读和分析财务报告、合同、法规文件等，并提取关键信息。AI 还可以用于财务客服，自动回答关于开发票、付款等问题。

例如，把 AI 用作智能财务助手。某公司使用 AI 财务助手，员工可以直接问“上个月我们的主要成本增长了多少”，AI 会自动分析财务数据，给出清晰的回答，而不需要财务人员手动查找数据。

（7）解释性与可解释性问题

AI 的决策过程往往很复杂，部分 AI 模型很难解释其决策依据。具体表现为：AI 的某些决策可能是基于复杂的数学模型，而不是直观的规则。

这在财务领域可能会带来问题。例如，对于“AI 为什么认为这个供应商有风险”，如果回答不清晰，管理层可能不愿意信任 AI 的判断。再如，在使用 AI 进行审计的过程中可能遇到透明度问题。某公司使用 AI 来审查财务报表，AI 指出某个子公司的财务报表存在异常。管理层希望知道具体原因，但 AI 的分析结果只是“模型判断该数据异常”，并没有提供详细解释，这可能导致企业降低对 AI 分析结果的信任度。

（8）持续进化与升级

AI 模型可以不断学习新的数据，并持续优化自身能力。具体表现为：AI 不像传统软件那样固定，而是可以通过不断更新数据和算法，提升预测能力。

在财务领域，AI 可以适应新的市场变化、监管政策等，帮助企业作出更精准的决策。例如，应用 AI 进行智能预算管理。某公司使用 AI 进行年度预算规划，AI 最开始给出的预算预测偏差较大，但随着公司提供更多的历史财务数据，AI 不断学习调整，到了第三年，其预测准确率显著提高，能帮助公司更好地管理资金。

AI 的特点决定了它在财务管理中具有广泛的应用前景，从自动化报销审批、智能税务合规计划、现金流预测到股市趋势分析、智能审计，AI 正在改变传统企业财务管理的方式。随着技术的进步，未来 AI 在财务领域的应用会越来越广泛，但同时也需要解决可解释性、数据安全、合法合规等问题。

1.1.2　AI 的历史沿革

AI 的发展经历了三次历史浪潮，每次浪潮均伴有核心技术突破、标志性事件与应用领域的快速拓展，推动 AI 进入新的发展阶段。

1. 第一次浪潮：初创与探索阶段（1956 年至 20 世纪 70 年代末）

在 1956 年召开的达特茅斯会议上，“人工智能”的概念被正式提出。以逻辑推理、符号计算为核心的传统 AI 方法迅速发展，诞生了诸如定理证明、专家系统等成果。其中的标志性事件包括：

- 1956 年，达特茅斯会议召开，约翰·麦卡锡（John McCarthy）等人首次提出 AI 的概念，标志着 AI 学科正式诞生。
- 1966 年，约瑟夫·维森鲍姆（Joseph Weizenbaum）开发出第一个聊天机器人 ELIZA。
- 1968 年，专家系统取得初步成功，DENDRAL 系统（化学分子识别系统）研发成功。

但之后因计算能力不足、符号主义局限明显，AI 发展进入瓶颈期，出现了第一次“AI 寒冬”。

2. 第二次浪潮：知识工程与专家系统阶段（20 世纪 80 年代至 90 年代末）

20 世纪 80 年代初，AI 迎来复苏，以知识工程、专家系统、规则推理为代表的方法得到广泛应用，尤其是在工业、医疗、金融等领域，诞生了诸多成功的 AI 商业化产品。其间的标志性事件包括：

- 1981 年，日本政府提出“第五代计算机”计划，引发全球 AI 热潮。
- 1989 年，美国卡内基梅隆大学（Carnegie Mellon University）开发出 ALVINN 系统，首次实现无人驾驶汽车在特定条件下自主驾驶。
- 1997 年，IBM 的 AI 计算机深蓝（Deep Blue）战胜国际象棋大师卡斯帕罗夫（Kasparov），AI 的影响力达到新高度。

但由于技术瓶颈显现、专家系统的知识库构建困难、维护成本高昂，第二次浪潮逐渐退去，AI 发展再次陷入相对沉寂阶段，即第二次“AI 寒冬”。

历史时刻

深蓝战胜国际象棋冠军卡斯帕罗夫

1980 年，卡内基梅隆大学宣布，向任何创造出一台能够击败世界上最好的人类棋手的计算机的人提供 10 万美元奖金。之后十几年，这一任务一直未被完成。直至 1997 年 5 月，在美国纽约，IBM 研发的 AI 计算机深蓝与国际象棋世界冠军加里·卡斯帕罗夫展开 6 场对决。深蓝拥有每秒分析 2 亿步棋的超强计算能力，尽管卡斯帕罗夫凭经验赢下首局，但随后深蓝迅速调整策略，在决胜的第 6 局仅用 19 步就迫使卡斯帕罗夫认输，最终深蓝以 3.5：2.5 的总比分获胜。这场比赛标志着 AI 迈入了新纪元，人类开始重新审视人与机器的关系。

3. 第三次浪潮：机器学习与深度学习时代（21 世纪初至今）

21 世纪初，以机器学习特别是深度学习技术为核心的新一轮 AI 浪潮兴起。得益于大数据、云计算和高性能计算的突破，AI 迎来了前所未有的发展机遇，迅速进入商业化和产业应用的黄金阶段。标志性事件与重要成果包括：

- 2006 年，杰弗里·辛顿（Geoffrey Hinton）等人提出深度置信网络（DBN），掀起深度学习研究的热潮。
- 2011 年，IBM 超级计算机沃森（Watson）在智力问答节目《危险边缘》中击败人类选手，引发对 AI 产业的关注。
- 2012 年，深度卷积神经网络 AlexNet 在 ImageNet 图像识别竞赛中取得重大突破，大幅提升了图像识别精度。

- 2016 年和 2017 年，谷歌旗下的 DeepMind 公司开发的围棋 AI AlphaGo 先后战胜围棋世界冠军李世石与柯洁，推动 AI 在全球范围内的快速普及与产业投资热潮。
- 2022 年，OpenAI 发布对话式 AI ChatGPT，引发生成式 AI 的全球热潮，进一步推动 AI 技术快速走向实际应用。
- 2023 年，生成式 AI 技术迅速发展，全球主要科技公司纷纷推出各自的 AI 大模型应用平台，AI 技术与产业进一步融合，并逐渐进入规模化商业应用阶段，呈现出更加明显的产业生态化趋势。
- 2024 年，DeepSeek 作为新一代国产开源大模型代表，快速崛起并广泛应用于教育、财务、智能办公和智能决策等多个领域，以强大的中文语义理解能力和高效的行业场景适配能力，推动大模型技术的多领域产业化落地与本土化创新进程。

AI 的第三次浪潮以深度学习、大规模预训练模型及生成式 AI 技术为核心，实现了技术创新与产业实践的深度结合，持续推动 AI 产业迈向智能化、产业化、生态化发展的新高度。

历史时刻

AlphaGo 战胜人类职业围棋顶尖选手

AlphaGo 是第一个击败人类职业围棋选手、第一个战胜围棋世界冠军的 AI，由谷歌旗下的 DeepMind 公司开发。2016 年 3 月，AlphaGo 与围棋世界冠军、职业九段棋手李世石进行围棋人机大战，以 4∶1 的总比分获胜；2016 年末 2017 年初，该程序在中国棋类网站上以“大师”（Master）为注册账号与中日韩数十位围棋高手进行快棋对决，连胜 60 局；2017 年 5 月，在中国乌镇进行的三番棋比赛上，它与当时世界排名第一的围棋世界冠军柯洁对战，以 3∶0 的总比分获胜。围棋界公认 AlphaGo 的棋力已经超过人类职业围棋顶尖水平。

历史时刻

中国自主研发 DeepSeek AI 大模型

DeepSeek AI 大模型由中国科研团队于2023年自主研发。DeepSeek 采用先进的 Transformer 架构，应用高质量中文语料训练，在语言生成、智能对话与专业知识推理方面表现卓越，达到国际领先水平。2024 年，DeepSeek 团队持续优化性能，并在教育培训、金融财务和智能办公等领域推出应用方案，实现产业化落地。截至 2025 年 3 月，DeepSeek 服务数千家企事业单位，形成了广泛的产业生态，成为我国自主 AI 创新典范。DeepSeek 通过开源策略显著降低了大模型训练与应用的门槛，推动了全球开发者成本指数级下降，加速了 AI 技术在不同场景的落地。

1.1.3 AI 的主要技术、优势与缺陷

1. AI 的主要技术

AI 的主要技术包括机器学习、深度学习、强化学习、自然语言处理和计算机视觉等。机器学习是一种能够使计算机从数据中学习并根据经验改进性能的技术，不需要人工编写所有规则。深度学习是机器学习的一个分支，采用多层神经网络来模拟人脑的学习方式，擅长处理复杂数据，如图像、语音、文本等。强化学习是一种通过试错不断优化决策的 AI 技术，适用于动态优化问题，如投资组合管理、智能定价等。自然语言处理是一种使计算机理解、分析、生成和处理人类语言的技术，广泛用于财务报表分析、财务合同审核、智能客服等领域。计算机视觉是一种让计算机像人类一样“看”和理解图像的技术，广泛用于自动发票审核、发票报销等财务领域。

机器学习、深度学习、强化学习、自然语言处理和计算机视觉的主要优势、主要缺点和典型财务应用见表 1–1。

表 1–1　主要 AI 技术的对比

AI 技术	主要优势	主要缺点	典型财务应用
机器学习	预测能力强 可持续优化	依赖数据质量 解释性差	信用风险评估 智能财务预测
深度学习	适用于复杂数据 精度高	计算成本高 黑箱问题	财务欺诈检测 市场分析
强化学习	适用于动态优化 自我优化	训练时间长 解释性差	投资组合管理 智能定价
自然语言处理	处理文本数据 自动化	语义理解有限 可能存在偏见	财务合同审核 智能客服
计算机视觉	理解图像	识别受限 计算成本高	自动发票审核 发票报销

2. AI 的优势

AI 作为当今科技领域的重要突破，正在深刻改变企业财务管理的方式。它的独特能力使其在财务领域展现出巨大的潜力，其核心优势体现在自动化处理、预测精准度、风险控制、不受时间限制等方面。

（1）提高效率，自动化财务流程

AI 可以替代执行重复、耗时的财务任务，如报销审批、财务对账、报表编制等，从而提高财务管理的效率。传统企业财务工作需要大量人工操作，如人工录入发票信息、审核报销单据、编制财务报表等。而 AI 可以利用光学字符识别（OCR）和规则引擎实现自动化处理。此外，AI 可以全天候工作，不会疲劳，大大提升财务工作效率。

（2）数据驱动，提高预测和决策能力

AI 基于大数据分析，可以发现财务数据中的隐藏模式，提高财务预测和投资决策的准确性。传统财务预测方法主要依赖历史数据和人工经验，而 AI 可以分析更多层面的数据（如市场趋势、宏观经济指标、供应链数据），提高预测的可靠性。

（3）强化财务风控，降低合规和欺诈风险

AI 可以通过模式识别和异常检测，识别潜在的财务欺诈和合规风险，发布财务风险预警，帮助企业建立智能化的风控体系。具体地，AI 可以分析交易往来数据，检测是否存在异常资金流动，如资金走账异常、虚假报销、洗钱行为等。AI 还可以自动识别违反税务法规或审计要求的交易，帮助企业更好地遵守合规要求。

（4）7×24 小时运作，减少人工依赖

AI 可以不间断地执行财务任务，不受工作时间限制，确保企业财务管理的连续性。传统企业财务管理员工的工作时间有限，而 AI 可以全天候执行任务，如夜间自动生成报表、处理财务数据等，还可以在管理层需要的时候快速提供决策支持资料，不受工作时间和工作地点的限制。除此之外，AI 客服系统也可以在全球范围内提供 7×24 小时的财务咨询服务，优化客户体验。

3.AI 的缺陷

AI 技术的快速发展给财务管理行业带来了巨大变革，但 AI 在数据依赖、黑箱问题、数据安全、技术成本等方面仍然存在缺陷。如何解决这些问题是推动 AI 健康发展的关键。

（1）结果依赖数据质量

AI 模型的表现严重依赖于数据的质量，如果数据不准确、存在偏差或样本量不足，AI 的分析结果就可能造成误导。因为 AI 只能在已有数据的基础上学习，如果数据样本不均衡（如企业历史财务数据过于单一），则预测结果可能有偏差。在财务合规领域，错误的数据可能导致错误的税务申报或财务决策，增加企业风险。例如，企业在贷款申请流程中出现数据偏差，如果 AI 仅基于企业过去的贷款数据进行评估，而没有考虑企业现在的发展需求、新的经济环境或政策变化，则可能导致企业贷款需求申请金额和方案错误。

（2）黑箱问题，决策可解释性差

某些复杂的AI模型（如深度学习模型）难以解释其决策过程，在财务审计、合规监管等领域可能会面临挑战。传统财务决策基于明确的规则，而AI决策可能依赖复杂的数学模型，财务人员很难理解AI为何作出某个决定。在规制严格的行业，如银行业和保险业，AI的不可解释性可能影响合规性审核。例如，导致企业在资金支付环节出现黑箱问题。如果AI拒绝了一项支付审批，但无法提供明确理由，那么财务和销售部门可能不会接受这一决策，因为企业在合规性上面临挑战。

（3）数据安全和数据隐私问题

AI系统需要依靠大量财务数据，如何保护这些数据的安全性和隐私性是一个重要问题。AI系统由于存储着大量财务数据，可能成为黑客攻击的目标。监管机构对于财务数据的安全和隐私保护要求较高，企业需要确保AI系统符合数据保护法规（如欧盟的《通用数据保护条例》、我国的《中华人民共和国数据安全法》）的要求。例如，银行的AI风控系统存储了大量用户信息和交易信息，如果AI在云端处理用户交易数据时发生数据泄露，则可能导致严重的法律和商业风险。

（4）依赖技术投入，成本较高

AI系统的开发和维护成本较高，中小型企业可能难以承担长期的技术和资金投入。AI的实施需要高性能计算资源和专业团队的支持，模型还需要持续优化，技术投入要求较高。部分企业可能因为资金或技术限制，难以全面应用AI进行企业财务管理。例如，众多中小型企业都希望引入AI财务分析系统，同时保护企业的信息和数据安全，但发现需要投入大量资金进行系统开发、数据清理和模型训练，成本过高，因此只能被迫放弃。

企业在应用 AI 进行财务管理时，需要平衡 AI 的技术优势与风险，确保合规、安全。

1.1.4 AI 的应用领域

随着技术不断进步，AI 的应用范围日趋扩大，深入影响着经济社会发展的各个领域。下面简要介绍 AI 在金融、医疗健康、制造业、教育、交通运输等领域的应用情况，1.1.5 小节将详细介绍 AI 在财务领域的应用。

1. 金融领域

AI 在金融领域应用广泛，已逐步深入风险管理、智能投顾、量化投资、客户画像、信用评估和反欺诈等各个环节。例如，通过智能风控技术，金融机构可以实时监测并分析客户信用风险，提高风险管理能力；智能投顾可以根据客户投资偏好、风险承受能力及市场动态，制定个性化投资建议，提升投资效率。

2. 医疗健康领域

AI 在医疗健康领域的应用主要集中在医学影像分析、辅助诊断、药物研发、精准医疗及智能健康管理等方面。例如，借助 AI 技术可快速分析医学影像数据，精准识别癌症或其他疾病的病变区域，有效提高诊断准确性。此外，AI 算法能够显著加速药物研发进程，通过优化新药开发和临床试验的各个环节，极大地提升研发效率。

3. 制造业领域

AI 已成为推动制造业转型升级的关键技术，被广泛应用于智能制造、工业机器人、质量监测与预测性维护等场景。比如，AI 驱动的智能生产线可以帮助企业实现自动化生产和精准质量控制，有效降低成本和提升生产效率；预测性维护技术能够提前预判设备故障，缩短生产停机时间和减少维修成本。

4. 教育领域

AI 在教育领域的应用主要体现在智能教学、个性化学习、自动评测、智慧校园建设等方面。通过 AI 技术对学生数据的精准分析，教学系统可实现个性化学习方案制订，针对不同学生的学习特点提供精准化辅导。此外，AI 技术能够支持教师实现自动化阅卷、智能化备课以及课堂互动数据分析等，推动教育信息化进程，从而促进教育资源公平分配。

5. 交通运输领域

AI 在交通运输领域的应用主要体现在智能驾驶、自动驾驶和智慧交通管理等领域。其中，无人驾驶技术正逐步走向实际应用，利用 AI 实现车辆的自主决策与控制，能够显著提升道路安全性和通行效率，缓解交通拥堵问题。此外，智慧交通系统通过对交通流量数据的实时分析，能够科学调配交通资源，提高道路使用效率，从而全面提升交通管理的智能化水平。

1.1.5 AI 在财务领域的应用

1. AI 在财务领域的应用场景

随着技术的不断发展，AI 在财务领域的应用越来越广泛，正在改变传统的财务管理方式。AI 可以帮助财务人员减少重复劳动，提高工作效率，同时使企业的财务管理更加精准、智能和高效。AI 在财务领域的的应用场景主要涵盖智能会计与核算、财务共享与自动化流程、资金管理与预测分析、预算管理与绩效分析、财务决策支持与风险管控以及个性化财务咨询服务等方面。

（1）智能会计与核算

过去，会计人员需要人工录入数据、核对账目、编制报表，工作烦琐且容易出错。AI 的出现使这些流程变得更加自动化和智能化。现在，利用 AI 技术可以自动识别和处理财务凭证，如自动读取发票信息、划分支出类型，甚至还能根据财务规则自动生成账务报表。这样不仅降低了出错率，还使财务工作更高效、精准。

（2）财务共享与自动化流程

企业的财务管理工作涉及大量的审批和流程，比如报销审批、发票审核、资金支付等。过去这些流程通常需要人工操作，效率低，管理成本高。AI 技术的应用可以帮助企业搭建财务共享中心，实现财务流程的自动化。例如，员工提交报销单后，AI 可以自动审核是否符合公司报销规定，在系统内完成审批，大大缩短人工审核的时间。同时，AI 还能帮助企业快速处理发票、自动安排付款，降低人工操作的错误率。

（3）资金管理与预测分析

对于企业来说，资金的合理管理非常重要。AI 可以帮助企业实时监测资金流动，分析现金流情况，并预测未来的资金需求。例如，AI 可以结合企业的历史财务数据和市场趋势，分析某段时间内的资金使用情况，预测可能出现的资金缺口，帮助企业提前做好资金规划，避免出现资金链断裂的风险。

（4）预算管理与绩效分析

企业的预算管理通常需要结合以往的数据和市场情况进行预测和调整。AI 可以通过分析企业的历史财务数据、行业趋势和市场变化，帮助企业制订更精准的预算方案。同时，AI 还能实时监测预算的执行情况，发现可能的偏差并提供数据支持，让管理层更好地调整经营策略。例如，如果 AI 发现某个项目的预算花费超出预期，它可以及时发出提醒，帮助管理层作出合理调整，避免资金浪费。

（5）财务决策支持与风险管控

企业在作财务决策时，需要综合分析各种数据，如收入、成本、税负、市场价格等的数据。AI 凭借强大的数据分析能力，整合企业内部和外部的财务数据，找出潜在的风险和发展机会。例如，如果 AI 分析发现某个业务的收入下降可能是市场需求降低或竞争对手增加所致，它会给出相关的分析建议，帮助管理层作出正确的决策。此外，AI 还能识别财务风险，比如异常交易、现金流短缺等，发出预警，帮助企业减小损失风险。

（6）个性化财务咨询服务

AI 不仅可以帮助企业优化财务管理，还可以为个人提供个性化的财务建议。例如，一些智能财务助手可以根据用户的消费习惯、收入水平和投资偏好，提供合理的财务规划建议，帮助个人更好地管理财富。

2. 财务场景下 AI 的新角色

AI 正在重塑财务管理的方式，它不再只是一个简单的工具，而是成为财务管理领域的智能助手、战略顾问和风控专家。AI 不仅能够快速处理大量数据，还能全天候提供精准的分析和决策支持，帮助企业在竞争激烈的市场中更快、更精准地制定财务战略。从智能知识管家到战略财务预测顾问，AI 在财务场景下发展出许多不可或缺的新角色。

（1）智能财务知识管家

AI 就像一部随时待命的“智能财务百科全书”，能够通过语音识别和自然语言处理技术与财务人员互动。当财务人员遇到税收、财务流程或报表分析等问题时，AI 可以立即提供精准的答案，并给出相应的建议。例如，财务人员需要了解新的税收政策，AI 可以迅速检索相关法规，并结合企业的财务情况提供合适的税务规划方案。

（2）全球财务语言专家

随着企业全球化发展，跨国业务越来越多，财务人员经常需要根据不同国家的税收政策和法规处理财务报表。AI 的多语言翻译能力可以帮助财务人员迅速理解并转换各种财务数据，使企业能够轻松应对全球市场。例如，AI 可以将在不同国家经营的财务报表进行标准化处理，使其符合国际财务报告准则（IFRS）或当地的会计准则，避免因语言和制度不同带来的财务管理困难。

（3）综合财务分析师

AI 不仅能够帮助财务人员整理数据，还能整合企业的各类财务信息，包括成本、收入、现金流、资产、负债等，自动进行深度分析。通过整合财务风险管理、资金流动预测、成本优化等多维度功能，AI 能够提供全面深入的业务分析与洞察，为企业管理层提供精准的决策支持。

（4）财务报告智能助手

传统的财务报告需要财务人员花费大量时间整理数据、核对信息并人工编制。AI 可以自动采集、整理和分析数据，快速生成准确的财务报告，并确保其符合法规和会计准则。例如，AI 可以帮助企业自动生成月度、季度或年度财务报告，减少人工错误，提高财务报告质量，使管理层能够更快地掌握企业的财务状况。

（5）智能财务决策伙伴

AI 可以充当企业的“商业军师”，利用企业的历史数据、市场动态和经济趋势，提供智能化财务决策支持。例如，AI 可以分析市场需求，预测产品销售情况，帮助企业优化库存管理和降低成本。此外，AI 还能识别潜在的财务风险，如现金流短缺、应收账款回收困难等，发出预警，帮助企业作出更稳健的决策。

（6）全天候财务管控卫士

AI 具备全天候不间断工作的能力，可以实时监控企业的财务状况。例如，它可以自动监测企业银行账户资金流动，识别异常交易，并在发现问题时立即向财务人员发出警报。这样，企业可以快速发现并避免财务欺诈、违规操作或资金流失等风险，确保财务安全。

（7）定制化财务助理

AI 可以根据财务人员的使用习惯和业务需求，提供个性化的财务建议。例如，财务人员经常关注特定的财务指标，AI 可以自动整理相关数据，并在关键指标发生异常时发出提醒。此外，AI 还能根据财务人员的偏好，调整数据展示方式，使其可以更直观地查看企业财务状况，提高工作效率。

（8）战略财务预测顾问

AI 不仅能帮助企业处理日常财务管理任务，还能提供长期的战略规划建议。例如，它不仅可以分析宏观经济环境、行业发展趋势和企业历史数据，预测未来的市场变化，帮助企业制定长期的财务战略，还能自动计算项目投融资的财务数据、指标，助力项目管理和决策。无论是投资规划、并购决策还是长期资金管理，AI 都可以提供科学的数据支持，让企业在竞争中抢占先机。

AI 已经不仅仅是一个自动化工具，更是企业财务管理的得力助手。它可以帮助企业自动化处理财务数据，提供智能分析，甚至参与战略决策。未来，随着 AI 技术的不断发展，它的能力将会更加强大，扮演更多角色，如财务风控专家、税务规划师、投资顾问等，帮助财务人员提升专业能力，使企业的财务管理更精准、高效、安全。

3. AI 助力财务人员的角色转变

AI 的应用不仅在改变企业财务管理方式，还使财务人员从传统的事务性工作中解放出来，逐步向价值更高的战略管理角色转型。AI 助力财务人员的角色转变主要体现在三个方面：从“机械算账”到“智能管家”、从“被动执行”到“主动引领”，以及从“事后分析”到“事前预测”。

（1）从“机械算账”到“智能管家”

过去，企业财务人员的日常工作主要是依靠 Excel 和传统财务软件，进行手动录入数据、编制报表等重复性事务，不仅耗费大量时间精力，还容易出现人为错误。这使得财务部门常常被视为“数据录入整理”的简单职能部门，难以真正参与到企业的战略决策中。

如今，随着 AI 技术的融入，财务人员不再是“机械算账”，而是转型升级为企业的“智能管家”。AI 能够帮助财务人员自动完成数据的高效录入、智能分类、快速分析以及自动生成可视化财务报告，大幅提升财务工作的效率与精准度。例如，财务人员只需提出具体问题或需求，AI 工具便可快速提供精准的数据分析和决策建议。这种智能化模式把财务人员从烦琐、重复的基础工作中解放出来，使其更多地参与到优化资金管理、长期战略规划、风险预测与管控等高价值的工作中，真正实现从“机械算账”到“智能管家”的转变。

（2）从“被动执行”到“主动引领”

过去，财务人员的角色主要是根据公司决策执行任务，如完成数据核算、资金拨付等，缺乏主动参与决策的机会。现在，财务人员借助 AI 技术能够快速整合企业内外部数据，发现潜在的资金风险、成本浪费点，甚至预测市场变化趋势，从而可以主动提出问题，并提供应对方案。这样，财务人员不再只是执行任务，还能够积极影响企业决策，真正发挥“企业大脑”的作用，推动业务优化和利润增长。AI 技术的引入能够有效帮助企业财务人员从“被动执行”向“主动引领”转型。

（3）从“事后分析”到“事前预测”

传统财务管理的模式通常是“先发生、再分析”，也就是说，出现资金短缺、预算超支等问题后，财务人员才能进行分析并寻找解决方案。这种事后分析方式往往导致决策滞后，无法及时调整战略。

财务人员能够利用 AI 进行大数据建模和预测分析，提前发现潜在的财务风险。例如，AI 可以结合企业的历史财务数据和市场信息，预测下个月的资金需求，甚至发现某个业务部门可能出现预算超支，及时发出预警。这样，财务人员可以在问题发生之前就采取行动，避免损失，提高企业的资金利用率和风险防控能力。

AI 正在推动企业的财务管理工作从传统的“数据处理”向“智能决策支持”转型，使财务人员从单纯的事务执行者变成企业战略制定的重要参与者。它不仅提高了财务工作的效率，也让企业财务人员更具前瞻性和价值创造力。未来，AI 技术的进一步发展将助力企业财务工作更加智能化，使财务人员为企业的长远发展提供更强有力的支持。

4. AI 时代对财务人员的新要求

随着 AI 技术的快速发展，财务人员的工作模式和职业价值发生了变革。过去，财务人员的主要任务是数据整理、报表编制和核算等重复性工作，而在 AI 赋能下，这些基础工作逐步自动化，财务人员可以更多地参与企业战略管理，成为数据驱动型的决策支持者。未来，财务人员需要在角色转型、技能升级和实践创新三个方面不断提升能力，实现与 AI 的高效协作，打造更具价值的职业定位。

（1）转型为决策参谋官

大量重复性财务工作虽然重要，但创造的价值有限。现在，AI 可以高效地完成数据处理和智能分析，财务人员可以把精力投入更具战略意义的任务，比如战略规划、风险预测和商业决策支持等。

未来，财务人员作为企业决策层的参谋官，需要具备更强的商业敏感性和数据分析能力，能够利用 AI 提供的资金流预测、财务风险预警、市场趋势分析等信息，帮助企业制定更科学的经营策略。例如，当 AI 检测到可能出现现金流短缺时，财务人员需要结合市场动态，制订合理的融资和资金调度方案，确保企业资金链安全。这种转型让财务人员真正参与企业核心管理，成为企业发展的重要推动者。

（2）终身学习，掌握“人机互动”新技能

AI 的应用并不是让财务人员“失业”，而是让他们变得更强大。未来，财务人员的竞争力不再仅仅取决于传统的会计技能，还取决于如何与 AI 协作，实现高效决策。

首先，财务人员需要学会如何使用 AI 工具，比如利用 AI 进行数据建模、财务预测、自动化审计等，提升数据分析能力。其次，财务人员还需要理解 AI 的运行逻辑，评估 AI 的分析结果，避免过度依赖 AI 而失去判断力。例如，AI 可能基于历史数据预测某个业务的未来表现，但财务人员需要结合行业变化、市场趋势等更多的因素，合理调整 AI 的预测结果。最后，财务人员还需要具备“向 AI 提问”的能力。AI 的分析结果取决于输入数据的质量和问题的精准度，因此财务人员需要学会如何提出高质量的问题，引导 AI 进行深入分析，而不是被动接受 AI 的答案。

财务人员只有终身学习，具备“人机互动”的新技能，才能真正掌控 AI，让 AI 成为自己工作的“加速器”。

（3）重视实际应用，以实践推动创新

AI 的价值不只存在于理论中，更来自实际应用。财务人员需要善于在真实的业务场景中探索 AI 的最佳实践，推动财务工作创新。

在预算管理方面，财务人员可以利用 AI 分析历史数据，预测未来的资金需求，并实时监测预算方案执行情况，及时发现偏差，优化资金配置。在风险控制方面，AI 可以帮助财务人员实时监测异常交易，分析资金流向，提前识别潜在的财务风险。例如，如果 AI 发现某个业务部门的成本异常增加，财务人员可以深入调查原因，制订优化方案，避免企业遭受损失。在成本管理方面，AI 可以分析企业不同业务线的成本结构，找出成本浪费点，并提供优化建议。财务人员可以结合这些数据帮助企业制定更高效的成本控制战略。

通过不断的实际应用，财务人员不仅可以提升应用 AI 的能力，还可以推动财务管理创新，为企业创造更大的价值。

未来的财务行业将是“AI+ 财务人员”协同发展的新模式，谁能更好地与 AI 合作，谁就能在财务领域占据更有利的位置。财务人员需要主动迎接变化，积极调整角色定位，在 AI 时代创造更大的职业价值。

1.2 AI 在财务领域的未来发展

随着 AI 技术的快速发展，AI 在财务领域的应用将更加广泛和深入。AI 在财务领域的未来发展将主要体现在自适应、可解释性、人机协同、行业深度融合、合规性与伦理性等方面。

1. 自主学习与自适应 AI

未来，AI 将更好地自主学习，能够在不断变化的市场环境中利用新数据和适应新挑战，减少对人工干预的依赖。传统 AI 需要依赖历史数据进行训练，而未来的 AI 能够实时从新数据中学习，优化财务预测和风控模型。随着科技的发展，AI 将更擅长动态调整模型的参数，适应市场波动、政策变化和企业财务结构的调整。在企业财务管理中，AI 将能根据实时经营数据自动优化预算、成本控制和现金流的管理。

2. 可解释性 AI

未来，AI 的透明度和可解释性将增强，财务人员、监管机构和投资者能够更好地理解 AI 的决策逻辑。目前的 AI 模型往往存在黑箱问题，无法清晰解释其决策依据。未来，可解释性 AI 将提供更清晰的分析逻辑，如为什么 AI 建议调整某项预算，或者为什么 AI 拒绝了某项支付审批。在财务合规和审计方面，可解释性 AI 将提高财务数据分析的可信度，便于企业向监管机构提供透明的财务报告。

3. AI 与人类协作增强

未来，AI 不会取代人类，而是将与人类进行更深度的协作，帮助财务人员、投资顾问、审计师等提高工作效率和决策能力。AI 将成为财务人员的智能助手，自动进行数据分析并生成报告，提出优化建议，但最终决策仍由人类主导。在智能投资方面，AI 将辅助投资经理分析市场趋势、优化资产配置、提供决策支持。财务自动化系统将结合 AI 与人类的经验，确保 AI 分析结果的合理性。

4. AI 与行业深度融合

未来，AI 将深入各行业提供定制化的智能解决方案，帮助企业在特定业务场景下提升效率和竞争力。AI 不再是通用型技术，而将发展出行业专属 AI，如智能财务 AI、智能供应链 AI、智能风险管理 AI 等。在企业财务管理领域，AI 将结合行业特征提供针对性的分析，如房地产行业的税务合规计划 AI、制造业的成本控制 AI 等。AI 与区块链技术的结合将在智能合约、财务透明化管理等方面发挥更大的作用。

5. AI 的合规性与伦理性发展

未来，随着 AI 的广泛应用，各国将加强对 AI 的监管、数据隐私保护和 AI 伦理约束，确保 AI 的公平性、公正性和透明性。各国将出台更多法规约束 AI 在金融和财务领域的使用，确保 AI 决策的公正性和合规性。AI 数据隐私保护将成为重点，企业需要遵守更严格的数据合规要求。除此之外，AI 道德与伦理问题（如 AI 歧视、财务决策偏差等）将成为社会关注点，企业需要建立 AI 伦理审查机制。

小贴士

AI 歧视和财务决策偏差

AI 歧视指的是 AI 系统在进行数据分析或决策时，产生了不公正或不公平的结果，特别是对某些特定群体（如老年人、低收入群体）存在偏见或歧视现象。例如，一家银行在利用 AI 系统评估贷款申请时，如果用于训练 AI 的数据本身就带有偏见（如历史数据里某个群体过去贷款违约率较高），AI 就可能倾向于拒绝这个群体的贷款申请。这会造成不公平待遇，损害特定群体的利益，甚至可能违反公平竞争原则或法律法规。

财务决策偏差指的是 AI 系统在进行财务分析、预测或决策时，由于数据选择、算法设计或人为训练的疏漏，导致决策结果产生偏离真实情况或公平原则的现象。例如，一家公司利用 AI 分析投资项目，如果用于训练的数据存在偏差，如只包含过去盈利的投资项目数据，那么 AI 可能会过度乐观，低估风险，从而导致企业错误决策、损失资金；如果 AI 在进行成本预算、财务预测时，用于训练的数据不全面，就可能导致某些业务板块资源分配不合理，造成企业内部不公平甚至不合理的战略倾斜。

6. AI 与量子计算结合

未来，量子计算的突破将使 AI 能够处理更复杂的金融建模和优化问题，大幅增强计算能力。传统计算机处理复杂的金融风险评估和投资优化问题需要大量计算资源，而量子计算能使这些计算变得更快更精准。AI 与量子计算结合后，可以在几秒内模拟金融市场的多个未来场景，提高投资决策水平，同时 AI 在财务建模、风险管理、税务优化等领域的能力将大幅提升。

AI 的迅速发展正深刻改变人类社会的经济结构与生活方式，其未来既充满机遇，也面临诸多挑战。深入理解 AI 的概念、特点、优势、缺陷及发展趋势，有利于更有效地推动 AI 技术与财务管理的深度融合，充分释放 AI 的价值，从而持续提升企业财务管理的智能化与信息化水平，助力企业实现更高效、更精准的财务决策与管理。

第 2 章

AI 大模型

2.1 什么是大模型

2.1.1 大模型的概念

大模型（large model）通常指那些规模非常大、训练数据非常多，并且需要强大计算能力才能运行的 AI 模型。这些模型的特点是通用性很强，能够处理很多不同类型的复杂任务。近几年，大语言模型（large language model，LLM）特别受关注，成为 AI 领域的重要进展。比如，最近备受瞩目的 DeepSeek、生成式预训练变换器（GPT）等，都是大语言模型的典型代表。这些模型利用大量的文字、数据进行学习和训练，掌握了自然语言理解、写作生成、代码编写、数据分析、知识推理等多种能力。日常生活中常见的聊天机器人、自动翻译软件、文章自动生成工具，以及一些辅助解题的软件，背后都有大语言模型的贡献。

2.1.2 大模型的优势

大模型的优势主要体现在其强大的学习能力、高效的处理方式、灵活的迁移学习能力和广泛的应用场景上。

1. 强大的学习能力

大模型拥有众多参数，从大量的数据中学习，能够掌握更复杂的信息和规律。因此，它们在完成各种任务时表现得非常出色。比如，在聊天、写文章或者对话时，大模型能生成更加流畅、自然的语言。以 DeepSeek 为例，该模型能够理解并生成不同风格的文本，体现出非常出色的语言理解能力。

2. 高效的处理方式

大模型以一种基于“自注意力机制”（self-attention）技术的 Transformer 模型架构为基础，可以一次性关注输入内容中的所有信息。这样，它们在处理长段文字时，就能更有效地抓住句子之间的关系，更准确地理解上下文的含义。例如，在翻译的时候，Transformer 模型能够很好地把握句子前后语境的含义，从而生成更流畅的译文。

3. 灵活的迁移学习能力

大模型可以先利用大量的通用数据学习一些基本知识，再利用少量的专业数据快速适应新的任务。这种方式不需要每次重新训练模型，可以节约很多时间和精力。例如，BERT 模型先学习了很多日常语言知识，然后利用少量的数据就能快速掌握情感分析、内容摘要等任务，效率非常高。

小贴士

BERT 模型

BERT 模型是一种由谷歌开发的 AI 大语言模型，它的全称叫作“双向编码器表示技术”（bidirectional encoder representations from transformers，BERT）。简单来说，BERT 模型就像一个特别厉害的语言理解助手，它通过网络上的文章、书籍等资料学习如何理解人类语言的真实含义。以前的 AI 大语言模型在理解一句话时，往往只能从左到右逐字地理解，就像看一本书只能从头读到尾，不能倒着读。而 BERT 模型的特别之处是，它可以同时从前后两个方向理解一句话的意思，就好像看书时可以来回反复地琢磨句子的含义一样。因此，BERT 模型能更准确地理解人类语言中复杂的意思，帮助我们完成很多任务，比如聊天机器人、自动翻译、文本分类、问答系统等。

4. 广泛的应用场景

大模型已经被广泛应用于多个领域，包括智能客服、医疗诊断、教育、金融等领域。例如，在医疗领域，大模型可以辅助医生进行疾病诊断；在教育领域，大模型可以提供个性化的学习建议。这种广泛的应用场景展示了大模型极高的实用价值。

2.1.3 大模型的发展里程碑

大模型的发展历史可以概括为三个里程碑：Transformer 模型架构的突破、GPT-3 的发布以及多模态能力的爆发。每个里程碑都标志着 AI 技术的重大进步推动了大模型在自然语言处理、计算机视觉等领域的广泛应用。

1. Transformer 模型架构的突破

2017 年，AI 领域取得了一项重要突破：谷歌的研究团队提出了一种全新的模型架构——Transformer。这一模型架构彻底改变了自然语言处理的格局，为后续大模型的发展奠定了坚实的基础。Transformer 模型架构的核心创新是引入了自注意力机制，从而能够更高效地处理语言数据，尤其在捕捉长距离依赖关系方面表现出色。

在 Transformer 模型架构出现之前，处理自然语言任务主要使用的是循环神经网络（RNN）和长短期记忆网络（LSTM）。这些模型在处理有顺序关系的数据（如一句一句的文字）时，确实取得了一定的效果，但其存在明显的缺点。比如，在处理较长的文章时，RNN 和 LSTM 很难准确地记住文章开头和结尾之间的联系，因此在理解比较复杂的句子或段落时表现不好。另外，这些模型在训练时必须按照顺序一步步进行，无法同时计算，因此很难发挥现代计算机强大的并行计算能力，训练速度慢、效率不高。

而 Transformer 模型架构恰好能解决这些问题。Transformer 模型架构最大的特点之一就是采用了自注意力机制，能一次性看到输入内容的全部信息，而不是像 RNN 模型那样一步一步按顺序处理。因此，Transformer 模型架构能更好地捕捉长文章中不同位置语句之间的关系，如文章开头和结尾的语义关联，从而大幅提升了语言理解能力。此外，Transformer 模型架构还可以充分发挥计算机的并行计算能力，大大提高了训练的速度和效率。

小贴士

Transformer 模型架构

Transformer 模型架构是谷歌在 2017 年提出的一种深度学习网络结构，广泛用于自然语言处理领域。它创新性地使用自注意力机制取代了传统模型逐字处理文本的方式，能够同时关注句子中所有词汇之间的关联性。Transformer 模型架构由多个编码器（encoder）和解码器（decoder）层构成，通过位置编码（positional encoding）解决了无序处理带来的位置信息丢失问题。这种架构极大提升了模型的并行计算能力和语言理解效率，成为 BERT 模型、GPT 模型等主流 AI 大语言模型的基础。

2. GPT-3 的发布

OpenAI 于 2020 年发布了 GPT-3（Generative Pre-trained Transformer-3）。

作为当时规模最大、能力最强的大语言模型之一，GPT-3 的发布引发了全球范围的广泛关注。它不仅展示了 AI 在自然语言处理方面的巨大潜力，还让人们看到了大模型在实际应用中的无限可能。

GPT-3 的核心特点之一是规模庞大。它拥有 1 750 亿个参数，远远超过了之前的任何语言模型。参数是模型在学习过程中需要调整的变量，参数越多，模型能够捕捉的语言模式和规律就越复杂。正是这种庞大的参数规模，使得 GPT-3 能够生成高质量的文本、完成复杂的任务，甚至在某些情况下表现出类似人类的创造力。

GPT-3 的应用场景非常广泛。它可以用于智能客服，自动回答用户的问题；可以用于内容创作，生成文章、故事甚至诗歌；还可以用于编程辅助，帮助开发者编写代码或调试程序。此外，GPT-3 还被应用于教育、医疗、金融等领域，展示出强大的实用价值。

3. 多模态能力的爆发

随着大模型在自然语言处理领域的成功，AI 技术逐渐向多模态方向发展，即同时处理文本、图像、语音等多种类型的数据。例如，DeepSeek 作为一款创新的大模型架构，也在自然语言领域展开了深入的探索与实践，致力于推动多模态能力的爆发，为 AI 技术的应用开辟新的方向。

2.2 主流大模型简介

近年来，随着 AI 技术的飞速发展，大模型技术如雨后春笋般涌现，成为推动科技进步的重要引擎。各大科技公司纷纷推出自己的 AI 大模型产品，国外主流大模型如 OpenAI 的 GPT 系列模型、Anthropic 公司的 Claude 以及谷歌 DeepMind 的 Gemini，以强大的自然语言处理能力和广泛的应用场景，引领了全球 AI 的发展潮流。与此同时，国内科技巨头和新秀也纷纷入场，推出了具有自主知识产权的先进大模型，如百度的文心一言、字节跳动的豆包、月之暗面的Kimi，以及深度求索的DeepSeek。这些大模型不仅在技术上取得了显著突破，还在实际应用中展现了巨大的潜力，推动了各行各业的数字化转型。

2.2.1 国外主流大模型

1. GPT系列模型

（1）发布背景及意义

GPT系列模型的诞生，源于AI迫切需要性能更好的自然语言处理工具。2018年，OpenAI推出了第一个GPT模型——GPT-1，它使用了Transformer模型架构中的解码器部分，克服了传统模型只能单向理解文字的不足，让生成的文章更加自然、通顺。随后，OpenAI继续推动AI技术的发展，先后发布了更先进的GPT-2（2019年）和GPT-3（2020年）。这两个模型的参数规模迅速扩大，从最初的1.17亿个增长到惊人的1 750亿个，大幅提升了模型的处理能力。同时，GPT-3还展现出无须额外训练数据就能直接完成各种任务的能力，这被称作“零样本学习”。这种进步彻底改变了自然语言处理领域的发展方向，开启了大语言模型的新时代，进一步推动AI技术朝着更通用、更智能的方向快速发展。

（2）模型发展历程

1）GPT-1。GPT-1是OpenAI于2018年发布的第一个GPT模型，采用了Transformer模型架构技术，参数数量有1.17亿个。它首次尝试了“先无监督预训练，再针对具体任务微调”的方式。通俗地讲，就是模型先通过大量的文本自主学习语言知识，再通过少量特定的数据训练模型完成具体任务。GPT-1成功验证了这种方法的可行性，打破了过去模型必须依赖大量人工标注数据的限制。

2）GPT-2。2019年推出的GPT-2，参数数量增加到了15亿个。GPT-2生成的文本极为逼真，甚至能够伪造新闻、编写小说或自动生成代码，几乎可以以假乱真。这种强大的生成能力，引起了社会各界对 AI 技术可能被滥用的担忧。因此，OpenAI 起初并没有公开完整的模型，而是逐步分阶段地向公众开放。这也促使整个行业更加重视 AI 伦理问题，加快了开发 AI 内容检测工具的速度，推动了 AI 伦理研究的进展。

3）GPT-3。2020 年发布的 GPT-3，参数数量大幅增加，达到 1 750 亿个，成为当时全球规模最大的大语言模型。它使用的训练数据规模更是庞大，达到了 45TB（相当于上千万本书）的文本量。GPT-3 具备了“零样本学习”或“小样本学习”的能力，也就是仅凭极少甚至没有任务示例，就能很好地完成各种复杂任务，比如写诗、写代码、模拟对话等。这种接近人类水平的能力，直接催生了后来风靡全球的 ChatGPT。GPT-3 的出现充分证明了“模型规模越大，能力就越强”，使得大模型成为 AI 发展的主流趋势。

4）GPT-4。2023 年发布的 GPT-4，功能又进一步扩展，不仅能处理文字，还能理解图像内容（即多模态能力）。例如，GPT-4 能够看懂图表、识别照片中的场景，并进行详细描述。OpenAI 并未公开 GPT-4 的具体参数数量，但业界推测可能超过了 1 万亿个。GPT-4 的推理能力明显更强，已经被集成到微软公司的必应搜索引擎和 Office 办公软件中。这也标志着 AI 技术从纯粹的文字交互阶段，迈入了多种信息结合、多模态认知的新阶段，进一步缩小了 AI 与人之间的能力差距。

2. Claude

（1）发布背景及意义

Claude 的发布源于 AI 技术快速迭代中的安全性与伦理争议。在 GPT-3 等大模型展现强大自然语言生成能力的同时，虚假信息、偏见输出等问题引发了众多社会担忧。2021 年，一些曾在 OpenAI 工作的核心成员对其过于注重 AI 商业化而忽视安全性感到不满，于是成立了一家名为 Anthropic 的新公司，致力于打造更加安全可靠的 AI 系统。

他们在 2023 年推出了首款模型 Claude1.0，以满足市场对更安全、更合规 AI 工具的迫切需求，比如金融、医疗、法律等行业都急需这种能够安全处理敏感信息、符合伦理规范的工具。

Anthropic 采用了独特的“宪法 AI”（constitutional AI）框架，获得了谷歌和亚马逊等大公司的资金支持，并且专门针对企业的需求提供解决方案，迅速填补了 AI 安全领域的市场空白，成了 OpenAI 的重要竞争对手之一。

（2）模型发展历程

1）Claude1.0。2023 年 3 月推出的 Claude1.0 的参数规模与 GPT-3.5 相似，达到千亿级别。但 Claude1.0 在训练数据上更加注重合规性，特别选取了学术论文、法律文件等安全、专业的数据进行训练。该模型首次提出了“宪法 AI”原则库，能够自动识别和过滤含有暴力、歧视、虚假信息等的不良内容。经测试，Claude1.0 生成有害内容的概率比同类模型低 60%，因此其在金融、医疗等注重信息安全的行业获得了初步认可。

2）Claude2.0。2023 年 7 月推出的 Claude2.0 在文本内容处理能力上进一步升级，能够同时处理长达 10 万个令牌（token）的文本（约 7.5 万个单词）。同时，Claude2.0 的编程能力也明显增强，能支持 Python、SQL 等常用编程语言，并且顺利通过了谷歌的程序员面试题目测试。此外，Claude2.0 开始向企业开放接口，让更多科研机构或企业可以利用它来辅助科研论文写作、实验设计，有效缩短了研究时间。

小贴士

令牌

令牌（token）是自然语言处理中的一个基本概念，简单来说，就是文本中最小的单元，通常是单词、字符或标点符号。以“今天天气很好！”这句话为例，这句话被拆分成令牌后，可能是：[“今天”，“天气”，“很”，“好”，“！”]。机器本身不能直接理解人类语言的含义，需要把语言转化成数字或向量，这时就需要先进行“分词”，即令牌化。先将句子分成多个令牌，再转化为数字或向量，供 AI 模型进行分析和计算。例如，Transformer 模型等正是基于令牌进行自然语言处理和理解的，通过令牌化实现文本与计算机语言之间的转化。

3）Claude3.0。2024 年推出的 Claude3.0 进一步实现了技术升级，不仅能处理文本信息，还能理解图像内容，比如分析医学影像报告或工程设计图纸。同时，Claude3.0 新增了动态风险分级系统，会根据不同的任务场景自动调整安全审核力度，比如在处理医疗诊断任务时会更加严格，而对于一般的广告文案生成则可以适当放宽要求。

4. Gemini

（1）发布背景及意义

Gemini 的推出离不开谷歌 DeepMind 在 AI 领域一系列的重大突破。2016 年 DeepMind 开发的 AlphaGo 击败围棋世界冠军李世石，标志着 AI 在复杂决策和博弈能力上的巨大进步，这被认为是 AI 发展史上的里程碑之一。2020 年，DeepMind 开发出 AlphaFoldz，成功预测了蛋白质的三维折叠结构，在生命科学领域取得重大突破，被《自然》（*Nature*）评为“解决 50 年未解生物学难题”的革命性进展。2023 年，谷歌将 DeepMind 与自家的谷歌大脑（Google Brain）研究团队合并，成立了全新的谷歌 DeepMind，专注于更高水平的 AI 技术研发。同年推出了 Gemini1.0 模型。Gemini 采用全新架构，原生支持文本、图像、音频、视频、代码等多模态处理，旨在解决当前 AI 在长文本理解、推理、数学计算、代码生成等方面的局限性。

依托谷歌在搜索、云计算、TPU 硬件、企业 AI 解决方案等方面的优势，Gemini 被设计为更强的多模态 AI，引领下一代智能交互方式，并进一步推动 AI 在搜索、办公、科研、金融、医疗等领域的深度应用。

（2）模型发展历程

1）Gemini1.0。2023 年，谷歌正式发布 Gemini1.0 模型，并表示其在多模态能力、逻辑推理、数学计算和代码生成方面全面超过了 GPT-4。Gemini1.0 使用了全新的技术架构，专注于同时处理文本、图片、声音等多种信息，同时特别优化了数学计算和编程能力。因此，它在学术研究、科研分析、工程计算等领域表现更优，尤其在处理复杂问题和数学推理上表现突出。此外，Gemini1.0 使用了更加全面的训练数据，结合了谷歌搜索的数据资源，使模型能够更准确地回答问题。

2）Gemini1.5。2024 年，谷歌发布了升级版 Gemini1.5 模型。新版本在逻辑推理、多模态信息处理上进一步优化，尤其在处理长篇文档时表现突出。Gemini1.5 Pro 版本的上下文窗口达到了惊人的 100 万个令牌（远远超过了 GPT-4 Turbo 版本），能够轻松处理长篇科研论文或复杂文档分析。此外，其处理视频分析、语音识别、图片理解等跨模态任务的能力也有显著提高。

同时，Gemini1.5 的计算效率更高，运行在谷歌自研的 TPUv5 芯片上。与使用 NVIDIA GPU 芯片的 GPT-4 相比，Gemini1.5 不仅计算速度更快，耗电量也更低，进一步降低了运行成本，更好地满足了企业和科研机构的需求。

2.2.2 国内主流大模型

1. 文心一言

（1）发布背景及意义

文心一言于 2023 年 3 月正式发布，正值全球大模型技术快速发展的时期。OpenAI 的 GPT-4 和谷歌的 Gemini 等大模型在国际市场上引发了广泛关注，百度作为中国 AI 领域的领军企业，推出文心一言旨在填补国内大模型市场的空白，并展示中国在 AI 领域的技术实力。文心一言的发布不仅是百度技术积累的体现，也是中国在全球 AI 竞赛中的重要一步。

（2）模型发展历程

1）ERNIE1.0。2019 年 3 月，百度推出首个 ERNIE 模型（文心大模型），ERNIE 即“enhanced representation through knowledge integration”，意思是“通过整合知识提升语言理解能力”。该模型通过引入知识图谱和多任务学习，显著提升了自然语言理解的能力。ERNIE1.0 在多个自然语言处理任务中取得了领先的成绩，尤其是在中文处理方面表现突出。ERNIE1.0 的参数量约为 1 亿个，虽然规模较小，但其在中文任务中的表现已经超过了当时的国际主流模型。

2）ERNIE2.0。2019 年 7 月，ERNIE2.0 在 ERNIE1.0 的基础上进行了全面升级，引入了持续学习机制和多层次语义表示，进一步提升了模型的泛化能力和适应性。ERNIE2.0 的参数量增加到 10 亿个，能够处理更复杂的语言任务。ERNIE2.0 在多个国际自然语言处理基准测试中取得了优异成绩，巩固了百度在自然语言处理领域的领先地位。

3）ERNIE3.0。2021 年推出的 ERNIE3.0 是百度在自然语言处理领域的又一重大突破。该模型采用了更复杂的架构，参数量更是达到了 100 亿个。ERNIE3.0 在中文理解、文本生成、问答系统等任务中表现出色，是百度在 AI 领域的重要成果。更大的参数量意味着模型能够捕捉更复杂的语言模式和规律，从而在多种任务中表现出色。

4）文心一言正式发布。2023 年，百度基于 ERNIE3.0 技术，正式推出了“文心一言”大语言模型，模型参数量进一步增加到 2 600 亿个。文心一言的发布标志着百度在大模型领域的进一步突破，文心一言成为国内首个对标 OpenAI 的 GPT 系列的大模型产品。更大的参数量使得文心一言在处理复杂任务时表现出更强的泛化能力和生成能力，比如可以更加优秀和全面地处理复杂的文本生成、自动问答以及图像与文本等多模态任务。

2. 豆包

（1）发布背景及意义

字节跳动依托自身在短视频（抖音）、内容推荐、搜索引擎以及云计算（火山引擎）等方面的强大优势，于 2023 年 8 月正式推出了名为“豆包”的 AI 智能助手。豆包基于字节跳动自主研发的大模型技术，强调多模态（文本、图像、音视频）能力，专注于为用户提供更高质量、更安全可靠、更贴近中文用户需求的 AI 服务。字节跳动希望通过推出豆包，更好地发挥其在内容理解、智能交互和多媒体领域积累的技术优势，进一步强化公司在 AI 领域的领先地位，并推动 AI 技术在中文互联网和企业服务领域的广泛应用。

（2）模型发展历程

1）豆包大模型的推出。2023 年 8 月，字节跳动正式发布“豆包”AI 助手。该模型基于字节跳动自主研发的 AI 大模型“云雀”，是国内首批通过算法备案的大模型之一。豆包支持文本、图像、音视频生成、数据分析以及 AI 驱动的在线搜索功能，旨在为用户提供多元化的智能服务。

2）豆包语音识别模型 Seed-ASR 的发布。2024 年 7 月，豆包大模型团队发布了语音识别模型 Seed-ASR。该模型能够准确转录各种语音信号，识别不同语言、方言、口音。对于人名、生词，Seed-ASR 也能结合文本语音等上下文，实现更准确的转录。该成果目前已被集成进豆包 App、火山引擎相关服务模块中，提升了豆包在语音识别领域的能力。

3）豆包视觉理解模型的发布。2024 年 12 月 18 日，在“2024 火山引擎 FORCE 原动力大会 · 冬”上，字节跳动发布了豆包视觉理解模型。该模型对视觉内容有更强的识别能力，具有更强的理解和推理能力以及更细腻的视觉描述等能力。这标志着豆包大模型在多模态处理能力上的进一步提升，拓展了在视觉内容理解和生成领域的应用场景。

4）豆包文生图模型 Seedream2.0 的发布。2024 年 12 月，豆包大模型团队发布了文生图模型 Seedream2.0。该模型支持中英文指令的高精度理解与遵循，能够生成高美感度的图像作品。相比其他主流模型，Seedream2.0 更好地解决了文本渲染能力欠佳、对中国文化理解不足等问题，支持原生中英双语，在美感、指令遵循等方面有整体提升。

3. Kimi

（1）发布背景及意义

Kimi 是由月之暗面科技公司（Moonshot AI）于 2023 年推出的新一代 AI 智能助手。作为国内新兴的 AI 企业，月之暗面科技公司专注于大语言模型的研发与应用，旨在打造更符合中国用户需求的 AI 助手。Kimi 的发布正是为了满足用户对超长文本处理、更精确的信息获取、专业知识问答以及安全隐私保护方面的需求。Kimi 的推出不仅丰富了国内 AI 市场，也展示了中国企业在全球 AI 领域的技术实力。

（2）模型发展历程

1）Kimi1.0。2023 年 10 月，月之暗面科技公司发布了首个大模型产品——Kimi1.0 智能助手。这一版本最大的特点之一是能处理长达 20 万字的长文本内容，如长篇小说、科研文献、法律文件等。相较于同时期的其他模型，Kimi1.0 更擅长分析长文档，准确地提取和总结信息，更贴合用户实际需求，首次亮相就获得了较好的用户反馈。

2）Kimi2.0。2024 年 3 月，月之暗面科技公司发布了升级版 Kimi 2.0。这一版本将长文本的处理能力扩展到了惊人的 200 万字，可以轻松处理更复杂的专业内容，如完整的研究报告、超长合同或整套教材。这次升级使得 Kimi 模型在长文本分析和专业内容理解方面达到了初级专家水平，广泛受到教育、法律、科研等领域用户的欢迎。

3）Kimi 探索版。2024 年 10 月，月之暗面科技公司发布了具备自主搜索能力的 Kimi 探索版。这一版本可以自动从多个可靠的数据源中搜索信息，用户甚至可以指定搜索范围和来源，确保信息的准确性，并避免广告干扰。探索版提升了用户在学习、研究、办公等方面的效率，进一步增强了 Kimi 模型的实用价值。

4）Kimi k1.5。2025 年 1 月，Kimi k1.5 模型的关键创新包括长上下文扩展，通过部分展开技术提高训练效率，同时观察到上下文长度的增加能够持续提升模型性能。此外，改进的策略优化方法和简洁的框架设计也为模型的强大性能提供了支持。值得注意的是，Kimi k1.5 模型在文本和视觉数据上进行了联合训练，具备了联合推理两种模态的能力，尤其在数学能力方面表现出色。这次功能的扩展使 Kimi 从单纯的文字处理工具升级为更加丰富、全面的 AI 智能助手，适用于更广泛的应用场景。

4. DeepSeek

（1）发布背景及意义

DeepSeek 是杭州深度求索 AI 技术研究有限公司（简称“深度求索”）在 2023 年推出的全新 AI 智能助手。作为一家新兴的 AI 科技企业，深度求索由一批在 AI 领域有丰富经验的技术专家和科学家共同创立，聚焦于大语言模型技术的研发和落地应用，旨在创造一款更贴近实际使用需求的智能助手。

DeepSeek 正是在 AI 逐渐走进人们日常生活的背景下，为应对用户对智能助手的更高要求而诞生的。人们希望 AI 助手不仅能提供准确的信息和专业的知识，还能辅助高效地处理复杂文本、进行细致的沟通互动，并有效保障个人的信息安全和隐私。

（2）模型发展历程

1）DeepSeek LLM。2023 年，DeepSeek 团队正式发布首个开源大模型 DeepSeek LLM。这一模型在多项基础测试中表现优秀，受到业界关注。

2）DeepSeek Coder。2023 年，针对程序员和计算机专业领域用户的需求，DeepSeek 团队发布了专门面向代码生成场景的专业模型

DeepSeek Coder。该模型专门在编程语言和开源代码库上进行大规模训练，具备出色的编程辅助能力，如自动生成和优化 Python、Java、C++ 等常见编程语言的代码。DeepSeek Coder 能够明显提高编程效率，降低程序开发的难度，获得了开发者群体的广泛欢迎。

3）DeepSeek V2。2024 年，DeepSeek 团队进一步推出 DeepSeek V2 模型，对模型的架构和算法进行了全面升级。DeepSeek V2 不仅在参数规模上进一步扩大，而且在逻辑推理、长文本理解和专业知识掌握等方面的能力明显提升。同时，DeepSeek V2 还具备更灵活的迁移学习能力，只需少量的训练数据就能快速适应不同的行业应用场景。无论是在教育培训、科研辅助还是企业文档处理方面，DeepSeek V2 都表现出明显的优势。

4）DeepSeek V3。2024 年 12 月，DeepSeek 团队推出第三代大模型 DeepSeek V3，采用先进的混合专家（MoE）架构，参数量达到 6 710 亿个，模型能力显著增强，尤其在长文本处理、逻辑推理和代码生成方面表现突出，进一步拓展应用范围，继续保持开源特色，成为国产大模型发展的重要里程碑。

2.3 DeepSeek 简介

2.3.1 什么是 DeepSeek

DeepSeek 是一款由中国团队自主研发的创新型大模型架构，凭借高效的计算能力、多模态融合能力以及对数据隐私和安全的重视，在 AI 领域展现出巨大的潜力。作为 AI 技术的卓越代表，DeepSeek 具备强大的自然语言处理、计算机视觉和语音识别能力，能够高效处理和分析多种类型的数据。DeepSeek 旨在通过创新的算法设计和优化技术，降低大模型的训练和部署成本，同时提升性能和适用性。

DeepSeek 的核心目标是为企业和开发者提供更易用、更高效的大模型解决方案。秉承普惠理念，DeepSeek 目前对外提供免费版本，降低了技术门槛，推动了 AI 技术的普及。同时，DeepSeek 积极参与开源社区建设，提供开源版本供开发者使用和修改，促进技术的共享和交流，吸引全球开发者参与。

2.3.2 DeepSeek 的能力

DeepSeek 可直接面向用户或者支持开发者，为其提供文本生成、语义理解、代码生成补全等应用场景，支持联网搜索与深度思考模式。下面简要介绍 DeepSeek 的几种主要能力。

1. 文本生成与创作

（1）文本创作

DeepSeek 在文本创作领域展现出强大的能力，能够生成高质量的文章、故事、诗歌、营销文案和广告，为内容创作者提供灵感。

（2）摘要与改写

DeepSeek 能够对长文本进行摘要和改写，同时能够提取核心内容并适应不同语言和文化背景，适用于论文、报告写作等场景。

（3）结构化生成

DeepSeek 能够生成表格、列表等结构化内容，适用于日程安排、菜单设计等场景。也支持代码选择和文档编写，为开发者提供高效的编程辅助工具。

2. 自然语言理解与分析

（1）语义分析

DeepSeek 能够进行语义解析，理解文本的深层含义。比如它能快速分析一段评论的情绪，判断用户是满意还是不满意。此外，它还能自动从文章里找出重要的内容，比如人名、地名、发生的事件等，帮助用户更快地抓住关键信息。

（2）文本分类

DeepSeek 能够对文本进行分类，生成主题标签，比如区分新闻属于体育、财经还是娱乐等类别。同时，它还能识别垃圾信息，自动帮助用户过滤无用的内容，节约用户浏览信息的时间。

（3）知识推理

DeepSeek 具备知识推理能力，能够解答逻辑问题，比如数学计算或者生活中的常识问题。此外，它还能分析事件之间的因果关系，帮助用户搞清楚事情的前因后果。

3. 编程与代码相关

（1）代码生成

DeepSeek 可以按照用户的需求自动编写代码，比如只需告诉它想要实现什么功能，它就能生成对应的代码，支持 Python、JavaScript 等多种语言。此外，它还能自动帮助用户补全代码并加上注释，使编程更简单、更高效。

（2）代码调试

DeepSeek 能够分析代码错误并提供修复建议，并能给出代码性能优化提示，帮助开发者提升代码质量。

（3）技术文档处理

DeepSeek 可以自动编写技术文档，生成 API 文档，解释程序功能以及提供代码示例，简化用户编写技术文档的过程。

4. 常规绘图

DeepSeek 在绘图领域展现出强大的能力，能够生成多种类型的图表，满足不同场景的需求。无论是基础图形、流程图还是复杂的数据可视化图表，DeepSeek 都能提供高效、精准的绘图支持，帮助用户轻松创建专业级的图形内容。DeepSeek 的三种常规绘图能力见表 2–1。

表 2–1　DeekSeek 的三种常规绘图能力

SVG 矢量图	Mermaid 图表	React 图表
基础图形	流程图	折线图
图标	时序图	柱状图
简单插图	类图	饼图
流程图	状态图	散点图
组织架构图	实体关系图	雷达图
	思维导图	组合图表

（1）SVG 矢量图

SVG 是“Scalable Vector Graphics”（可缩放矢量图）的英文缩写。通俗来说，SVG 矢量图是一种用代码画出来的图片，不是由像素点组成的，而是用线条、形状和颜色等描述的图形。它的好处是无论放大多少倍都不会模糊，适合用来绘制基础图形、图标、简单插图、流程图、组织架构图等。

（2）Mermaid 图表

Mermaid 是一种用简单文字语法就能绘制图表的工具。比如用户只需写一段类似“任务 A →任务 B”的文字，它就能自动生成流程图、时序图、思维导图等，非常适合快速绘制草图、流程图等。

（3）React 图表

React 图表是指在 React（一种网页开发框架）中使用的动态图表组件，包括折线图、柱状图、饼图等。它能和数据实时联动，比如光标悬停显示数据、点击图表筛选内容等，常用于仪表盘、大屏可视化、数据报表等。

2.3.3　DeepSeek 的优势

DeepSeek 作为一款先进的 AI 大模型，在学术研究、数据分析以及跨语言文献处理等领域展现出强大的功能。其核心优势不仅体现在高效的信息处理能力上，还在于其智能化推荐与分析功能，能够显著提升研究效率。

1. 高效检索

DeepSeek 能够从海量文献中快速提取相关信息，帮助用户节省大量查找资料的时间。无论是学术论文、技术报告还是行业文献，DeepSeek 都能通过智能检索算法，精准定位所需内容，极大地提升了研究效率。

2. 智能推荐

基于用户的研究主题，DeepSeek 能够智能推荐相关文献、研究方向和参考资料。这种推荐功能不仅能帮助用户拓展研究思路，还能发现潜在的研究热点和前沿领域，为学术探索提供有力支持。

3. 多语言支持

DeepSeek 支持多种语言，适合跨语言研究。无论是查阅非母语文献，还是进行多语言对比分析，DeepSeek 都能提供流畅的语言处理能力，帮助用户突破语言障碍，拓展研究范围。

4. 数据分析

DeepSeek 具有强大的数据分析功能，能够将复杂的研究数据转化为直观的可视化图表。无论是趋势分析、数据对比还是结果展示，DeepSeek 都能帮助用户更好地理解数据，提升研究的科学性和说服力。

2.3.4 DeepSeek 的不足

尽管 DeepSeek 在学术研究和数据分析等领域功能强大，但目前其应用仍存在一定的不足。

1. 创新性有限

DeepSeek 能够提供大量的参考资料和研究方向，但其本质是基于已有数据的分析和生成工具，无法进行独立思考和创新。研究中的原创性思维和突破性发现仍需依赖研究者的主观能动性和创造力。DeepSeek 的作用更多是辅助研究者提高效率，而非取代研究者。

2. 语言表达能力有待提高

尽管 DeepSeek 能够自动生成文本，但其语言表达能力仍有待提高，尤其是在学术写作中，生成的文本不能严格遵循学术规范（如引用格式错误、术语不准确等）。因此，用户在使用 DeepSeek 生成文本时，通常需要人工调整和润色，以确保表达准确、流畅，符合学术规范。

3. AI 幻觉问题

DeepSeek 虽然拥有强大的数据分析和知识生成能力，但有时会出现 AI 幻觉现象，也就是在回答问题时可能给出看似合理却不真实的信息。这是因为模型在训练时仅根据已有数据进行推理，可能生成不存在或未经证实的内容。因此，用户在使用 DeepSeek 提供的信息时还需要额外核实，避免被 AI 幻觉产生的信息误导从而作出错误的结论或决策。

4. 数据时效性不足

DeepSeek 的主要知识来源是过去的训练数据，无法实时更新。因此，它可能无法掌握最新的行业信息、技术进展和新闻事件。在一些对数据时效性要求高的领域，如股票投资、实时新闻报道或医疗诊断领域，这种滞后性可能限制 DeepSeek 的应用。

2.3.5 DeepSeek 的发展趋势

1. 多模态融合

未来，DeepSeek 将具备更强大的数据处理能力，不仅能理解文字和图片，还能处理视频、3D 模型等多种类型的数据。这种多模态融合的能力会让 DeepSeek 在艺术创作、医疗诊断、自动驾驶等领域拥有更广泛的应用。例如，在医疗领域，DeepSeek 可以同时分析医学影像、患者的病例文字和基因数据，综合这些信息给出更精准的诊断建议，帮助医生更好地进行医疗决策。

2. 行业定制化

随着技术的发展，DeepSeek 将针对不同行业的特点，开发更贴合具体需求的解决方案。比如，在金融行业，DeepSeek 可以更准确地评估投资风险，给出可靠的投资建议；在医疗行业，DeepSeek 能帮助医生为每个患者提供个性化的诊断和治疗方案；在教育领域，DeepSeek 可以充当智能学习助手，根据每位学生的学习情况提供专属辅导和学习推荐。通过针对性地优化功能，DeepSeek 能够更好地服务于各个行业，帮助用户高效解决实际问题。

第 3 章

DeepSeek 应用必杀技：提示词

提示词在 AI 应用中至关重要，对 AI 辅助效果有很大影响。鉴于本书以 DeepSeek 应用为主线，而 DeepSeek 也是重要的 AI 大模型，本章对提示词的讲解对于 DeepSeek 应用大有助益。

3.1 什么是提示词

3.1.1 提示词的概念

提示词（prompt）是用户给 AI 模型输入的文本、问题或指令，用于引导 AI 生成特定的回答或执行特定的任务。它既相当于 AI 的指令，决定了 AI 的输出内容、风格和质量，又可以看作用户与 AI 之间的沟通桥梁，用户通过明确的语言表达向 AI 传递需求、意图或上下文信息，从而指导 AI 模型生成符合预期的输出。

从技术角度来看，提示词是自然语言处理中的一种输入方式，用于激活大语言模型来完成几乎任何与自然语言处理相关的任务，从简单的问答到复杂的多模态任务，如文本生成、数据分析、代码编写等。

3.1.2 提示词的特点

提示词具有可调节性、适应性、交互性等特点，它是用户与大语言模型交互的核心工具。通过精心设计提示词，用户可以充分发挥模型的潜力，实现高效、精准的任务执行。

可调节性，是指用户可以通过调整提示词的内容、结构或细节，来优化或改变大语言模型的输出结果，从而影响 AI 的回答质量、深度和风格。

适应性，是指提示词能够根据不同的任务需求、上下文语境或用户目标（如生成文本、生成图像、编写代码），灵活调整内容和形式，以引导大语言模型生成符合预期的输出。

交互性，是指用户可以通过与大语言模型的多次对话或连续输入，动态调整提示词的内容和形式，从而逐步优化模型的输出结果或完成复杂任务。

3.1.3 提示词的分类

提示词可以根据应用场景任务类型、内容复杂度、输出格式、语言风格、约束条件等进行分类。通过合理设计和使用不同类型的提示词，用户可以高效地引导大语言模型完成多样化的任务，生成高质量的输出结果。以下是提示词根据不同的应用场景的分类。

1. 开放性提示词

开放性提示词（open-ended prompt）是指那些设计用于引导 AI 生成多样化、创造性或深度回应的输入问题或指令，具有激发创造性、无固定答案、灵活性的特点。开放性提示词适用于需要 AI 生成开放性答案的场景，如创意写作、头脑风暴等。

例如："如何提高企业财务管理的智能化水平？""你认为 AI 会对制造业企业产生哪些深远影响？"

2. 封闭性提示词

封闭性提示词（closed-ended prompt）是指那些设计用于引导 AI 生成具体、明确、有限答案的输入问题或指令，具有答案明确、简洁直接、基于事实、适用性强的特点。

例如："国际财务报告准则是什么？""财务杠杆的定义是什么？"

3. 指令型提示词

指令型提示词（instructional prompt）是指那些设计用于明确指示 AI 执行特定任务或操作的输入问题或指令。指令型提示词通常具有明确的行动导向，要求 AI 按照具体的步骤、规则或格式生成内容或完成某项任务。

例如："请使用现有财务数据编制本月现金流量表，并以 Excel 文件格式输出。"

4. 角色扮演型提示词

角色扮演型提示词（persona-based prompt）是指那些设计用于引导 AI 模拟特定角色、身份或情境的输入问题或指令。角色扮演型提示词要求 AI 以特定的视角、语气或背景进行回应，生成符合设定的内容。

例如："假设你是一位财务顾问，帮助中小型企业优化税务合规计划策略。""请以教授的身份，讲解管理会计在企业决策中的作用。"

5. 分步骤提示词

分步骤提示词（step-by-step prompt）是指那些设计用于引导 AI 分阶段、分步骤完成复杂任务或生成复杂内容的输入问题或指令。分步骤提示词通常将一个复杂任务分解为多个子任务或步骤，要求 AI 按照特定的顺序或逻辑逐步完成。

例如："第一步，解释成本控制的基本概念；第二步，分析制造业中常见的成本问题；第三步，提出利用 AI 优化成本管理的策略。"

3.2 提示词的重要作用

提示词是决定 AI 输出质量的关键。在使用 AI 的过程中，提示词相当于 AI 的指令或问题设置，直接影响 AI 生成的结果。清晰、具体、明确的提示词能够帮助 AI 更好地理解用户的需求，从而生成更符合期望的内容。相反，模糊、有歧义的提示词可能导致 AI 生成的结果不理想。以下是提示词的重要作用：

1. 引导 AI 生成高质量的内容

AI 输出内容的质量高度依赖输入的提示词。清晰、具体的提示词可以帮助 AI 理解用户的需求，生成更精准的回答。

例如：相较于不清晰的提示词“如何优化成本？”而言，清晰的提示词“如何利用 AI 分析制造业生产流程中的成本结构，并提出优化方案？”更能让 AI 输出更专业、具体的分析，而不是泛泛而谈。

2. 引导 AI 的回答方向

调整提示词，能够引导 AI 生成符合特定目标、风格或内容的回答。这种控制可以确保 AI 的输出更加精准、相关且符合用户需求。

例如：从技术角度选择的提示词是“请用数据分析的方法解释企业财务风险管理的优化策略。”而从科普角度选择的提示词是“请用通俗易懂的语言解释企业财务风险管理的优化策略。”对于同样的问题，不同的提示词会引导 AI 输出不同语言风格和专业深度的回答。

3. 优化 AI 的思考方式

改进提示词设计、调整模型参数或引入外部工具，可以提升 AI 的逻辑性、创造性和准确性，从而优化 AI 的思考方式。对于复杂问题，可以拆解提示词，逐步引导 AI 思考。

例如：“第一步，分析影响财务预测准确性的主要因素。第二步，结合 AI 技术，提出改进财务预测准确性的策略。”这样可以避免 AI 回答过于笼统，使其进行逐步推理和深入分析。

4. 增强 AI 的创造力

通过设计提示词、调整模型参数或引入外部工具，可以激发 AI 生成新颖、独特且有价值的内容，增强 AI 的创造力。提示词可以激发 AI 生成多样化的思路，可以用于头脑风暴、创意写作、方案制订等场景。

例如："请列出 5 种基于 AI 的财务分析创新方法，并说明它们的优势。"这样可以让 AI 提供多个视角，而不是仅给出单一答案。

5. 适配不同的 AI 工具

根据具体的 AI 模型、平台或应用场景，优化提示词设计和交互方式，可以适配不同的 AI 工具，充分发挥 AI 的能力并满足用户需求。不同的 AI 工具对提示词的理解不同。

例如：DeepSeek 擅长文本理解、语义分析，而通义万相（由阿里巴巴推出的一款国产 AI 图像生成工具，具备强大的 AI 绘画和图像生成能力）主要用于图像生成。针对不同的 AI 工具，提示词的设计要相应调整。

6. 提高 AI 的准确性和专业性

通过优化提示词设计、调整模型参数或引入外部工具，可以使 AI 生成的内容更加精确、可靠且符合特定领域的标准。许多 AI 生成的回答存在一定的泛化问题，但通过优化提示词，可以提高其专业度。

例如："请基于国际财务报告准则和最新学术研究，分析 AI 在财务会计中的应用场景。"这样的提示词可以让 AI 生成更符合专业标准的回答。

3.3　有效提问的原则和方法

在使用 AI 工具时，有效提问（prompt engineering）是获得高质量回答的关键。好的提问不仅能引导 AI 生成符合预期的内容，还能提升互动的精准度和效率。以下是有效提问的原则和方法。

3.3.1 有效提问的六个黄金原则

1. 明确需求

有效提问要求问题清晰，要清楚通过提问解决什么问题或获取什么信息，避免模糊问题，尽量提供具体细节，避免 AI 误解，同时要避免泛泛而谈，做到目标明确。

例如：相比于“制造业有哪些财务风险？”，“请分析 2025 年中国制造业的主要财务风险，并提供三种应对策略。”的提问更加具体。

2. 提供背景

为 AI 提供背景信息，帮助其理解问题所在。如果有特定限制（如时间、资源等），要提前说明。提供背景信息特别适用于技术性、行业性较强的问题。

例如：相比于“如何降低税负？”，“在房地产行业，土地增值税是企业的主要税务负担。请基于 2025 年的最新政策，分析如何优化土地增值税筹划策略。”的提问指定了行业、时间、政策，有利于 AI 提供更符合实际情况的回答。

3. 设定角色

向 AI 提问时，设定角色可以帮助 AI 更好地理解需求，从而提供更符合预期的回答。让 AI 以特定专家的身份回答问题，能够提升回答的专业性。

例如：相比于“如何优化成本？”，“假设你是一位财务顾问，如何帮助制造业企业优化成本控制策略？请列出三种方法。”的提问让 AI 扮演财务顾问的角色，有利于生成更专业的回答。

4. 设定回答格式

向 AI 提问时，告知 AI 需要以哪种格式（列表、表格、报告）和风格（正式、简明）输出回答，可以获得更结构化、更符合需求的回答。

例如：相比于“AI 在财务中有哪些作用?”，“请以表格形式对比 AI 在财务报表分析与税务合规管理中的应用，包括优缺点。”的提问说明了输出格式，可以使 AI 的回答更清晰有序。

5. 采用分步式提问

采用分步式提问是一种将复杂问题拆解为多个相关子问题，并分步骤向 AI 提问的策略。当问题较复杂时，分步提问可以确保 AI 逐步推理，让 AI 先分析背景，再提供方案，确保回答有逻辑层次。

例如：“AI 可以帮助企业做预算吗?”可以拆解成“第一步，请分析企业财务预算编制的核心挑战；第二步，说明 AI 如何优化预算编制流程；第三步，总结 AI 在财务预算管理中的优势与局限。”

6. 使用对比法

使用对比法向 AI 提问可以帮助用户更清晰地理解不同选项、概念或方法的优缺点，从而作出更明智的决策。通过让 AI 对比不同工具、方法、策略，AI 可以提供更深入的分析。

例如：相比于“DeepSeek 可以做财务分析吗?”，“请对比 DeepSeek 与 Kimi 在财务数据分析中的优缺点，并给出适用场景。”的提问能够更好地为决策提供所需信息。

3.3.2　有效提问的四种方法

以下方法可以帮助构建高质量的 AI 提示词。

1. 5W1H 法

Who（谁）：明确对象或背景，即问题涉及谁或者谁需要这个信息。

What（什么）：明确问题内容，即你想问什么。

When（何时）：明确时间范围，即问题的时间背景是什么。

Where（哪里）：明确地点或场景，即问题发生在什么地点或场景。

Why（为什么）: 明确提问目的。

How（如何）: 明确方式或方法，即你希望 AI 如何回答，如是需要步骤、建议还是解释。

5W1H 法的具体示例如表 3–1。

表 3–1 5W1H 法

	示例
Who	谁是 AI 财务分析的主要受益者？
What	AI 如何帮助企业优化现金流管理？
When	AI 在财务领域的突破性进展发生在何时？
Where	哪些行业最早采用 AI 进行财务管理？
Why	为什么 AI 在税务合规计划方面比传统方法更有效？
How	企业如何使用 AI 进行财务预测？请给出 3 种方法。

2. SMART 法

Specific（具体的）: 明确目标内容，即提问应该清晰具体、有数据、可衡量，避免模糊或笼统。

Measurable（可衡量的）: 量化目标，即提问应该有明确的衡量标准，便于跟踪进展。

Achievable（可实现的）: 目标可行性，即提问应该具有挑战性，但要在能力范围内可实现。

Relevant（相关的）: 目标相关性，即提问应该与长期规划或核心需求相关。

Time-bound（有时限的）: 设定时间限制，即提问应该有明确的截止日期，避免拖延。

例如：相比于“AI 可以优化财务管理吗?”这种过于宽泛的提问，“AI 在财务管理中能否减少 20% 的人工成本，如果可以，如何实现?”这种更具体且有数据目标的提问更能得出符合预期的回答。

3. 角色扮演法

角色扮演法是指让 AI 扮演特定角色（如专家、导师、历史人物等），以该角色的视角回答问题或提供建议，从而获得更专业、具体或有趣的回答。

具体操作是：首先选择一个与问题相关的角色，然后明确角色所处的背景或情境，再以角色的视角提出具体问题，最后 AI 会以角色的身份提供针对性回答。

例如："假设你是一位资深的首席财务官（CFO），请提供 5 条 AI 赋能财务管理的建议。""假设你是一位税务合规计划师，如何帮助科技企业降低所得税？"

4. 框架法

框架法是一种通过结构化思维来分析和解决问题的方法。简单来说，就是把复杂问题拆成几个小的模块或步骤，再逐一分析，从而使 AI 更系统、更有效地理解和解决问题。在与 AI 交互时，用框架法来提问可以获得更清晰、精准的回答。

常见的框架法包括 SWOT 分析、PEST 分析、4P 分析和 4C 分析。其中，SWOT 分析和 PEST 分析主要应用于企业战略管理，4P 分析和 4C 分析主要用于市场营销管理。框架法能帮助我们向 AI 提出更精准、更有效的问题。

例如："请使用 SWOT 分析，评估企业财务管理中的优势和挑战。"

小贴士

SWOT 分析、PEST 分析、4P 分析和 4C 分析

SWOT 分析是一种用于分析企业或项目内部优势与劣势，以及外部机会与威胁的框架。它通过清晰识别内外部环境，帮助决策者明确战略方向。

PEST 分析是一种用于分析宏观环境中的政治、经济、社会和技术因素，帮助企业预测趋势变化的框架。企业可据此更好地制定战略，应对环境变化。

4P 分析是由产品（product）、价格（price）、渠道（place）、促销（promotion）组成，主要用于规划营销策略的营销组合框架。企业通过组合这四个方面的策略，实现更高效的市场营销和品牌推广。

4C 分析是由顾客需求（consumer）、成本（cost）、便利（convenience）和沟通（communication）组成的营销组合框架，更关注顾客视角。企业通过优化这四个方面，能更有效地提升顾客体验，满足市场需求。

3.3.3 有效提问的通用模板

有效提问的通用模板的作用在于帮助用户更清晰、更高效地与 AI 交互，从而获得更精准、实用的回答。表 3–2 是一些常见的 AI 有效提问的模板，适用于不同场景。

表 3–2 AI 有效提问的模板

场景	模板	示例
分析类	请分析［领域］中的［问题］，并列出［数量］种解决方案，分别说明其优势和适用场景。	请分析制造业企业在供应链成本控制中的挑战，并列出 3 种解决方案，分别说明其优势和适用场景。
角色扮演类	假设你是一位［角色］，请针对［目标］，提供［数量］条建议，并附上相关案例。	假设你是一位财务顾问，请针对中小型企业的财务风险管理，提供 5 条建议，并附上相关案例。
写作类	请撰写一份［文档类型］，针对［主题］，包括［具体内容］，并确保语言［风格］。	请撰写一份关于 AI 在会计审计领域应用的文件，包含技术概述、应用场景和未来发展趋势，并确保语言简洁专业。

续表

场景	模板	示例
比较类	请对比［两个或多个对象］在［维度］方面的差异，并给出建议。	请对比 AI 财务分析工具 DeepSeek 和 Kimi 在数据处理能力和可解释性方面的差异，并给出建议。
分步执行类	请分步骤完成［任务］，第一步是［任务 1］，第二步是［任务 2］……最后总结［预期结果］。	请分步骤讲解如何利用 AI 自动化生成财务报表，第一步是数据收集，第二步是数据处理，第三步是可视化呈现，最后总结 AI 在报表生成中的优势。

3.4　提示词在财务领域的应用和无效提示词

3.4.1　有效提示词和无效提示词

有效提示词具体（有明确的目标）、清晰（使用明确的指令，如“分析”“总结”）、提供上下文（说明角色或背景）、结构合理（可分步执行），能够清晰、具体地引导 AI 生成符合需求的回答。而无效提示词模糊（不清楚问题的范围）、任务不明确（没有指令）、缺乏上下文（未说明背景）、过于宽泛（可能得到无关或泛泛的回答），可能导致 AI 回答模糊、偏离主题或不具体。有效提示词与无效提示词的比较如表 3–3 所示。

表 3–3　有效提示词与无效提示词的比较

	有效提示词	无效提示词
明确性	提供具体的要求，让 AI 理解任务。 例如：请基于 2024 年的国际财务报告准则，分析企业财务报告中的关键变化。	提示词过于模糊，AI 可能无法提供准确的答案。 例如：告诉我关于财务报告的事情。

续表

	有效提示词	无效提示词
目标导向	设定明确的任务，让 AI 知道要做什么。 例如：请以 200 字总结最新的财务管理趋势。	任务不明确，AI 可能生成不符合预期的内容。 例如：写点关于财务管理的东西。
上下文信息	提供充分的背景信息，让 AI 更好地理解问题。 例如：假设你是一名 CFO，如何利用 AI 优化预算编制流程？	缺乏背景信息，AI 可能无法精准回答。 例如：如何优化预算？
角色设定	指定 AI 的角色，使其回答更符合行业需求。 例如：你是一位税务顾问，请解释房地产企业如何优化土地增值税管理。	不设定角色，AI 可能生成不够专业或不符合预期的答案。 例如：土地增值税怎么计算？
指令清晰性	采用清晰的指令，如“列举”“分析”“总结”等。 例如：请列举 3 种 AI 在企业财务风险管理中的应用，并分析其优劣势。	指令不清晰，AI 可能难以理解如何回答。 例如：AI 对财务风险有影响吗？
层次性	让 AI 分步骤回答复杂问题。 例如：第一步：分析财务共享服务的优势；第二步：结合 AI 技术，提出优化方案。	一次性提出多个要求，AI 可能回答不够深入。 例如：AI 能否优化财务共享服务，怎么优化？

3.4.2 在财务应用中优化提示词

1. 财务分析

【优化前】：AI 能帮助财务分析吗？

此问题太宽泛，AI 可能给出一个泛泛的回答，没有具体案例或缺乏实用性。

【优化后】：请列举 3 种 AI 在企业财务分析中的应用场景，并分析其带来的优势和潜在风险。

通过设定任务（列举 3 种应用场景）、提供背景（企业财务分析）、要求分析优缺点（确保输出更深入），使得提问具体、可操作。

2. 税务合规计划

【优化前】：怎么降低企业税负？

此问题太宽泛，AI 可能给出不符合特定行业或地区税法的回答。

【优化后】：假设你是一位税务专家，请针对广东省深圳市房地产企业，基于 2025 年最新税法，提出 3 种合法的税务合规计划方案，并说明每种方案的适用情境。

通过指定角色（税务专家）、限定地区（广东省深圳市）、限定行业（房地产企业）、基于最新法规（确保内容有效）、要求具体方案（3 种策略及适用情境），得到较佳的税务合规计划方案。

3. 生成财务报告

【优化前】：用 AI 帮我写份财务报告。

此问题无法让 AI 知道报告的具体内容、目标读者、数据范围等，可能导致输出不符合预期。

【优化后】：请基于企业 2024 年财报数据（收入 5 亿元，净利润 8 000 万元……），撰写一份简明的财务分析报告，包含营收增长分析、利润率变化、主要财务指标，并提供可视化数据图表。

优化后的提问提供数据（AI 有数据可用）、设定风格和格式（简明的财务分析报告）、列出报告要点（营收增长、利润率、财务指标）、增加可视化（提升可读性），可以生成更符合财报数据的财务报告。

3.5　通用模型和推理模型的提示词使用

3.5.1　通用模型和推理模型

在 AI 领域，通用模型和推理模型是两种常见的 AI 设计类型。它们在功能、应用场景、工作原理等方面存在显著差异。

1. 定义

通用模型和推理模型的定义见表 3–4。

表 3–4 通用模型和推理模型的定义

类型	定义
通用模型	适用于广泛任务的 AI 模型，能够理解、分析和生成多种类型的数据，如文本、图像、代码等。它基于大规模数据训练，能够回答开放性问题
推理模型	专注于逻辑推理、因果分析和问题求解的 AI 模型，能够在复杂逻辑或数学环境中进行推演和判断，适用于精确计算和决策支持

2. 核心区别

通用模型和推理模型的核心区别见表 3–5。

表 3–5 通用模型和推理模型的核心区别

对比维度	通用模型	推理模型
功能	处理文本、图像、语音、代码等多种任务	进行逻辑推理、数学计算、决策支持等复杂思考任务
工作原理	通过大规模训练数据进行预测和生成	依赖数学、符号逻辑或知识图谱进行推理
回答方式	生成基于语境的自然语言或图像	逐步推理，提供过程化解答
应用场景	写作、聊天、翻译、代码生成、知识问答等	逻辑分析、数学运算、法律推理、金融建模、医疗诊断
优点	适用范围广，能处理开放性问题	逻辑清晰，适用于数学、科学和法律等领域
局限性	可能出现 AI 幻觉（生成错误信息），逻辑推理能力较弱	适用范围较窄，难以生成开放性文本

3.5.2　通用模型和推理模型的提示词设计技巧

在 AI 应用中，通用模型和推理模型的提示词设计有显著区别。通用模型主要用于文本生成、内容理解、知识问答，而推理模型专注于逻辑推理、数学计算、复杂决策。二者应用场景的差异决定了其提示词设计的差异，以下是二者的详细对比分析。

1. 提示词的核心区别

通用模型和推理模型的提示词核心区别见表 3–6。

表 3–6　通用模型和推理模型的提示词核心区别

对比维度	通用模型	推理模型
任务类型	内容生成、总结、写作、分析	数学计算、逻辑推理、问题求解
问题特点	开放性、描述性	封闭性、定量性
数据要求	可以没有具体数据	需要明确数据
适用场景	写作、报告生成、知识问答	计算税务、投资决策、法律合规分析

2. 提示词的优化方法对比

（1）问题设定方式

通用模型提示词适合开放性描述，引导 AI 生成内容。推理模型提示词适合数学计算，需要提供明确数据和计算逻辑。

例如：

（通用模型）请列出 3 种 AI 在企业财务管理中的应用，并分析其优缺点。

（推理模型）某企业 2024 年营收为 1 亿元，成本为 6 000 万元，税率为 20%。请计算净利润，并分析如果税率降低 5%，企业能节省多少税额。

（2）结构化 vs. 逻辑化

通用模型适用于结构化输出（如报告、文章），可通过字数要求、格式要求进行优化。推理模型适用于逐步推理，可要求 AI 列出计算步骤，确保回答逻辑清晰。

例如：

（通用模型）请用 300 字概述 AI 在财务报告管理中的 3 个主要作用，并列举 1 个企业应用案例。

（推理模型）企业投资 500 万元，预计年利润 100 万元，投资周期 5 年。请计算该投资的 ROI 并解释计算过程。

（3）角色设定

通用模型通过设定专家角色（如财务顾问、税务专家）让 AI 提供更专业的回答。推理模型可通过设定分析型角色（如财务分析师）明确计算逻辑，来优化回答。

例如：

（通用模型）假设你是一位 CFO，企业计划使用 AI 优化财务流程。请提供 5 条具体建议，并结合行业案例予以说明。

（推理模型）假设你是一位财务分析师，某企业年利润 2 000 万元，适用 25% 的企业所得税税率。请计算税负金额，并对比税率调整为 20% 时的节税效果。

（4）输出格式控制

通用模型适合文章、表格、列表等不同格式的输出。推理模型适合数学计算、图表可视化，可明确要求生成图表。

例如：

（通用模型）请以表格形式列出 AI 在预算管理中的 3 种主要应用，并对比其优势和局限性。

（推理模型）企业 2024 年收入为 5 000 万元，成本为 3 500 万元，税率为 20%。请计算净利润、利润率，并绘制数据可视化图表。

通用模型和推理模型的提示词优化对比总结见表 3–7。

表 3–7　通用模型和推理模型的提示词优化对比总结

对比维度	通用模型	推理模型
问题设定方式	适合开放性描述，引导 AI 生成内容，强调创意表达	强调数据明确与逻辑清晰，适用于数学计算与结果推导
结构化 vs. 逻辑化	适用于结构化输出（报告、文章、列表），可设定字数或格式	强调逐步推理与清晰计算逻辑，支持逐步列出计算过程
角色设定	设定专家角色（如税务专家、财务顾问）提升内容专业性	设定分析型角色（如财务分析师）明确计算背景和方法
输出格式控制	支持文章、表格、列表等格式输出，可要求分段、编号	强调计算结果、图表可视化等输出，支持绘图和结果展示

3. 小结

通用模型适用于自由文本生成，优化时需提供背景、设定角色、指定格式。推理模型适用于数学计算、逻辑推理，优化时需提供数据、设定计算逻辑、要求逐步推理。二者结合使用时，可以先用通用模型生成策略方案，再用推理模型进行数据计算，实现精准决策。

4. 应用示例：如何在财务应用中选择 AI 模型和优化提示词

在实际财务应用中，如何选择合适的 AI 模型以及优化提示词，是改善 AI 生成效果的关键。下面通过示例展示通用模型与推理模型在不同财务应用场景下如何通过优化提示词提高 AI 生成质量。

（1）企业财务分析

帮助企业分析 2024 年的财务数据，并预测未来的财务趋势（见表 3–8）。

表 3–8　应用示例：企业财务分析

模型类型	选择理由	提示词示例（优化前后）
通用模型	适用于撰写财务分析报告，提炼行业趋势	优化前：请分析 2024 年的企业财务数据。（问题过于宽泛） 优化后：请基于 2024 年制造业的财务数据，撰写一份 500 字的行业分析报告，包括营收增长趋势、主要财务指标分析，并提供改善建议。

续表

模型类型	选择理由	提示词示例（优化前后）
推理模型	适用于数据计算、财务预测	优化前：预测企业未来的财务情况。（任务不明确） 优化后：请基于以下财务数据（营收 10 亿元，成本 6 亿元，税率 20%），使用回归分析法预测 2024 年的净利润，并提供计算步骤。

对比优化前后的提示词，通用模型用于报告撰写，优化后明确了行业、数据范围、格式要求。而推理模型用于数据预测，优化后增加了具体数据、方法、计算步骤。

（2）税务合规计划方案

为房地产企业提供税务合规计划方案，并计算不同方案的节税效果（见表 3–9）。

表 3–9　应用示例：税务合规计划

模型类型	选择理由	提示词示例（优化前后）
通用模型	适用于撰写税务合规计划方案	优化前：如何降低房地产企业的税负？（问题过于笼统） 优化后：假设你是一位税务顾问，请针对房地产企业提供 3 种符合 2025 年税法的税务合规计划方案，并说明适用场景与风险。
推理模型	适用于税率计算、节税预测	优化前：计算企业的节税方案。（缺少数据） 优化后：企业当前年度利润为 1 亿元，适用税率 25%。假设有两种方案，税收优惠 A（税率 20%）或税收优惠 B（税率 18%），请计算这两种方案的税负，并分析哪种方案更有利。

对比优化前后的提示词，通用模型用于撰写方案，优化后明确了角色、具体策略、适用范围。而推理模型用于计算节税效果，优化后提供了税率、利润等数据，便于计算比较。

（3）企业决策分析

帮助企业对比两种投资方案，并计算最佳投资回报率（ROI）（见表 3–10）。

表 3–10 应用示例：企业决策分析

模型类型	选择理由	提示词示例（优化前后）
通用模型	适用于投资方案分析	优化前：企业应该如何投资？（问题过于宽泛） 优化后：假设你是企业投资顾问，请对比“投资新能源”和“投资房地产”两种方案的优缺点，并评估各自的长期回报前景。
推理模型	适用于计算投资回报率	优化前：计算哪种投资方案更好。（缺乏数据） 优化后：假设方案 A（新能源）：投资 5 000 万元，预期年收益 800 万元；方案 B（房地产）：投资 5 000 万元，预期年收益 600 万元。请计算两种方案的投资回报率，并给出基于数据的投资建议。

对比优化前后的提示词，通用模型用于方案分析，优化后增加了行业、对比维度、回报前景。推理模型用于计算 ROI，优化后提供了投资金额、收益数据，确保 AI 计算合理。

（4）合规性分析

分析 AI 在企业合规管理中的应用，并计算可能的法律风险（见表 3–11）。

表 3–11 应用示例：合规性分析

模型类型	选择理由	提示词示例（优化前后）
通用模型	适用于撰写法规解读和合规方案	优化前：AI 在金融监管中有什么作用？（问题过于模糊） 优化后：请基于 2025 年最新金融法规，分析 AI 在反洗钱和风险合规管理中的应用，并列举 2 个成功案例。
推理模型	适用于合规性分析、计算罚款或风险评分	优化前：计算企业的法律风险。（缺乏具体标准） 优化后：某金融企业因未能满足了解客户（KYC）要求，违反了反洗钱法规，罚款标准为违规金额的 5%。若违规金额为 2 000 万元，请计算罚款金额，并分析如何降低法律风险。

对比优化前后的提示词，通用模型用于合规方案撰写，优化后加入了法规背景、AI 具体应用、案例。推理模型用于风险计算，优化后加入了罚款标准、具体违规金额，确保计算精确。

3.5.3 通用模型和推理模型的提示词万能公式

1. 通用模型的提示词万能公式

通用模型的目标是广泛适用性，兼顾内容输出质量、结构清晰度与互动友好度。

万能公式:【任务目标】+【具体需求或约束】+【角色定位或语境】+【输出要求或格式】。

任务目标：明确模型的输出方向（如“写一篇短文”“回答问题”“进行总结”“分析利弊”等）。

具体需求或约束：明确内容范围或特殊条件（如“500 字以内”“引用至少 2 个案例”）。

角色定位或语境：明确视角或情境（如“假设你是一名资深财务顾问”“假设你是某公司的 CFO”）。

输出要求或格式：指定格式（如“分点论述”“表格展示”“采用 Markdown 格式”等）。

示例：假设你是一名资深财务经理，请用不超过 300 字，分 3 点论述企业资金管理的优化策略。

2. 推理模型的提示词万能公式

推理模型强调逻辑推演与严谨思考，提示词需引导模型逐步清晰地推导出结论。

万能公式:【背景或上下文】+【问题或待推导结论】+【明确要求逐步推理】+【推理过程展示要求】。

背景或上下文：提供模型推理所需的背景信息或情境。

问题或待推导结论：提出明确的推理问题或目标（如“判断某个方案是否可行”“分析某个现象的原因”）。

明确要求逐步推理：强调“请逐步推理”“请一步步分析”“请展示你的推导过程”等要求，引导模型思路清晰化。

推理过程展示要求：可以要求模型展示思考步骤、给出中间推论或具体依据（如“给出原因”“列出前提假设”）。

示例：在财务共享中心建设过程中，企业的成本控制难度增加。请逐步分析成本控制困难的可能原因，并列出推导过程和依据。

作者点评

学习至此，我们已经在理论上储备了基本的AI应用知识，这是我们学习的基础。但是，请大家一定要记住：学习AI，关键在于“用”！一切脱离实际应用的理论都是苍白的。就算各种“黄金法则”“万能公式”倒背如流，不清楚实操细节，可能照样做不出来或者速度太慢、结果出错。因此，从下一章起，我们将进入应用实操环节。多“用”、敢“试”才是人机交互的真谛，才能迅速提高个人应用AI辅助高效财务工作的能力，在AI时代形成自己的核心竞争力。

中篇

应用 DeepSeek 辅助财务工作基础实操

随着 AI 大模型技术的快速发展，其在财务领域的应用给财务工作的效率与质量带来了实质性提升。DeepSeek 作为新一代智能 AI 工具，具备强大的语言理解与自动生成能力，能够在多种财务工作场景中发挥关键作用。为了更系统地呈现 AI 大模型在财务工作基础实操中的价值，第 4~7 章将以 DeepSeek 在财务工作基础实操中的具体应用为主题进行深入介绍。

财务工作基础实操涉及很多财务人员面对的最具重复性、技术性和复杂性的日常工作，如 Excel 函数应用、PPT 汇报材料制作、标准财务文本撰写、附件信息识别与抓取等。这些工作的成果虽不直接用于决策，却决定着数据是否规范、结果是否准确、流程是否高效，是财务岗位的“基本盘”。然而，这些工作由于内容繁杂、处理频率高、人工操作出错率高，需要财务人员投入大量时间精力，其价值创造空间因此受限。

因此，本章第 4~7 章将聚焦于如何应用 DeepSeek 辅助财务工作基础实操。其中，第 4 章为应用 DeepSeek 辅助财务工作中的 Excel 操作；第 5 章为应用 DeepSeek 辅助财务工作中的 PPT 制作；第 6 章为应用 DeepSeek 辅助标准化文本生成；第 7 章为应用 DeepSeek 辅助财务附件识别。

借助 DeepSeek，财务人员可以提升数据处理质量与工作效率，为后续的分析判断和财务决策提供坚实基础。在数字化、智能化的趋势下，财务人员应积极拥抱 AI 工具，满足“善用 AI、懂业务、重效率”的新型工作要求，向更具价值的数智财务岗位角色转变。

第 4 章

应用 DeepSeek 辅助财务工作中的 Excel 操作

Excel 是财务人员的基础工具，但在传统操作中存在函数应用门槛高、自动化程度低、适配复杂业务场景能力弱等长期困境。本章围绕“DeepSeek 辅助 Excel 函数应用”展开，系统梳理了其在函数调用、批量处理、报表分析、结构重组等典型财务场景中的应用实践，清晰展现了 AI 对财务工作数据处理的革命性重塑。

从基础的函数公式生成到完整的 VBA 自动化逻辑，从单一表格处理到跨工作表和跨系统的复杂整合，DeepSeek 展现出极高的理解能力与执行效率，把财务人员从繁重的手工操作中解放出来。

通过自然语言描述即可调用专业方案的“所想即所得”的能力，显著减少了财务工作对技术经验的依赖，提高了财务工作的准确性、规范性与效率，实现了人机协同的高效财务工作新范式。

未来，随着 AI 大模型能力的持续提升，财务人员不应仅将其视为操作工具，更应主动将其融入工作流程，形成“任务思维 + 指令构建”的新型技能结构，实现从“技术学习者”向“智能应用者”的身份转变。

基于此，本章重点展示如何通过 DeepSeek 等 AI 大模型对传统的 Excel 操作模式进行革新。本章分为三节：4.1 节介绍如何应用 DeepSeek 辅助应用各类 Excel 函数；4.2 节深入探讨复杂业务场景下的 DeepSeek 智能化解决方案；4.3 节为本章总结。

4.1 应用 DeepSeek 在常见财务工作场景中辅助生成 Excel 函数

本节聚焦四个典型财务场景——应收账款账龄分析、财务数据多条件分析、工资条生成和费用明细对比分析，分别展示如何应用 DeepSeek 获取函数和 VBA 代码。无论是快速构建复杂的函数公式，还是实现流程自动化，DeepSeek 都能根据业务需求提供最优解决方案，让财务人员无须深究技术细节，真正实现“所想即所得”的智能财务办公体验。

4.1.1 场景一：应收账款账龄分析

任务场景描述

现有一张 2024 年 12 月 31 日的应收账款账龄分析表（如图 4–1 所示），需要根据“期末余额”和“记账日”分别计算出“账龄 1 年以内”、“账龄 1–3 年”和“账龄 3 年以上”的应收账款金额。

	A	B	C	D	E	F	G	H	I	J	K
1	应收账款账龄分析										
2						2024/12/31					单位：元
3	订单编号	客户名称	业务员	应收金额	预收金额	实收金额	期末余额	记账日	账龄1年以内	账龄1-3年	账龄3年以上
4	YS-20110419	北京太阳	刘丽	3,800,000.00	1,000,000.00	800,000.00	2,000,000.00	2024年5月31日			
5	YS-20120517	天津太阳	刘丽	1,000,000.00			1,000,000.00	2024年6月30日			
6	YS-20080421	武汉星星	欧阳倩	550,000.00	50,000.00		500,000.00	2024年7月31日			
7	YS-20110322	青岛星星	欧阳倩	1,000,000.00			1,000,000.00	2024年8月31日			
8	YS-20100613	北京太阳	刘丽	768,000.00			768,000.00	2023年7月31日			
9	YS-20080224	深圳星星	欧阳倩	2,000,000.00		1,000,000.00	1,000,000.00	2023年8月31日			
10	YS-20060410	天津太阳	刘丽	890,000.00			890,000.00	2023年9月30日			
11	YS-20110522	天津太阳	刘丽	158,000.00		100,000.00	58,000.00	2023年10月31日			
12	YS-20050217	青岛星星	欧阳倩	1,228,000.00	200,000.00		1,028,000.00	2023年11月30日			
13	YS-20120428	深圳星星	欧阳倩	100,000.00			100,000.00	2022年10月31日			
14	YS-20090533	重庆彩虹	李亮	500,000.00	100,000.00		400,000.00	2022年11月30日			
15	YS-20120627	北京太阳	刘丽	355,000.00		300,000.00	55,000.00	2022年12月31日			
16	YS-20110421	上海太阳	李亮	550,000.00		500,000.00	50,000.00	2020年12月31日			
17	YS-20080612	天津太阳	刘丽	1,600,000.00			1,600,000.00	2020年12月31日			
18	YS-20120503	北京太阳	刘丽	2,000,000.00			2,000,000.00	2020年10月31日			
19	YS-20090134	上海太阳	李亮	5,000,000.00	500,000.00	2,000,000.00	2,500,000.00	2021年10月31日			
20	YS-20070429	成都彩虹	李亮	2,000,000.00			2,000,000.00	2021年11月30日			
21	YS-20110346	昆明彩虹	李亮	1,685,400.00		1,000,000.00	685,400.00	2021年12月31日			
22	合计			25,184,400.00	1,850,000.00	5,700,000.00	17,634,400.00		-	-	-

图 4–1　应收账款账龄分析表示例

对于这个任务，传统做法是使用 Excel 函数进行应收账款账龄计算。如果财务人员不熟悉函数的使用方法，往往需要投入大量时间去研究如何使用和使用何种函数公式。

而应用 DeepSeek 辅助操作，简单易行，有两种解决方案：一是直接询问 DeepSeek 如何在 Excel 中操作；二是让 DeepSeek 生成 VBA 代码，实现一键式自动化处理。

1. 询问 DeepSeek 如何在 Excel 中操作

步骤一： 将 Excel 文档“应收账款账龄分析 .xlsx”上传至 DeepSeek，并发出指令：*请分析以上文件，以 H 列记账日为基础，请帮我设计一个 Excel 的函数公式，可以计算出应收账款对应账龄单元格内的应收账款金额。*

步骤一结果： DeepSeek 根据指令生成函数，如图 4–2 所示。

账龄1年以内（I列）：

```excel
=IF(DATEDIF($H4, $F$2,"Y")<1, $G4, "")
```

账龄1-3年（J列）：

```excel
=IF(AND(DATEDIF($H4, $F$2,"Y")>=1, DATEDIF($H4, $F$2,"Y")<3), $G4, "")
```

账龄3年以上（K列）：

```excel
=IF(DATEDIF($H4, $F$2,"Y")>=3, $G4, "")
```

图 4–2　步骤一结果（应收账款账龄分析）

步骤二： 将 DeepSeek 提供的函数分别填入“账龄 1 年以内”、“账龄 1–3 年”和“账龄 3 年以上”的 I4、J4 和 K4 单元格，如图 4–3 所示。同时选中这三个单元格，将鼠标放在 K4 单元格的右下角形成填充柄，如图 4–4 所示。利用 Excel 的填充柄功能向下填充，如图 4–5 所示。

步骤二结果： 应收账款账龄分析表填充完成，清晰显示了不同账龄期限的应收账款金额。

I4 =IF(DATEDIF($H4,$F$2,"Y")<1,$G4,"")

	A	B	C	D	E	F	G	H	I	J	K
1						应收账款账龄分析					
2						2024/12/31					单位：元
3	订单编号	客户名称	业务员	应收金额	预收金额	实收金额	期末余额	记账日	账龄1年以内	账龄1-3年	账龄3年以上
4	YS-20110419	北京太阳	刘丽	3,800,000.00	1,000,000.00	800,000.00	2,000,000.00	2024年5月31日	2,000,000.00		
5	YS-20120517	天津太阳	刘丽	1,000,000.00			1,000,000.00	2024年6月30日			
6	YS-20080421	武汉星星	欧阳倩	550,000.00	50,000.00		500,000.00	2024年7月31日			
7	YS-20110322	青岛星星	欧阳倩	1,000,000.00			1,000,000.00	2024年8月31日			
8	YS-20100613	北京太阳	刘丽	768,000.00			768,000.00	2023年7月31日			
9	YS-20080224	深圳星星	欧阳倩	2,000,000.00		1,000,000.00	1,000,000.00	2023年8月31日			
10	YS-20060410	天津太阳	刘丽	890,000.00			890,000.00	2023年9月30日			
11	YS-20110522	天津太阳	刘丽	158,000.00		100,000.00	58,000.00	2023年10月31日			
12	YS-20050217	青岛星星	欧阳倩	1,228,000.00	200,000.00		1,028,000.00	2023年11月30日			
13	YS-20120428	深圳星星	欧阳倩	100,000.00			100,000.00	2022年10月31日			
14	YS-20090533	重庆彩虹	李亮	500,000.00	100,000.00		400,000.00	2022年11月30日			
15	YS-20120627	北京太阳	刘丽	355,000.00		300,000.00	55,000.00	2022年12月31日			
16	YS-20110421	上海太阳	李亮	550,000.00		500,000.00	50,000.00	2020年12月31日			
17	YS-20080612	天津太阳	刘丽	1,600,000.00			1,600,000.00	2020年12月31日			
18	YS-20120503	北京太阳	刘丽	2,000,000.00			2,000,000.00	2020年10月31日			
19	YS-20090134	上海太阳	李亮	5,000,000.00	500,000.00	2,000,000.00	2,500,000.00	2021年10月31日			
20	YS-20070429	成都彩虹	李亮	2,000,000.00			2,000,000.00	2021年11月30日			
21	YS-20110346	昆明彩虹	李亮	1,685,400.00		1,000,000.00	685,400.00	2021年12月31日			
22	合计			25,184,400.00	1,850,000.00	5,700,000.00	17,634,400.00		2,000,000.00	-	-

（a）在 I4 单元格中填入函数

J4 =IF(AND(DATEDIF($H4,$F$2,"Y")>=1,DATEDIF($H4,$F$2,"Y")<3),$G4,"")

	A	B	C	D	E	F	G	H	I	J	K
1						应收账款账龄分析					
2						2024/12/31					单位：元
3	订单编号	客户名称	业务员	应收金额	预收金额	实收金额	期末余额	记账日	账龄1年以内	账龄1-3年	账龄3年以上
4	YS-20110419	北京太阳	刘丽	3,800,000.00	1,000,000.00	800,000.00	2,000,000.00	2024年5月31日	2,000,000.00		
5	YS-20120517	天津太阳	刘丽	1,000,000.00			1,000,000.00	2024年6月30日			
6	YS-20080421	武汉星星	欧阳倩	550,000.00	50,000.00		500,000.00	2024年7月31日			
7	YS-20110322	青岛星星	欧阳倩	1,000,000.00			1,000,000.00	2024年8月31日			
8	YS-20100613	北京太阳	刘丽	768,000.00			768,000.00	2023年7月31日			
9	YS-20080224	深圳星星	欧阳倩	2,000,000.00		1,000,000.00	1,000,000.00	2023年8月31日			
10	YS-20060410	天津太阳	刘丽	890,000.00			890,000.00	2023年9月30日			
11	YS-20110522	天津太阳	刘丽	158,000.00		100,000.00	58,000.00	2023年10月31日			
12	YS-20050217	青岛星星	欧阳倩	1,228,000.00	200,000.00		1,028,000.00	2023年11月30日			
13	YS-20120428	深圳星星	欧阳倩	100,000.00			100,000.00	2022年10月31日			
14	YS-20090533	重庆彩虹	李亮	500,000.00	100,000.00		400,000.00	2022年11月30日			
15	YS-20120627	北京太阳	刘丽	355,000.00		300,000.00	55,000.00	2022年12月31日			
16	YS-20110421	上海太阳	李亮	550,000.00		500,000.00	50,000.00	2020年12月31日			
17	YS-20080612	天津太阳	刘丽	1,600,000.00			1,600,000.00	2020年12月31日			
18	YS-20120503	北京太阳	刘丽	2,000,000.00			2,000,000.00	2020年10月31日			
19	YS-20090134	上海太阳	李亮	5,000,000.00	500,000.00	2,000,000.00	2,500,000.00	2021年10月31日			
20	YS-20070429	成都彩虹	李亮	2,000,000.00			2,000,000.00	2021年11月30日			
21	YS-20110346	昆明彩虹	李亮	1,685,400.00		1,000,000.00	685,400.00	2021年12月31日			
22	合计			25,184,400.00	1,850,000.00	5,700,000.00	17,634,400.00		2,000,000.00	-	-

（b）在 J4 单元格中填入函数

K4 =IF(DATEDIF($H4,$F$2,"Y")>=3,$G4,"")

	A	B	C	D	E	F	G	H	I	J	K
1						应收账款账龄分析					
2						2024/12/31					单位：元
3	订单编号	客户名称	业务员	应收金额	预收金额	实收金额	期末余额	记账日	账龄1年以内	账龄1-3年	账龄3年以上
4	YS-20110419	北京太阳	刘丽	3,800,000.00	1,000,000.00	800,000.00	2,000,000.00	2024年5月31日	2,000,000.00		
5	YS-20120517	天津太阳	刘丽	1,000,000.00			1,000,000.00	2024年6月30日			
6	YS-20080421	武汉星星	欧阳倩	550,000.00	50,000.00		500,000.00	2024年7月31日			
7	YS-20110322	青岛星星	欧阳倩	1,000,000.00			1,000,000.00	2024年8月31日			
8	YS-20100613	北京太阳	刘丽	768,000.00			768,000.00	2023年7月31日			
9	YS-20080224	深圳星星	欧阳倩	2,000,000.00		1,000,000.00	1,000,000.00	2023年8月31日			
10	YS-20060410	天津太阳	刘丽	890,000.00			890,000.00	2023年9月30日			
11	YS-20110522	天津太阳	刘丽	158,000.00		100,000.00	58,000.00	2023年10月31日			
12	YS-20050217	青岛星星	欧阳倩	1,228,000.00	200,000.00		1,028,000.00	2023年11月30日			
13	YS-20120428	深圳星星	欧阳倩	100,000.00			100,000.00	2022年10月31日			
14	YS-20090533	重庆彩虹	李亮	500,000.00	100,000.00		400,000.00	2022年11月30日			
15	YS-20120627	北京太阳	刘丽	355,000.00		300,000.00	55,000.00	2022年12月31日			
16	YS-20110421	上海太阳	李亮	550,000.00		500,000.00	50,000.00	2020年12月31日			
17	YS-20080612	天津太阳	刘丽	1,600,000.00			1,600,000.00	2020年12月31日			
18	YS-20120503	北京太阳	刘丽	2,000,000.00			2,000,000.00	2020年10月31日			
19	YS-20090134	上海太阳	李亮	5,000,000.00	500,000.00	2,000,000.00	2,500,000.00	2021年10月31日			
20	YS-20070429	成都彩虹	李亮	2,000,000.00			2,000,000.00	2021年11月30日			
21	YS-20110346	昆明彩虹	李亮	1,685,400.00		1,000,000.00	685,400.00	2021年12月31日			
22	合计			25,184,400.00	1,850,000.00	5,700,000.00	17,634,400.00		2,000,000.00	-	-

（c）在 K4 单元格中填入函数

图 4-3 在相应单元格中填入函数

I4　=IF(DATEDIF($H4,$F$2,"Y")<1,$G4,"")

	A	B	C	D	E	F	G	H	I	J	K
1						应收账款账龄分析					
2						2024/12/31					单位：元
3	订单编号	客户名称	业务员	应收金额	预收金额	实收金额	期末余额	记账日	账龄1年以内	账龄1-3年	账龄3年以上
4	YS-20110419	北京太阳	刘丽	3,800,000.00	1,000,000.00	800,000.00	2,000,000.00	2024年5月31日	2,000,000.00		
5	YS-20120517	天津太阳	刘丽	1,000,000.00			1,000,000.00	2024年6月30日			
6	YS-20080421	武汉星星	欧阳倩	550,000.00	50,000.00		500,000.00	2024年7月31日			
7	YS-20110322	青岛星星	欧阳倩	1,000,000.00			1,000,000.00	2024年8月31日			
8	YS-20100613	北京太阳	刘丽	768,000.00			768,000.00	2023年7月31日			
9	YS-20080224	深圳星星	欧阳倩	2,000,000.00		1,000,000.00	1,000,000.00	2023年8月31日			
10	YS-20060410	天津太阳	刘丽	890,000.00			890,000.00	2023年9月30日			
11	YS-20110522	天津太阳	刘丽	158,000.00		100,000.00	58,000.00	2023年10月31日			
12	YS-20050217	青岛星星	欧阳倩	1,228,000.00	200,000.00		1,028,000.00	2023年11月30日			
13	YS-20120428	深圳星星	欧阳倩	100,000.00			100,000.00	2022年10月31日			
14	YS-20090533	重庆彩虹	李亮	500,000.00	100,000.00		400,000.00	2022年11月30日			
15	YS-20120627	北京太阳	刘丽	355,000.00		300,000.00	55,000.00	2022年12月31日			
16	YS-20110421	上海太阳	李亮	550,000.00		500,000.00	50,000.00	2020年12月31日			
17	YS-20080612	天津太阳	刘丽	1,600,000.00			1,600,000.00	2020年12月31日			
18	YS-20120503	北京太阳	刘丽	2,000,000.00			2,000,000.00	2020年10月31日			
19	YS-20090134	上海太阳	李亮	5,000,000.00	500,000.00	2,000,000.00	2,500,000.00	2021年10月31日			
20	YS-20070429	成都彩虹	李亮	2,000,000.00			2,000,000.00	2021年11月30日			
21	YS-20110346	昆明彩虹	李亮	1,685,400.00		1,000,000.00	685,400.00	2021年12月31日			
22	合计			25,184,400.00	1,850,000.00	5,700,000.00	17,634,400.00		2,000,000.00	-	-

图 4–4　鼠标放在单元格右下角形成填充柄

	A	B	C	D	E	F	G	H	I	J	K
1						应收账款账龄分析					
2						2024/12/31					单位：元
3	订单编号	客户名称	业务员	应收金额	预收金额	实收金额	期末余额	记账日	账龄1年以内	账龄1-3年	账龄3年以上
4	YS-20110419	北京太阳	刘丽	3,800,000.00	1,000,000.00	800,000.00	2,000,000.00	2024年5月31日	2,000,000.00		
5	YS-20120517	天津太阳	刘丽	1,000,000.00			1,000,000.00	2024年6月30日	1,000,000.00		
6	YS-20080421	武汉星星	欧阳倩	550,000.00	50,000.00		500,000.00	2024年7月31日	500,000.00		
7	YS-20110322	青岛星星	欧阳倩	1,000,000.00			1,000,000.00	2024年8月31日	1,000,000.00		
8	YS-20100613	北京太阳	刘丽	768,000.00			768,000.00	2023年7月31日		768,000.00	
9	YS-20080224	深圳星星	欧阳倩	2,000,000.00		1,000,000.00	1,000,000.00	2023年8月31日		1,000,000.00	
10	YS-20060410	天津太阳	刘丽	890,000.00			890,000.00	2023年9月30日		890,000.00	
11	YS-20110522	天津太阳	刘丽	158,000.00		100,000.00	58,000.00	2023年10月31日		58,000.00	
12	YS-20050217	青岛星星	欧阳倩	1,228,000.00	200,000.00		1,028,000.00	2023年11月30日		1,028,000.00	
13	YS-20120428	深圳星星	欧阳倩	100,000.00			100,000.00	2022年10月31日		100,000.00	
14	YS-20090533	重庆彩虹	李亮	500,000.00	100,000.00		400,000.00	2022年11月30日		400,000.00	
15	YS-20120627	北京太阳	刘丽	355,000.00		300,000.00	55,000.00	2022年12月31日		55,000.00	
16	YS-20110421	上海太阳	李亮	550,000.00		500,000.00	50,000.00	2020年12月31日			50000
17	YS-20080612	天津太阳	刘丽	1,600,000.00			1,600,000.00	2020年12月31日			1600000
18	YS-20120503	北京太阳	刘丽	2,000,000.00			2,000,000.00	2020年10月31日			2000000
19	YS-20090134	上海太阳	李亮	5,000,000.00	500,000.00	2,000,000.00	2,500,000.00	2021年10月31日			2500000
20	YS-20070429	成都彩虹	李亮	2,000,000.00			2,000,000.00	2021年11月30日			2000000
21	YS-20110346	昆明彩虹	李亮	1,685,400.00		1,000,000.00	685,400.00	2021年12月31日			685400
22	合计			25,184,400.00	1,850,000.00	5,700,000.00	17,634,400.00		4,500,000.00	4,299,000.00	8,835,400.00

图 4–5　利用 Excel 的填充柄功能向下填充

2. 让 DeepSeek 生成 VBA 代码

步骤一： 将 Excel 文档“应收账款账龄分析 .xlsx”上传至 DeepSeek，并发出指令：*分析以上文件，请给我 VBA 代码，要求根据记账日，分别计算出“账龄 1 年以内”、“账龄 1–3 年”和“账龄 3 年以上”的应收账款。*

步骤一结果： DeepSeek 理解了指令，并生成了一段 VBA 代码（如图 4–6 所示）。

应收账款账龄分析 VBA 代码

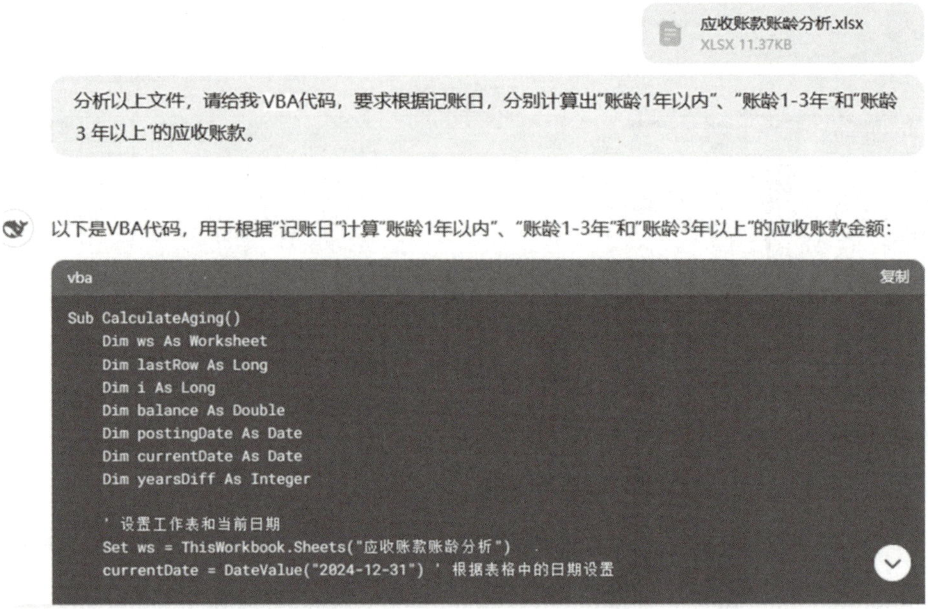

图 4–6　步骤一及生成的部分 VBA 代码（应收账款账龄分析）

步骤二： 复制 DeepSeek 生成的 VBA 代码，粘贴到 VBA 编辑器中，如图 4–7 所示。

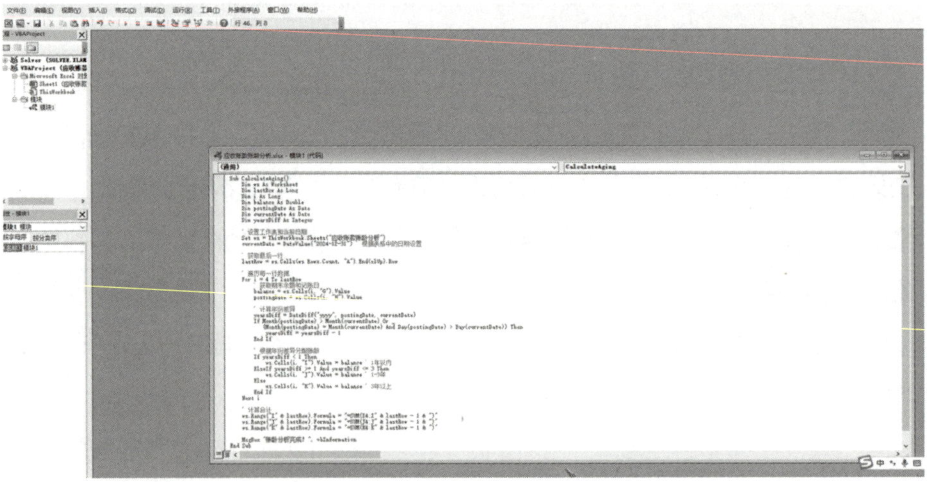

图 4–7　复制粘贴 VBA 代码（应收账款账龄分析）

步骤二结果： VBA 代码运行生成结果，经人工检验无误，如图 4–8 所示。

应收账款账龄分析

2024/12/31　　单位：元

订单编号	客户名称	业务员	应收金额	预收金额	实收金额	期末余额	记账日	账龄1年以内	账龄1-3年	账龄3年以上
YS-20110419	北京太阳	刘丽	3,800,000.00	1,000,000.00	800,000.00	2,000,000.00	2024年5月31日	2,000,000.00		
YS-20120517	天津太阳	刘丽	1,000,000.00			1,000,000.00	2024年6月30日	1,000,000.00		
YS-20080421	武汉星星	欧阳倩	550,000.00	50,000.00		500,000.00	2024年7月31日	500,000.00		
YS-20110322	青岛星星	欧阳倩	1,000,000.00			1,000,000.00	2024年8月31日	1,000,000.00		
YS-20100613	北京太阳	刘丽	768,000.00			768,000.00	2023年7月31日		768,000.00	
YS-20080224	深圳星星	欧阳倩	2,000,000.00		1,000,000.00	1,000,000.00	2023年8月31日		1,000,000.00	
YS-20060410	天津太阳	刘丽	890,000.00			890,000.00	2023年9月30日		890,000.00	
YS-20110522	天津太阳	刘丽	158,000.00		100,000.00	58,000.00	2023年10月31日		58,000.00	
YS-20050217	青岛星星	欧阳倩	1,228,000.00	200,000.00		1,028,000.00	2023年11月30日		1,028,000.00	
YS-20120428	深圳星星	欧阳倩	100,000.00			100,000.00	2022年10月31日		100,000.00	
YS-20090533	重庆彩虹	李亮	500,000.00	100,000.00		400,000.00	2022年11月30日		400,000.00	
YS-20120627	北京太阳	刘丽	355,000.00		300,000.00	55,000.00	2022年12月31日		55,000.00	
YS-20110421	上海太阳	李亮	550,000.00		500,000.00	50,000.00	2020年12月31日			50000
YS-20080612	天津太阳	刘丽	1,600,000.00			1,600,000.00	2020年12月31日			1600000
YS-20120503	北京太阳	刘丽	2,000,000.00			2,000,000.00	2020年10月31日			2000000
YS-20090134	上海太阳	李亮	5,000,000.00	500,000.00	2,000,000.00	2,500,000.00	2021年10月31日		2,500,000.00	
YS-20070429	成都彩虹	李亮	2,000,000.00			2,000,000.00	2021年11月30日		2,000,000.00	
YS-20110346	昆明彩虹	李亮	1,685,400.00		1,000,000.00	685,400.00	2021年12月31日		685,400.00	
合计			25,184,400.00	1,850,000.00	5,700,000.00	17,634,400.00		4,500,000.00	9,484,400.00	3,650,000.00

图 4–8　VBA 代码运行结果（应收账款账龄分析）

如果首次使用 Excel 的 VBA 编辑器或者找不到“开发工具”选项卡，需要先在 Excel 中设置 VBA 编辑器才能使用，具体步骤如下：

步骤一： 打开 Excel，点击“文件”选项卡下的“选项”按钮，进入“选项”页面，如图 4–9 所示。

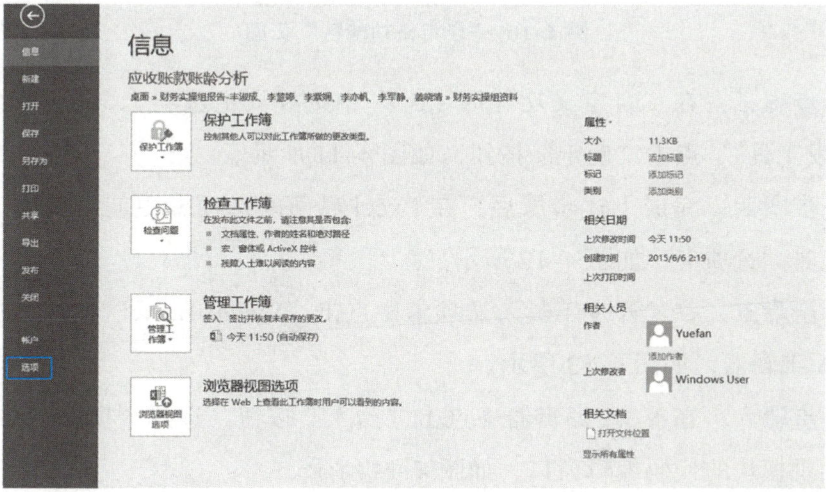

图 4–9　“选项”页面

步骤二： 在“选项”页面点击“自定义功能区”按钮，进入“自定义功能区”页面，如图 4–10 所示。

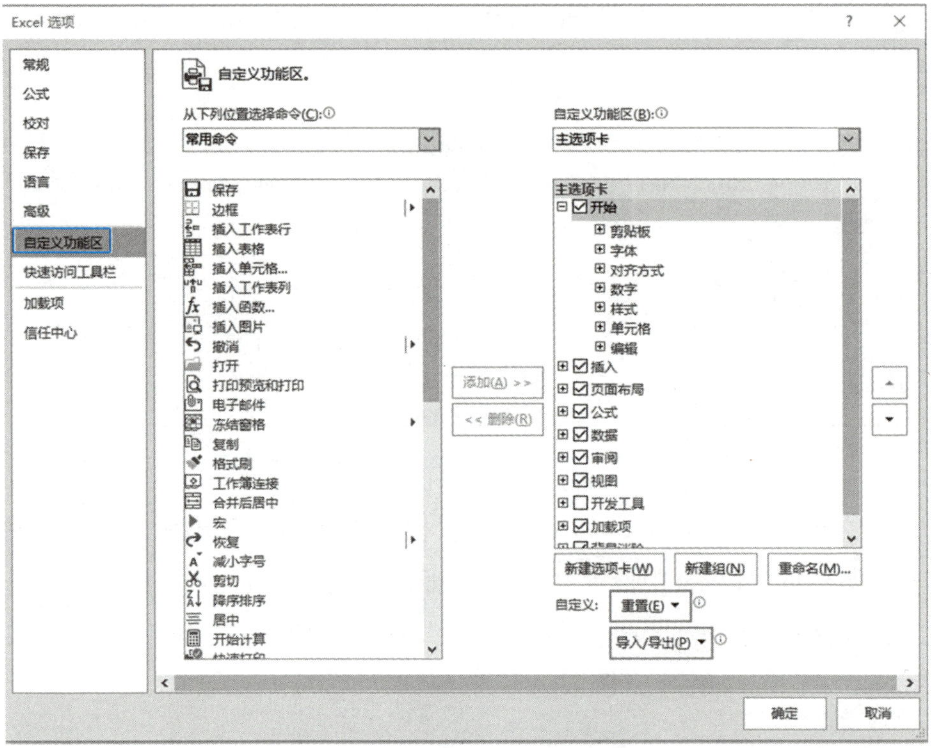

图 4-10 “自定义功能区”页面

步骤三：在“自定义功能区（B）”中选择“主选项卡”，然后选中“开发工具”，点击“确定”按钮，如图 4-11 所示。

步骤四：完成上述步骤后，在 Excel 界面的选项卡中就出现了”开发工具“选项卡，如图 4-12 所示。

步骤五：在“开发工具”选项卡中点击“Visual Basic”按钮，进入 VBA 编辑器，如图 4-13 所示。

步骤六：在 VBA 编辑器中点击“插入”按钮，选择“模块”功能，会出现模块的代码编辑窗口，如图 4-14 所示。

步骤七：复制 DeepSeek 生成的 VBA 代码粘贴到代码编辑窗口，点击“运行”按钮下的“运行子过程 / 用户窗体”或者按“F5”键，如图 4-15 所示。

图 4–11　“主选项卡”—“开发工具”

图 4–12　“开发工具”选项卡

图 4–13　点击“Visual Basic”按钮

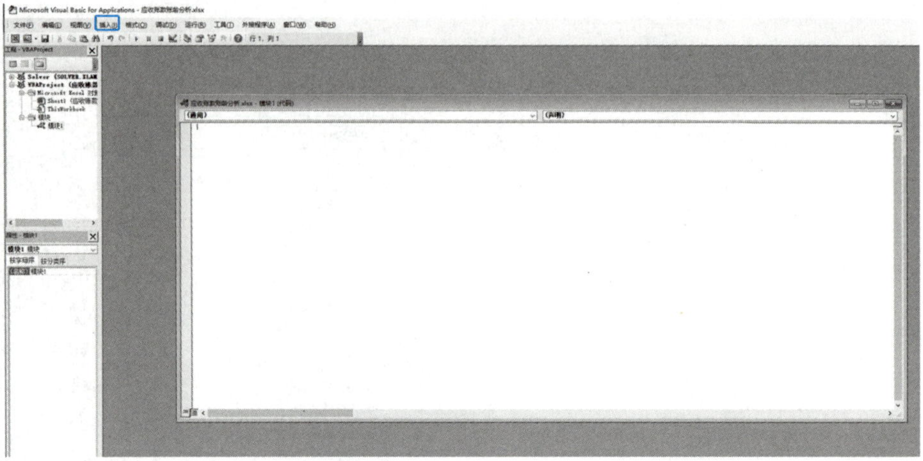

图 4–14 在 VBA 编辑器中点击“插入”—“模块”

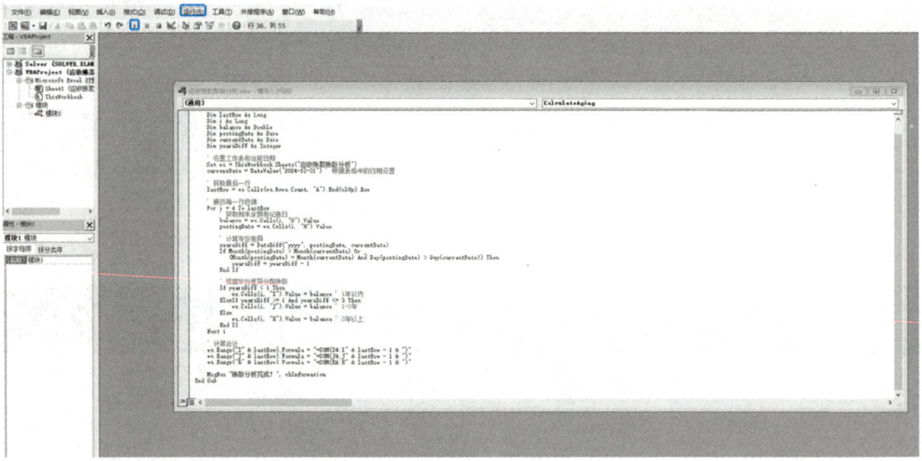

图 4–15 点击“运行”按钮

步骤八：点击“视图 Microsoft Excel”（Alt+F11），返回 Excel 中查看结果，如图 4–16 所示。

图 4–16 点击“视图 Microsoft Excel”（Alt+F11）返回 Excel

小贴士

VB 和 VBA

VB（Visual Basic）是微软早期推出的一种编程语言，语法简单、逻辑清晰，常用于开发 Windows 桌面应用程序。虽然它作为主角的时代已经过去，但它留下的思维方式和语法风格影响深远。

VBA（Visual Basic for Applications）是 VB 在 Microsoft Office 办公软件中的“嵌入版本”，它允许用户通过编写代码，控制 Office 软件（如 Excel、Word、PowerPoint 等）执行一系列操作，从而提高工作效率。用户可以用它来写宏（Macro），实现自动化批量处理，如自动整理报表、批量导入数据、跨表格提取信息等。与其他编程语言不同，VBA 无须安装额外环境，只需打开 Excel，按下“Alt+F11”，就能进入 VBA 编辑器，随时编写和运行代码。

完成上述财务场景任务的关键在于向 DeepSeek 发出的指令即提示词。表 4–1 是几种提示词示例，虽然表述形式不同，但都能获得理想的结果。

表 4–1　几种提示词示例

序号	提示词
1	你是一名注册会计师，分析表格，根据表格里的“记账日”，生成 VBA 代码，“记账日”属于“账龄 1 年以内”、“账龄 1–3 年”和“账龄 3 年以上”这三列中的哪一列，就在那一列里填入“应收账款账龄分析”金额。
2	请分析上述表格，帮我写一个 VBA 代码，对应收账款进行账龄分析，填入“应收账款账龄分析”表中的“账龄 1 年以内”“账龄 1–3 年”“账龄 3 年以上”列中。
3	请基于提供的表格数据，编写一个 VBA 宏，对应收账款进行账龄分类，并将结果分别填充到“应收账款账龄分析”表中的“账龄 1 年以内”“账龄 1–3 年”“账龄 3 年以上”列中。要求宏能够自动识别账龄区间并完成分类。

续表

序号	提示词
4	基于上述表格，编制一个 VBA 程序，用于对 I、J、K 三列数据进行完善填充。该程序运行所得结果应与下图中的数据布局和数值完全一致。
5	对所上传的表格进行分析，写一个 VBA 代码：对应收账款进行账龄分析，将表格中“账龄 1 年以内”“账龄 1–3 年”“账龄 3 年以上”这三列进行分析计算填充，结果要精确。
6	请根据上述表格，编写一个 VBA 代码，填写完成 I、J、K 这三列。

4.1.2 场景二：财务数据多条件分析

任务场景描述

现有一张部门工资表（如图 4–17 所示），包含“财务 1 部”“财务 2 部”“业务 1 部”“业务 2 部”“仓库 1 部”“仓库 2 部”的工资信息，需要汇总各部门的工资信息，确定各部门的工资总额。

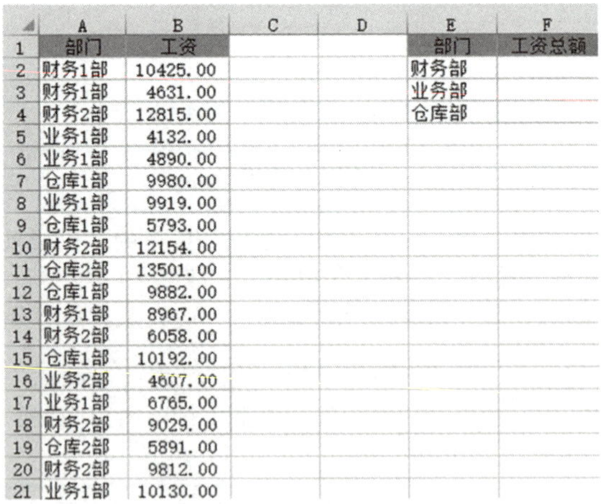

	A	B	C	D	E	F
1	部门	工资			部门	工资总额
2	财务1部	10425.00			财务部	
3	财务1部	4631.00			业务部	
4	财务2部	12815.00			仓库部	
5	业务1部	4132.00				
6	业务1部	4890.00				
7	仓库1部	9980.00				
8	业务1部	9919.00				
9	仓库1部	5793.00				
10	财务2部	12154.00				
11	仓库2部	13501.00				
12	仓库1部	9882.00				
13	财务1部	8967.00				
14	财务2部	6058.00				
15	仓库1部	10192.00				
16	业务2部	4607.00				
17	业务1部	6765.00				
18	财务2部	9029.00				
19	仓库2部	5891.00				
20	财务2部	9812.00				
21	业务1部	10130.00				

图 4–17 部门工资表

对于这个任务，在不熟悉 Excel 函数公式应用的情况下，使用 DeepSeek 辅助操作有两种解决方案：一是直接询问 DeepSeek 如何在 Excel 中操作；二是让 DeepSeek 生成 VBA 代码，实现一键式自动化处理。

1. 询问 DeepSeek 如何在 Excel 中操作

步骤一：将 Excel 文档“部门工资 .xlsx”上传至 DeepSeek，并发出指令：*分析以上文件，帮我设计一个函数，要求将各部门的工资进行汇总，并填入右侧的对应部门工资总额处。*

步骤一结果：DeepSeek 根据指令生成函数公式，如图 4–18 所示。

在"部门工资"工作表中，使用的公式是：

- 财务部：`=SUMIF($A$2:$A$21,"财务*",$B$2:$B$21)`
- 业务部：`=SUMIF($A$2:$A$21,"业务*",$B$2:$B$21)`
- 仓库部：`=SUMIF($A$2:$A$21,"仓库*",$B$2:$B$21)`

图 4–18　步骤一生成的函数公式（财务数据多条件分析）

步骤二：将 DeepSeek 提供的函数分别填入 F2、F3 和 F4 单元格，如图 4–19 所示。

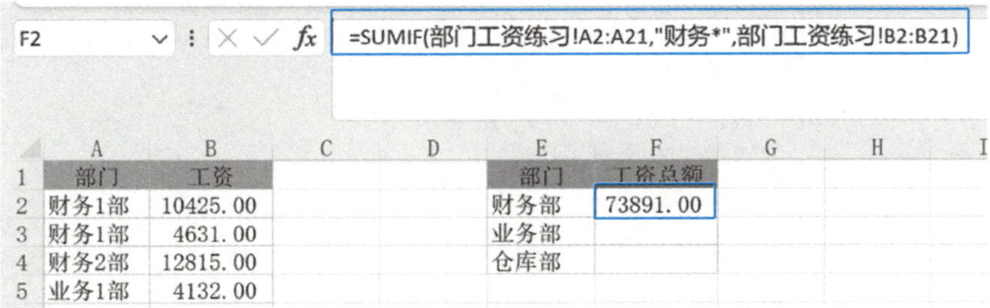

（a）在 F2 单元格填入函数

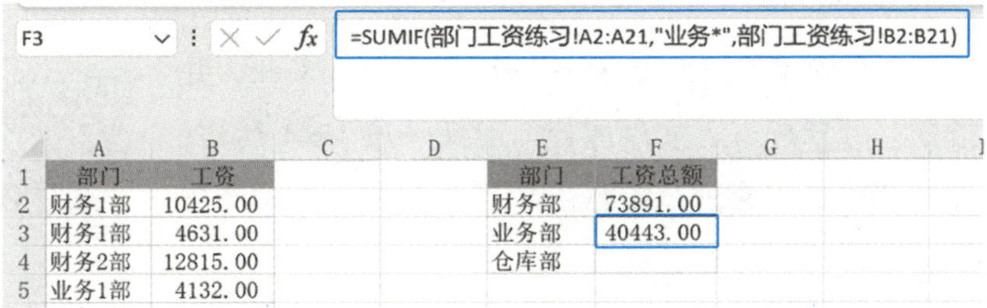

（b）在 F3 单元格填入函数

F4 =SUMIF(部门工资练习!A2:A21,"仓库*",部门工资练习!B2:B21)

	A	B	C	D	E	F
1	部门	工资			部门	工资总额
2	财务1部	10425.00			财务部	73891.00
3	财务1部	4631.00			业务部	40443.00
4	财务2部	12815.00			仓库部	55239.00
5	业务1部	4132.00				

（c）在 F4 单元格填入函数

图 4–19　在相应单元格填入函数（财务数据多条件分析）

步骤二结果：生成各部门工资总额，如图 4–20 所示。

	A	B	C	D	E	F
1	部门	工资			部门	工资总额
2	财务1部	10425.00			财务部	73891.00
3	财务1部	4631.00			业务部	40443.00
4	财务2部	12815.00			仓库部	55239.00
5	业务1部	4132.00				
6	业务1部	4890.00				
7	仓库1部	9980.00				
8	业务1部	9919.00				
9	仓库1部	5793.00				
10	财务2部	12154.00				
11	仓库2部	13501.00				
12	仓库1部	9882.00				
13	财务1部	8967.00				
14	财务2部	6058.00				
15	仓库1部	10192.00				
16	业务2部	4607.00				
17	业务1部	6765.00				
18	财务2部	9029.00				
19	仓库2部	5891.00				
20	财务2部	9812.00				
21	业务1部	10130.00				

图 4–20　步骤二结果（财务数据多条件分析）

2. 让 DeepSeek 生成 VBA 代码

步骤一：将“部门工资 .xlsx”上传至 DeepSeek，并发出指令：*请分析以上文件内容，给我一段 VBA 代码，要求将各部门的工资进行汇总，并填入右侧的对应部门工资总额处。*

部门工资汇总 VBA 代码

步骤一结果：DeepSeek 理解了指令，并生成了一段 VBA 代码（如图 4–21 所示）。

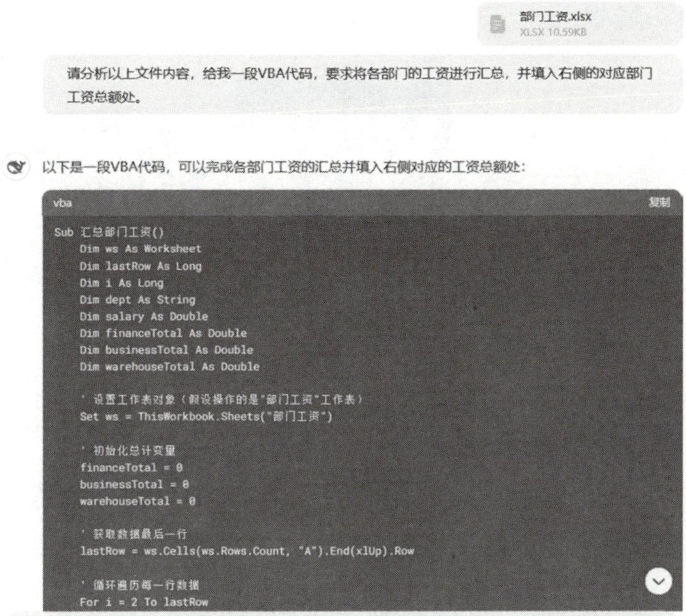


```vba
Sub 汇总部门工资()
    Dim ws As Worksheet
    Dim lastRow As Long
    Dim i As Long
    Dim dept As String
    Dim salary As Double
    Dim financeTotal As Double
    Dim businessTotal As Double
    Dim warehouseTotal As Double

    ' 设置工作表对象（假设操作的是"部门工资"工作表）
    Set ws = ThisWorkbook.Sheets("部门工资")

    ' 初始化总计变量
    financeTotal = 0
    businessTotal = 0
    warehouseTotal = 0

    ' 获取数据最后一行
    lastRow = ws.Cells(ws.Rows.Count, "A").End(xlUp).Row

    ' 循环遍历每一行数据
    For i = 2 To lastRow
```

图 4–21　步骤一及生成的部分 VBA 代码（财务数据多条件分析）

步骤二：复制 DeepSeek 生成的 VBA 代码并粘贴到 VBA 编辑器中。点击运行 VBA 代码。

步骤二结果：VBA 代码运行生成结果，经人工检验无误，如图 4–22 所示。

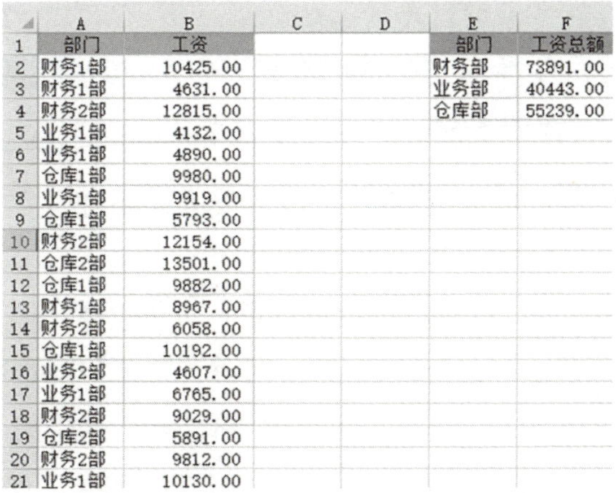

	A	B	C	D	E	F
1	部门	工资			部门	工资总额
2	财务1部	10425.00			财务部	73891.00
3	财务1部	4631.00			业务部	40443.00
4	财务2部	12815.00			仓库部	55239.00
5	业务1部	4132.00				
6	业务1部	4890.00				
7	仓库1部	9980.00				
8	业务1部	9919.00				
9	仓库1部	5793.00				
10	财务2部	12154.00				
11	仓库2部	13501.00				
12	仓库1部	9882.00				
13	财务1部	8967.00				
14	财务2部	6058.00				
15	仓库1部	10192.00				
16	业务2部	4607.00				
17	业务1部	6765.00				
18	财务2部	9029.00				
19	仓库2部	5891.00				
20	财务2部	9812.00				
21	业务1部	10130.00				

图 4–22　运行 VBA 代码生成结果（财务数据多条件分析）

4.1.3 场景三：工资条生成

任务场景描述

现有一张工资计算表（如图 4–23 所示），包含姓名、身份证号、岗位工资、绩效工资和工资总额等信息，需要将每个员工的工资做成工资条的形式，方便员工领取。

	A	B	C	D	E	F	G	H	I	J	K	L	M
1	姓名	身份证号	岗位工资	绩效工资	工资总额	缺勤扣款	养老保险	医疗保险	失业保险	住房公积	应发工资	个人所得税	实发合计
2	白博瀚	110200********3284	1075.00	5114.83	6189.83	0.00	495.19	123.80	12.38	742.78	4815.69	0.00	4815.69
3	白高超	110200********0419	1934.00	5245.62	7179.62	0.00	574.37	143.59	14.36	861.55	5585.74	17.57	5568.17
4	蔡和硕	210401********8884	1016.00	3147.02	4163.02	0.00	333.04	83.26	8.33	499.56	3238.83	0.00	3238.83
5	蔡宏大	131022********0864	1980.00	4046.32	6026.32	0.00	482.11	120.53	12.05	723.16	4688.48	0.00	4688.48
6	蔡伟彦	131022********1713	1311.00	4119.79	5430.79	100.00	434.46	108.62	10.86	651.70	4125.16	0.00	4125.16
7	曹才艺	210401********9423	1079.00	5663.17	6742.17	0.00	539.37	134.84	13.48	809.06	5245.41	7.36	5238.05
8	曹雨伯	140829********6120	1604.00	5812.99	7416.99	0.00	593.36	148.34	14.83	890.04	5770.42	23.11	5747.31
9	漕凌	140602********7514	1719.00	4633.96	6352.96	0.00	508.24	127.06	12.71	762.35	4942.60	0.00	4942.60
10	常玮	110200********4160	1550.00	3285.73	4835.73	0.00	386.86	96.71	9.67	580.29	3762.20	0.00	3762.20
11	常明	110200********4680	1284.00	244.01	3728.01	0.00	298.24	74.56	7.46	447.36	2900.39	0.00	2900.39

图 4–23 工资计算表

对于这个任务，在不熟悉 Excel 函数公式应用的情况下，使用 DeepSeek 辅助操作有两种解决方案：一是直接询问 DeepSeek 如何在 Excel 中操作；二是让 DeepSeek 生成 VBA 代码，实现一键式自动化处理。

1. 询问 DeepSeek 如何在 Excel 中操作

步骤一： 将“工资条 .xlsx”上传至 DeepSeek，并发出指令：*请分析以上文件，根据“工资计算表”中的数据帮我设计一个函数，要求在“工资条 1”工作表中生成工资条，实现下拉 A2 单元格显示每个工资条，生成的每个工资条都需要显示表头，各工资条间隔 2 行，依次铺开。*

步骤一结果： DeepSeek 根据指令生成了函数，如图 4–24 所示。

步骤二： 复制 DeepSeek 生成的函数填入“工资条 1”工作表中的 A1 单元格，如图 4–25 所示。选中 A1 单元格，将鼠标放在 A1 单元格右下角形成填充柄，下拉至 A3 单元格，然后同时选中 A2 单元格和 A3 单元格，向右拉，直至 M 列“实发合计”，如图 4–26 所示。选中第 2 行和第 3 行工资条内容按照同样方式向下填充，直至完成全部工资条，如图 4–27 所示。

```excel
=IF(
    MOD(ROW()-1,4)=0,"",  // 第4、8、12...行（间隔行）
    IF(
        MOD(ROW()-1,4)=1,工资计算表!A$1,  // 第1、5、9...行（表头行）
        IF(
            MOD(ROW()-1,4)=2,  // 第2、6、10...行（数据行）
            IFERROR(
                INDEX(工资计算表!$A$2:$M$100,INT((ROW()-1)/4)+1,COLUMN()),
                ""
            ),
            ""  // 第3、7、11...行（间隔行）
        )
    )
)
```

图 4–24　步骤一生成的部分函数（工资条生成）

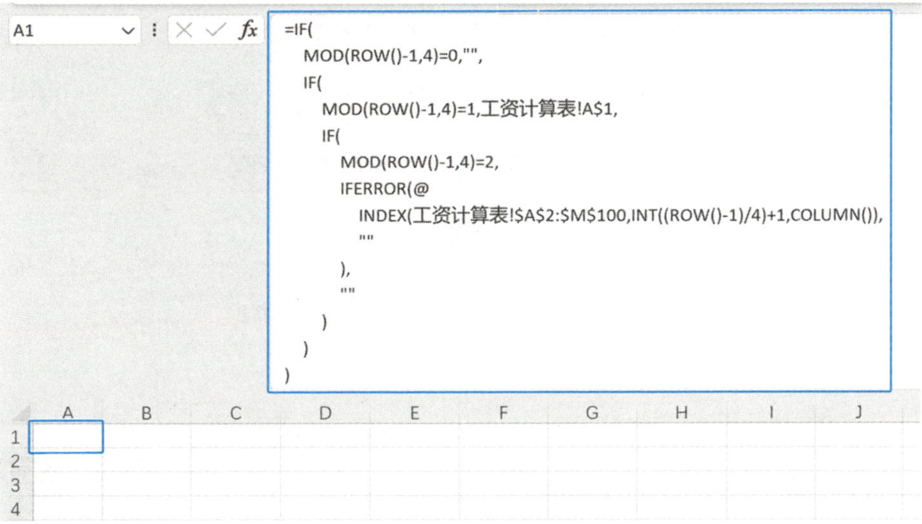

图 4–25　填入制作工资条的公式

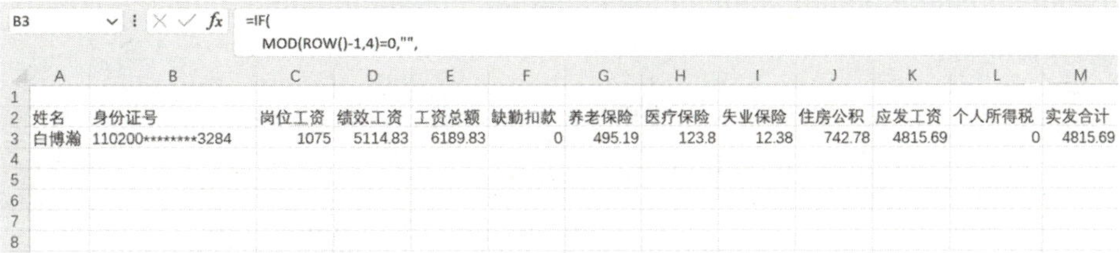

	A	B	C	D	E	F	G	H	I	J	K	L	M
1													
2	姓名	身份证号	岗位工资	绩效工资	工资总额	缺勤扣款	养老保险	医疗保险	失业保险	住房公积	应发工资	个人所得税	实发合计
3	白博瀚	110200********3284	1075	5114.83	6189.83	0	495.19	123.8	12.38	742.78	4815.69	0	4815.69
4													
5													
6													
7													
8													

图 4–26　自动填充单元格

Q87

	A	B	C	D	E	F	G	H	I	J	K	L	M
1													
2	姓名	身份证号	岗位工资	绩效工资	工资总额	缺勤扣款	养老保险	医疗保险	失业保险	住房公积	应发工资	个人所得税	实发合计
3	白博瀚	110200********3284	1075	5114.83	6189.83	0	495.19	123.8	12.38	742.78	4815.69	0	4815.69
4													
5													
6	姓名	身份证号	岗位工资	绩效工资	工资总额	缺勤扣款	养老保险	医疗保险	失业保险	住房公积	应发工资	个人所得税	实发合计
7	白高超	110200********0419	1934	5245.62	7179.62	0	574.37	143.59	14.36	861.55	5585.74	17.57	5568.17
8													
9													
10	姓名	身份证号	岗位工资	绩效工资	工资总额	缺勤扣款	养老保险	医疗保险	失业保险	住房公积	应发工资	个人所得税	实发合计
11	蔡和硕	210401********8884	1016	3147.02	4163.02	0	333.04	83.26	8.33	499.56	3238.83	0	3238.83
12													
13													
14	姓名	身份证号	岗位工资	绩效工资	工资总额	缺勤扣款	养老保险	医疗保险	失业保险	住房公积	应发工资	个人所得税	实发合计
15	蔡宏大	131022********0864	1980	4046.32	6026.32	0	482.11	120.53	12.05	723.16	4688.48	0	4688.48
16													
17													
18	姓名	身份证号	岗位工资	绩效工资	工资总额	缺勤扣款	养老保险	医疗保险	失业保险	住房公积	应发工资	个人所得税	实发合计
19	蔡伟彦	131022********1713	1311	4119.79	5430.79	100	434.46	108.62	10.86	651.7	4125.16	0	4125.16
20													
21													
22	姓名	身份证号	岗位工资	绩效工资	工资总额	缺勤扣款	养老保险	医疗保险	失业保险	住房公积	应发工资	个人所得税	实发合计
23	曹才艺	210401********9423	1079	5663.17	6742.17	0	539.37	134.84	13.48	809.06	5245.41	7.36	5238.05
24													
25													
26	姓名	身份证号	岗位工资	绩效工资	工资总额	缺勤扣款	养老保险	医疗保险	失业保险	住房公积	应发工资	个人所得税	实发合计
27	曹雨伯	140829********6120	1604	5812.99	7416.99	0	593.36	148.34	14.83	890.04	5770.42	23.11	5747.31
28													
29													
30	姓名	身份证号	岗位工资	绩效工资	工资总额	缺勤扣款	养老保险	医疗保险	失业保险	住房公积	应发工资	个人所得税	实发合计
31	漕凌	140602********7514	1719	4633.96	6352.96	0	508.24	127.06	12.71	762.35	4942.6	0	4942.6
32													
33													
34	姓名	身份证号	岗位工资	绩效工资	工资总额	缺勤扣款	养老保险	医疗保险	失业保险	住房公积	应发工资	个人所得税	实发合计
35	常玮	110200********4160	1550	3285.73	4835.73	0	386.86	96.71	9.67	580.29	3762.2	0	3762.2
36													
37													
38	姓名	身份证号	岗位工资	绩效工资	工资总额	缺勤扣款	养老保险	医疗保险	失业保险	住房公积	应发工资	个人所得税	实发合计
39	常明	110200********4680	1284	244.01	3728.01	0	298.24	74.56	7.46	447.36	2900.39	0	2900.39
40													
41													

图 4–27　自动填充完成全部工资条

步骤二结果： 成功生成全部工资条，便于员工领取。

2. 让 DeepSeek 生成 VBA 代码

步骤一： 将“工资条 .xlsx”上传至 DeepSeek，并发出指令：*请分析以上文件内容，给我一段 VBA 代码，将“工资计算表”工作表中里的 A-M 列的数据生成工资条，每个人的工资条保存到“工资条 1”工作表中，每个工资条相隔 2 行。*

工资条生成 VBA 代码

步骤一结果： DeepSeek 理解了指令，并生成了一段 VBA 代码（如图 4–28 所示）。

步骤二： 复制 DeepSeek 生成的 VBA 代码并粘贴到 VBA 编辑器中。点击运行 VBA 代码。

以下是一段VBA代码，可以将"工资计算表"中的数据生成工资条并保存到"工资条1"工作表中，每个工资条之间相隔2行：

```vba
Sub GeneratePaySlips()
    Dim wsSource As Worksheet
    Dim wsTarget As Worksheet
    Dim lastRow As Long
    Dim i As Long, j As Long
    Dim targetRow As Long

    ' 设置工作表对象
    Set wsSource = ThisWorkbook.Worksheets("工资计算表")
    Set wsTarget = ThisWorkbook.Worksheets("工资条1")

    ' 清除目标工作表中的现有内容
    wsTarget.Cells.Clear

    ' 获取源数据的最后一行
    lastRow = wsSource.Cells(wsSource.Rows.Count, "A").End(xlUp).Row

    ' 复制标题行到目标工作表
    wsSource.Rows(1).Copy Destination:=wsTarget.Rows(1)

    ' 初始化目标行
    targetRow = 2
```

图 4–28　步骤一生成的部分 VBA 代码（工资条生成）

步骤二结果： VBA 代码运行生成结果，经人工检验无误，如图 4–29 所示。

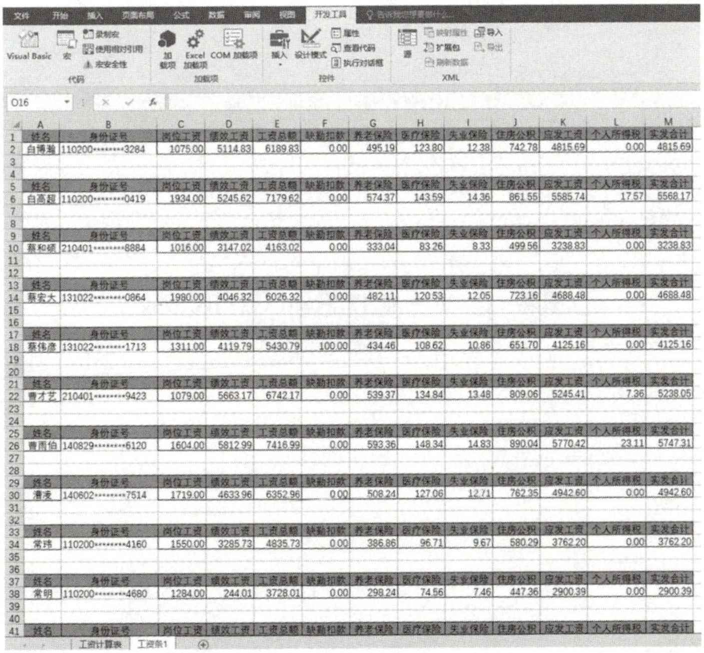

	A	B	C	D	E	F	G	H	I	J	K	L	M
1	姓名	身份证号	岗位工资	绩效工资	工资总额	缺勤扣款	养老保险	医疗保险	失业保险	住房公积	应发工资	个人所得税	实发合计
2	白博瀚	110200********3284	1075.00	5114.83	6189.83	0.00	495.19	123.80	12.38	742.78	4815.69	0.00	4815.69
5	姓名	身份证号	岗位工资	绩效工资	工资总额	缺勤扣款	养老保险	医疗保险	失业保险	住房公积	应发工资	个人所得税	实发合计
6	白高超	110200********0419	1934.00	5245.62	7179.62	0.00	574.37	143.59	14.36	861.55	5585.74	17.57	5568.17
9	姓名	身份证号	岗位工资	绩效工资	工资总额	缺勤扣款	养老保险	医疗保险	失业保险	住房公积	应发工资	个人所得税	实发合计
10	蔡和硕	210401********8884	1016.00	3147.02	4163.02	0.00	333.04	83.26	8.33	499.56	3238.83	0.00	3238.83
13	姓名	身份证号	岗位工资	绩效工资	工资总额	缺勤扣款	养老保险	医疗保险	失业保险	住房公积	应发工资	个人所得税	实发合计
14	蔡宏大	131022********0864	1980.00	4046.32	6026.32	0.00	482.11	120.53	12.05	723.16	4688.48	0.00	4688.48
17	姓名	身份证号	岗位工资	绩效工资	工资总额	缺勤扣款	养老保险	医疗保险	失业保险	住房公积	应发工资	个人所得税	实发合计
18	蔡伟彦	131022********1713	1311.00	4119.79	5430.79	100.00	434.46	108.62	10.86	651.70	4125.16	0.00	4125.16
21	姓名	身份证号	岗位工资	绩效工资	工资总额	缺勤扣款	养老保险	医疗保险	失业保险	住房公积	应发工资	个人所得税	实发合计
22	曹才艺	210401********9423	1079.00	5663.17	6742.17	0.00	539.37	134.84	13.48	809.06	5245.41	7.36	5238.05
25	姓名	身份证号	岗位工资	绩效工资	工资总额	缺勤扣款	养老保险	医疗保险	失业保险	住房公积	应发工资	个人所得税	实发合计
26	曹雨伯	140829********6120	1604.00	5812.99	7416.99	0.00	593.36	148.34	14.83	890.04	5770.42	23.11	5747.31
29	姓名	身份证号	岗位工资	绩效工资	工资总额	缺勤扣款	养老保险	医疗保险	失业保险	住房公积	应发工资	个人所得税	实发合计
30	漕凌	140602********7514	1719.00	4633.96	6352.96	0.00	508.24	127.06	12.71	762.35	4942.60	0.00	4942.60
33	姓名	身份证号	岗位工资	绩效工资	工资总额	缺勤扣款	养老保险	医疗保险	失业保险	住房公积	应发工资	个人所得税	实发合计
34	常玮	110200********4160	1550.00	3285.73	4835.73	0.00	386.86	96.71	9.67	580.29	3762.20	0.00	3762.20
37	姓名	身份证号	岗位工资	绩效工资	工资总额	缺勤扣款	养老保险	医疗保险	失业保险	住房公积	应发工资	个人所得税	实发合计
38	常明	110200********4680	1284.00	244.01	3728.01	0.00	298.24	74.56	7.46	447.36	2900.39	0.00	2900.39
41	姓名	身份证号	岗位工资	绩效工资	工资总额	缺勤扣款	养老保险	医疗保险	失业保险	住房公积	应发工资	个人所得税	实发合计

图 4–29　VBA 代码运行结果（工资条生成）

4.1.4 场景四：费用明细对比分析

任务场景描述

现有两张 Excel 工作表，分别为 2024 年 11 月和 12 月的部门费用明细表（如图 4–30、图 4–31 所示）。这两张表结构完全相同，均包含费用科目、部门、金额等内容。现需将这两张表中的数据合并，生成一张包含 2024 年 11 月和 12 月的部门费用分析明细表（如图 4–32 所示），并按照“当月”和“上月”的形式呈现，以便进行对比分析。

2024年11月部门费用明细表						
费用科目	行政部	采购部	人力资源	销售部	策划部	合计
工资	2, 000. 00	3, 000. 00	3, 200. 00	-	1, 400. 00	9, 600. 00
奖金	19, 000. 00	4, 000. 00	73, 000. 00	-	4, 991. 00	100, 991. 00
激励奖	1, 000. 00	2, 000. 00	3, 000. 00	-	-	6, 000. 00
办公费	-	-	2, 977. 00	-	363. 00	3, 340. 00
电话费	-	-	100. 00	-	-	100. 00
水电费	-	-	695. 62	-	-	695. 62

图 4–30 2024 年 11 月部门费用明细表

2024年12月部门费用明细表						
费用科目	行政部	采购部	人力资源	销售部	策划部	合计
工资	2, 500. 00	2, 800. 00	3, 600. 00	-	1, 400. 00	10, 300. 00
奖金	19, 550. 00	4, 420. 00	73, 486. 00	-	4, 991. 00	102, 447. 00
激励奖	2, 345. 00	1, 234. 00	1, 258. 00	-	-	4, 837. 00
办公费	-	-	2, 977. 00	-	363. 00	3, 340. 00
电话费	-	-	100. 00	-	-	100. 00
水电费	-	-	695. 62	-	-	695. 62

图 4–31 2024 年 12 月部门费用明细表

部门费用分析明细									
费用科目	月份	行政部	采购部	人力资源	销售部	策划部	备注1（各月小计）	备注2（本月较上月增长额）	备注3
工资	当月							0. 00	
	上月								
奖金	当月							0. 00	
	上月								
激励奖	当月							0. 00	
	上月								
办公费	当月							0. 00	
	上月								
电话费	当月							0. 00	
	上月								
水电费	当月							0. 00	
	上月								

图 4–32 部门费用分析明细表

对于这个任务，在不熟悉 Excel 函数公式应用的情况下，使用 DeepSeek 辅助操作有两种解决方案：一是直接询问 DeepSeek 如何在 Excel 中操作；二是让 DeepSeek 生成 VBA 代码，实现一键式自动化处理。

1. 询问 DeepSeek 如何在 Excel 中操作

步骤一：将任务中涉及的三张表格分别命名为“11 月 .xlsx”“12 月 .xlsx”“对比数据 .xlsx”上传至 DeepSeek，并发出指令：*请阅读上述三个表格。如果想在“对比数据”表格中使用函数，达到效果：“对比数据”表中 B 列的“当月”对应“12 月”数据表中的数据，“对比数据”表中 B 列的“上月”对应“11 月”数据表中的数据，将“12 月”数据表和“11 月”数据表中 B3 到 F9 区域的数据，分别填入“对比数据”表的 C3 到 H14 列。请问应该怎么操作？*

步骤一结果：DeepSeek 生成了具体的 INDEX 函数（如图 4–33 所示）。

在"对比数据"表的 C3 单元格输入：

```excel
=IF(
    $B3="当月",
    INDEX([12月.xlsx]当月!$B$3:$F$8, (ROW()-1)/2, COLUMN()-2),
    INDEX([11月.xlsx]上月!$B$3:$F$8, ROW()/2-1, COLUMN()-2)
)
```

图 4–33　DeepSeek 生成的 INDEX 函数

步骤二：将 DeepSeek 生成的函数填入“对比数据 .xlsx”中的 C3 单元格。点击 C3 单元格，将鼠标放在单元格右下角形成填充柄，利用 Excel 的填充柄功能分别向右、向下填充（如图 4–34 所示）。

步骤二结果：部门费用分析明细表填充完成，完整地显示了上月和当月数据及差异分析。经过人工检验，结果正确。

北京大区部门费用分析明细

费用科目	月份	行政部	采购部	人力资源	销售部	策划部	备注1（各月小计）	备注2（本月较上月增长额）	备注3
工资	当月	2500.00	2800.00	3600.00	0.00	1400.00	10300.00	700.00	
	上月	2000.00	3000.00	3200.00	0.00	1400.00	9600.00		
奖金	当月	19550.00	4420.00	73486.00	0.00	4991.00	102447.00	1456.00	
	上月	19000.00	4000.00	73000.00	0.00	4991.00	100991.00		
激励奖	当月	2345.00	1234.00	1258.00	0.00	0.00	4837.00	-1163.00	
	上月	1000.00	2000.00	3000.00	0.00	0.00	6000.00		
办公费	当月	0.00	0.00	2977.00	0.00	363.00	3340.00	0.00	
	上月	0.00	0.00	2977.00	0.00	363.00	3340.00		
电话费	当月	0.00	0.00	100.00	0.00	0.00	100.00	0.00	
	上月	0.00	0.00	100.00	0.00	0.00	100.00		
水电费	当月	0.00	0.00	695.62	0.00	0.00	695.62	0.00	
	上月	0.00	0.00	695.62	0.00	0.00	695.62		

图 4–34　利用 Excel 的填充柄功能自动填充 INDEX 函数

2. 让 DeepSeek 生成 VBA 代码

步骤一：将“11 月 .xlsx”、“12 月 .xlsx”和“对比数据 .xlsx”上传至 DeepSeek，并发出指令：*请阅读上述三个表格，写一段有效的 VBA 代码，该代码在“对比数据”表格中使用。“对比数据”表中 B 列的“当月”对应“12 月数据”表中的数据，“对比数据”表中 B 列的“上月”对应“11 月数据”表中的数据，将“12 月数据”表和“11 月数据”表中 B3 到 F9 区域的数据，分别填入“对比数据”表的 C3 到 H14 列。*

费用明细对比分析 VBA 代码

步骤一结果：DeepSeek 理解了指令，并生成了 VBA 代码（如图 4–35 所示）。

以下是完全按照您需求编写的VBA代码，可以精确地将11月和12月的数据填充到对比数据表中：

vba　　复制

```vba
Sub FillComparisonData()
    Dim wb As Workbook
    Dim wsCompare As Worksheet
    Dim wsCurrent As Worksheet
    Dim wsLast As Worksheet
    Dim i As Integer, targetRow As Integer
    Dim arrCategories As Variant

    ' 定义费用科目顺序（与对比表一致）
    arrCategories = Array("工资", "奖金", "激励奖", "办公费", "电话费", "水电费")
```

图 4–35　步骤一生成的部分 VBA 代码（费用明细对比分析）

步骤二： 复制 DeepSeek 生成的 VBA 代码并粘贴到 VBA 编辑器中。点击运行 VBA 代码。

步骤二结果： VBA 代码运行生成结果，经人工检验无误，如图 4-36 所示。

	A	B	C	D	E	F	G	H	I	J
1	北京大区部门费用分析明细									
2	费用科目	月份	行政部	采购部	人力资源	销售部	策划部	备注1（各月小计）	备注2（本月较上月增长额）	备注3
3	工资	当月	2500.00	2800.00	3600.00	0.00	1400.00	10300.00	700.00	
4		上月	2000.00	3000.00	3200.00	0.00	1400.00	9600.00		
5	奖金	当月	19550.00	4420.00	73486.00	0.00	4991.00	102447.00	1456.00	
6		上月	19000.00	4000.00	73000.00	0.00	4991.00	100991.00		
7	激励奖	当月	2345.00	1234.00	1258.00	0.00	0.00	4837.00	-1163.00	
8		上月	1000.00	2000.00	3000.00	0.00	0.00	6000.00		
9	办公费	当月	0.00	0.00	2977.00	0.00	363.00	3340.00	0.00	
10		上月	0.00	0.00	2977.00	0.00	363.00	3340.00		
11	电话费	当月	0.00	0.00	100.00	0.00	0.00	100.00	0.00	
12		上月	0.00	0.00	100.00	0.00	0.00	100.00		
13	水电费	当月	0.00	0.00	695.62	0.00	0.00	695.62	0.00	
14		上月	0.00	0.00	695.62	0.00	0.00	695.62		

图 4-36　VBA 代码运行结果（费用明细对比分析）

作者点评

DeepSeek 在本节的多个应用 Excel 处理财务工作的典型场景中展示出显著的高效和实用性优势。

首先，在应收账款账龄分析、财务数据多条件分析、工资条生成和费用明细对比分析等常见任务中，DeepSeek 通过自然语言处理即可快速生成函数公式或 VBA 代码，缩短了传统操作中反复查找、测试和调试的时间，有效提升了财务人员的数据处理效率。

其次，本节的四个任务场景体现了良好的人机协同，财务人员只需用自然语言清晰表达业务需求，AI 即能理解语义并生成精准方案，既保留了人对业务逻辑的掌控，又充分发挥了 AI 的智能化与执行力。

最后，四个场景均来自真实工作，细化 DeepSeek 应用的操作步骤，图文并茂，能够帮助财务人员理解和实践，体现出从“业务目标识别”到“技术路径生成”的完整闭环，对于帮助财务人员应用 Excel 函数具有重要价值。

4.2 应用 DeepSeek 在复杂财务工作场景中辅助生成 VBA 代码

本节聚焦五个典型财务工作场景——报表货币单位转换、资金管理表合并、集团报表合并、销售报表透视和逆透视以及库存表拆分，展示如何通过 DeepSeek 获取 VBA 代码。由于这五个场景较为复杂，本节仅在报表货币单位转换场景下保留了询问 DeepSeek 如何在 Excel 中操作的方法，其他四个场景只采取让 DeepSeek 生成 VBA 代码的方法。

4.2.1 场景五：报表货币单位转换

任务场景描述

ABC 公司现有一份以“元”为货币单位的财务报表（如图 4–37 所示），根据公司管理层披露和阅读需要，需调整为以“万元”为货币单位的财务报表（如图 4–38 所示）。

	A	B	C	D	E	F
1	资产负债表					
2			编制单位：ABC公司			会企01表
3			2024-12-31			单位：元
4	资产	期末余额	年初余额	负债和所有者权益	期末余额	年初余额
5	流动资产：			流动负债：		
6	货币资金	671065.00	603000.00	短期借款	160,000.00	160000.00
7	交易性金融资产			交易性金融负债		
8	应收票据	100000.00		应付票据		
9	应收账款	228750.00	198000.00	应付账款	16000.00	113500.00
10	预付款项			预收款项		
11	应收利息			应付职工薪酬	32240.00	9000.00
12	应收股利			应交税费	129522.50	
13	其他应收款	2800.00		应付利息	1500.00	
14	存货	304270.00	445500.00	应付股利	60000.00	
15	一年内到期的非流动资产			其他应付款	2400.00	2400.00
16	其他流动资产			一年内到期的非流动负债		
17	流动资产合计	1306885.00	1246500.00	其他流动负债		
18	非流动资产：			流动负债合计	401662.50	284900.00

图 4–37 以“元”为货币单位的财务报表

	A	B	C	D	E	F
1			资产负债表			
2			编制单位：ABC公司			会企01表
3			2024-12-31			单位：万元
4	资产	期末余额	年初余额	负债和所有者权益	期末余额	年初余额
5	流动资产：			流动负债：		
6	货币资金	67.11	60.30	短期借款	16.00	16.00
7	交易性金融资产			交易性金融负债		
8	应收票据	10.00		应付票据		
9	应收账款	22.88	19.80	应付账款	1.60	11.35
10	预付款项			预收款项		
11	应收利息			应付职工薪酬	3.22	0.90
12	应收股利			应交税费	12.95	
13	其他应收款	0.28		应付利息	0.15	
14	存货	30.43	44.55	应付股利	6.00	
15	一年内到期的非流动资产			其他应付款	0.24	0.24
16	其他流动资产			一年内到期的非流动负债		
17	流动资产合计	130.69	124.65	其他流动负债		
18	非流动资产：			流动负债合计	40.17	28.49

图 4–38　以“万元”为货币单位的财务报表

对于这个任务，如果单位现有的财务软件没有货币单位转换功能，财务人员就只能在 Excel 中靠手动操作实现。例如，将以“元”为单位的数据除以 10 000，再四舍五入保留两位小数；或者使用 Excel 的“条件格式”功能配合自定义单元格格式的功能，实现“元”和“万元”一键转换的效果，但这要求财务人员精通 Excel 操作。

应用 DeepSeek 辅助操作，简单、快捷，有两种解决方案：一是直接询问 DeepSeek 如何在 Excel 中操作；二是让 DeepSeek 生成 VBA 代码，实现一键式自动化处理。

1. 询问 DeepSeek 如何在 Excel 中操作

步骤一： 将任务中涉及的“元 .xlsx”和“万元 .xlsx”两张表格上传至 DeepSeek，并发出指令：*请阅读上述两个表格，告诉我如何在 Excel 中操作，能将“元”表格中的所有数据金额的单位从“元”四舍五入为“万元”，然后填列到“万元”表格中。*

步骤一结果： DeepSeek 生成了货币单位转换的具体操作方法（如图 4–39 所示）。

以下是分步骤的Excel操作指南，将"元"单位数据转换为"万元"单位并填入新表：

方法一：选择性粘贴法（推荐）

1. **在"元.xlsx"操作**
   - 在空白单元格（如G1）输入 `10000` → 按 `Ctrl+C` 复制
   - 选中所有数值区域：
     - 资产部分： `B5:C32`
     - 负债部分： `E5:F32`

     （按住 `Ctrl` 可多选不连续区域）
2. **执行单位转换**
   - 右键 → **选择性粘贴** → 选择 **"除"** → 确定
   - 按 `Ctrl+1` → 设置格式为 **数值**，保留2位小数
3. **复制到万元表**
   - 复制处理后的数据 → 粘贴到"万元.xlsx"对应位置

图 4–39　DeepSeek 生成的货币单位转换操作步骤

步骤二： 按照 DeepSeek 给出的操作步骤逐步操作。首先在“元 .xlsx”中的任意空白单元格输入“10000”，按“Ctrl+C”复制，然后选中所有数值区域（对于不连续区域可以按住 Ctrl 进行选择）。接着单击右键使用选择性粘贴，在“运算”中选择“除”，点击确定（如图 4–40 所示）。按“Ctrl+1”设置格式为“数值”，小数位数为“2”（如图 4–41 所示）。最后，复制处理后的数据，粘贴到“万元 .xlsx”的对应位置。

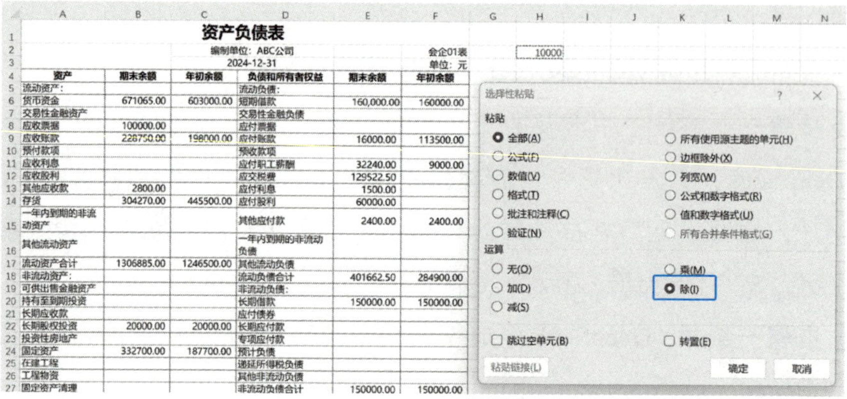

图 4–40　使用选择性粘贴，在“运算”中选择“除”

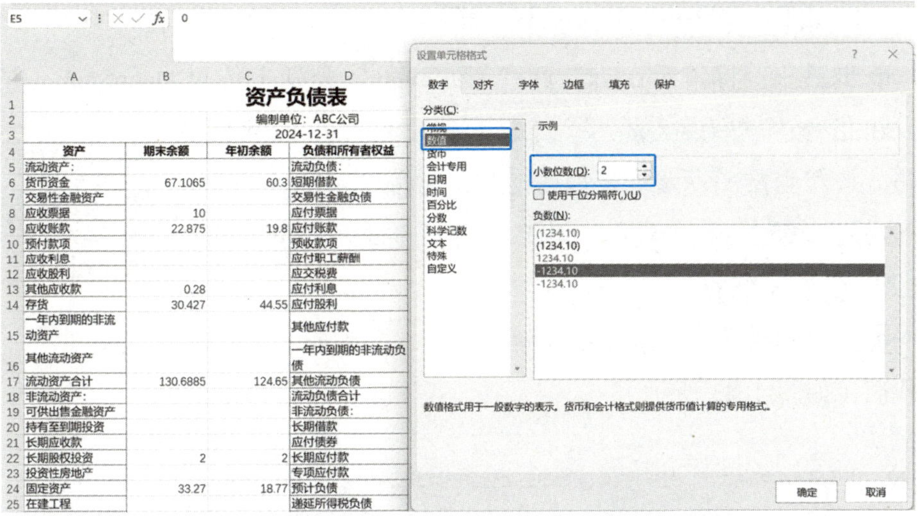

图 4–41　设置格式为“数值”，小数位数为“2”

步骤二结果：成功得到以“万元”为货币单位的资产负债表（如图 4–42 所示），便于管理层使用。

	A	B	C	D	E	F
1			资产负债表			
2			编制单位：ABC公司			会企01表
3			2024-12-31			单位：万元
4	资产	期末余额	年初余额	负债和所有者权益	期末余额	年初余额
5	流动资产：			流动负债：		
6	货币资金	67.11	60.30	短期借款	16.00	16.00
7	交易性金融资产			交易性金融负债		
8	应收票据	10.00		应付票据		
9	应收账款	22.88	19.80	应付账款	1.60	11.35
10	预付款项			预收款项		
11	应收利息			应付职工薪酬	3.22	0.90
12	应收股利			应交税费	12.95	
13	其他应收款	0.28		应付利息	0.15	
14	存货	30.43	44.55	应付股利	6.00	
15	一年内到期的非流动资产			其他应付款	0.24	0.24
16	其他流动资产			一年内到期的非流动负债		
17	流动资产合计	130.69	124.65	其他流动负债		
18	非流动资产：			流动负债合计	40.17	28.49

图 4–42　生成以“万元”为货币单位的财务报表

2. 让 DeepSeek 生成 VBA 代码

步骤一： 将“元 .xlsx”和“万元 .xlsx”分别上传至 DeepSeek，并发出指令：*请阅读上述两个表格，帮我写一个 VBA 代码，该代码在“万元”表格中使用，能将“元”表格中的所有金额数据的单位从元四舍五入为万元，填列到“万元”的表格中。*

报表货币单位转换 VBA 代码

步骤一结果： DeepSeek 理解了指令，并生成了 VBA 代码（如图 4–43 所示）。

以下是一个VBA代码，可以将"元"表格中的所有金额数据四舍五入为万元，并填列到"万元"表格中：

```vba
Sub ConvertYuanToTenThousand()
    Dim wsYuan As Worksheet, wsWan As Worksheet
    Dim lastRow As Long, lastCol As Long
    Dim i As Long, j As Long
    Dim cellValue As Variant

    ' 设置工作表对象
    Set wsYuan = Workbooks("元.xlsx").Worksheets("资产负债表练习")
    Set wsWan = Workbooks("万元.xlsx").Worksheets("资产负债表结果")

    ' 确定数据范围
    lastRow = wsYuan.Cells.Find("*", SearchOrder:=xlByRows, SearchDirection:=xlPrevious).Row
    lastCol = wsYuan.Cells.Find("*", SearchOrder:=xlByColumns, SearchDirection:=xlPrevious).Colu
mn
```

图 4–43 DeepSeek 生成的 VBA 代码（报表货币单位转换）

步骤二： 复制 DeepSeek 生成的 VBA 代码并粘贴到 VBA 编辑器中，点击运行 VBA 代码。

步骤二结果： VBA 代码运行生成结果，经人工检验无误，如图 4–44 所示。

	A	B	C	D	E	F
1				资产负债表		
2				编制单位：ABC公司		会企01表
3				2024-12-31		单位：万元
4	资产	期末余额	年初余额	负债和所有者权益	期末余额	年初余额
5	流动资产：			流动负债：		
6	货币资金	67.11	60.30	短期借款	16.00	16.00
7	交易性金融资产			交易性金融负债		
8	应收票据	10.00		应付票据		
9	应收账款	22.88	19.80	应付账款	1.60	11.35
10	预付款项			预收款项		
11	应收利息			应付职工薪酬	3.22	0.90
12	应收股利			应交税费	12.95	
13	其他应收款	0.28		应付利息	0.15	
14	存货	30.43	44.55	应付股利	6.00	
15	一年内到期的非流动资产			其他应付款	0.24	0.24
16	其他流动资产			一年内到期的非流动负债		
17	流动资产合计	130.69	124.65	其他流动负债		
18	非流动资产：			流动负债合计	40.17	28.49

图 4–44　VBA 代码运行结果（报表货币单位转换）

4.2.2　场景六：资金管理表合并

任务场景描述

现有一份包含“资金管理汇总”、“支付宝”、“微信”、“现金”、“借记卡”和“信用卡”多个工作表的 Excel 文档“资金管理 .xlsx”，如图 4–45 所示，该文档中各个工作表的表头内容一致，需要将“支付宝”、“微信”、“现金”、“借记卡”和“信用卡”这几个工作表合并为一个“资金管理汇总”工作表。

1. 让 DeepSeek 生成 VBA 代码

步骤一：将“资金管理 .xlsx”上传至 DeepSeek，并发出指令：*请分析以上文件，帮我写一个 VBA 代码，该代码在“资金管理汇总”工作表中使用，把“支付宝”“微信”“现金”“借记卡”“信用卡”五个工作表上下合并到“资金管理汇总”工作表中。*

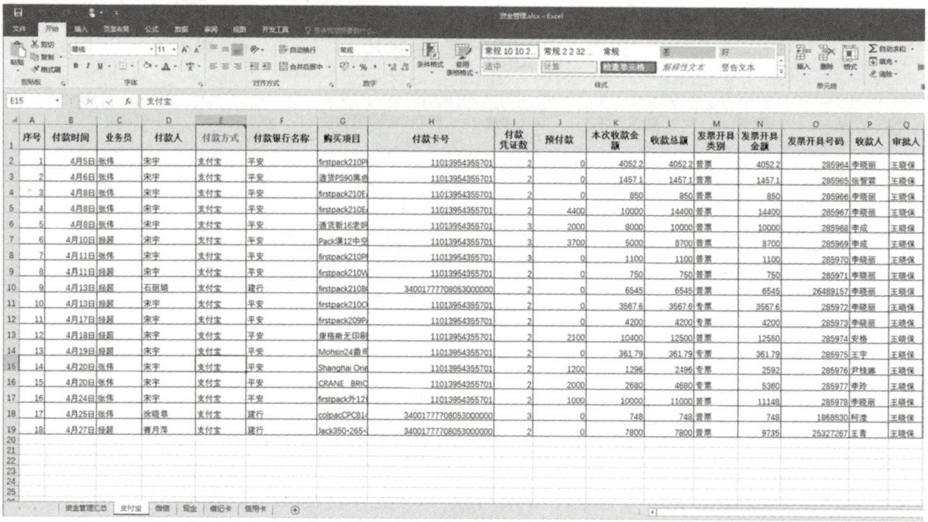

序号	付款时间	业务员	付款人	付款方式	付款银行名称	购买项目	付款卡号	付款凭证数	预付款	本次收款金额	收款总额	发票开具类别	发票开具金额	发票开具号码	收款人	审批人
1	4月5日	张伟	宋宇	支付宝	平安	firstpack210P	11013954355701	2	0	4052.2	4052.2	普票	4052.2	285964	李晓丽	王晓保
2	4月6日	张伟	宋宇	支付宝	平安	通货PS90黑色	11013954355701	2	0	1457.1	1457.1	普票	1457.1	285965	张智慧	王晓保
3	4月8日	张伟	宋宇	支付宝	平安	firstpack210E	11013954355701	2	0	850	850	普票	850	285966	李晓丽	王晓保
4	4月8日	张伟	宋宇	支付宝	平安	firstpack210E	11013954355701	2	4400	10000	14400	普票	14400	285967	李晓丽	王晓保
5	4月8日	张伟	宋宇	支付宝	平安	通货新16老钢	11013954355701	3	2000	8000	10000	普票	10000	285968	李成	王晓保
6	4月10日	经超	宋宇	支付宝	平安	Pack课12中空	11013954355701	3	3700	5000	8700	普票	8700	285969	李成	王晓保
7	4月11日	张伟	宋宇	支付宝	平安	firstpack210P	11013954355701	3	0	1100	1100	普票	1100	285970	李晓丽	王晓保
8	4月11日	经超	宋宇	支付宝	平安	firstpack210W	11013954355701	2	0	750	750	普票	750	285971	李晓丽	王晓保
9	4月13日	经超	石丽娟	支付宝	建行	firstpack210B	34001777708053000000	2	0	6545	6545	普票	6545	26489157	李晓丽	王晓保
10	4月13日	经超	宋宇	支付宝	平安	firstpack210C	11013954355701	2	0	3567.6	3567.6	专票	3567.6	285972	李晓丽	王晓保
11	4月17日	经超	宋宇	支付宝	平安	firstpack209P	11013954355701	2	0	4200	4200	专票	4200	285973	李晓丽	王晓保
12	4月18日	经超	宋宇	支付宝	平安	康格斯无印刷	11013954355701	2	2100	10400	12500	普票	12550	285974	安格	王晓保
13	4月19日	经超	宋宇	支付宝	平安	Mohsin24鑫	11013954355701	2	0	361.79	361.79	专票	361.79	285975	王宇	王晓保
14	4月20日	张伟	宋宇	支付宝	平安	Shanghai Orie	11013954355701	2	1200	1296	2496	专票	2592	285976	尹桂娜	王晓保
15	4月20日	张伟	宋宇	支付宝	平安	CRANE BRIC	11013954355701	2	2000	2680	4680	专票	5360	285977	李玲	王晓保
16	4月24日	张伟	宋宇	支付宝	平安	firstpack外12	11013954355701	2	1000	10000	11000	普票	11148	285978	李晓丽	王晓保
17	4月25日	张伟	徐晓慧	支付宝	建行	colpacCPC81	34001777708053000000	3	0	748	748	普票	748	1868530	柯澄	王晓保
18	4月27日	经超	曹丹萍	支付宝	建行	Jack350-265-	34001777708053000000	2	0	7800	7800	普票	9735	25327267	王青	王晓保

图 4–45　资金管理 .xlsx

步骤一结果：DeepSeek 理解了指令，并生成了 VBA 代码（如图 4–46 所示）。

步骤二：复制 DeepSeek 生成的 VBA 代码并粘贴到 VBA 编辑器中。点击运行 VBA 代码。

资金管理表合并 VBA 代码

以下是一个VBA代码，用于将"支付宝"、"微信"、"现金"、"借记卡"、"信用卡"五个工作表中的数据合并到"资金管理汇总"工作表中：

```vba
Sub 合并资金管理数据()
    Dim ws汇总 As Worksheet
    Dim ws源 As Worksheet
    Dim arr工作表名 As Variant
    Dim i As Integer
    Dim lng最后行 As Long
    Dim lng目标最后行 As Long

    ' 设置工作表名称数组
    arr工作表名 = Array("支付宝", "微信", "现金", "借记卡", "信用卡")

    ' 设置汇总工作表
    On Error Resume Next
    Set ws汇总 = ThisWorkbook.Worksheets("资金管理汇总")
    On Error GoTo 0

    ' 如果汇总工作表不存在，则创建它
    If ws汇总 Is Nothing Then
        Set ws汇总 = ThisWorkbook.Worksheets.Add(Before:=ThisWorkbook.Worksheets(1))
        ws汇总.Name = "资金管理汇总"
    Else
```

图 4–46　步骤一生成的部分 VBA 代码（资金管理表合并）

步骤二结果：VBA 代码运行生成结果，经人工检验无误，如图 4–47 所示。

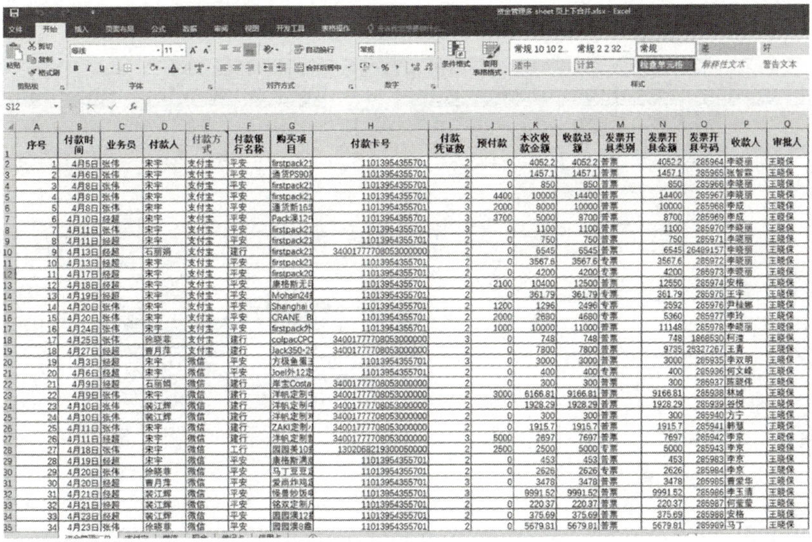

图 4–47　VBA 代码运行结果（资金管理表合并）

2. 将 VBA 代码设计成按钮添加到工具栏

步骤一：将以上存有 VBA 代码的 Excel 文件另存为加载宏格式，路径默认，如图 4–48 所示。

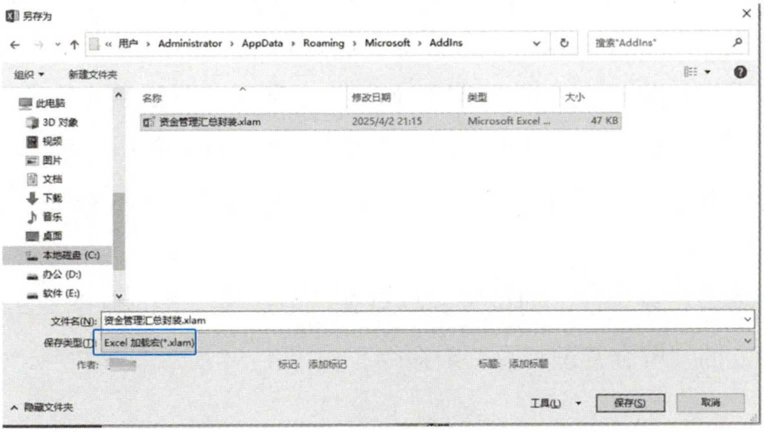

图 4–48　将 VBA 代码文件另存为加载宏格式

步骤二：在“资金管理 .xlsx”中点击“开发工具”下的“Excel 加载项”，在“加载宏”中选择“资金管理汇总封装”，点击“确定”，如图 4–49 所示。

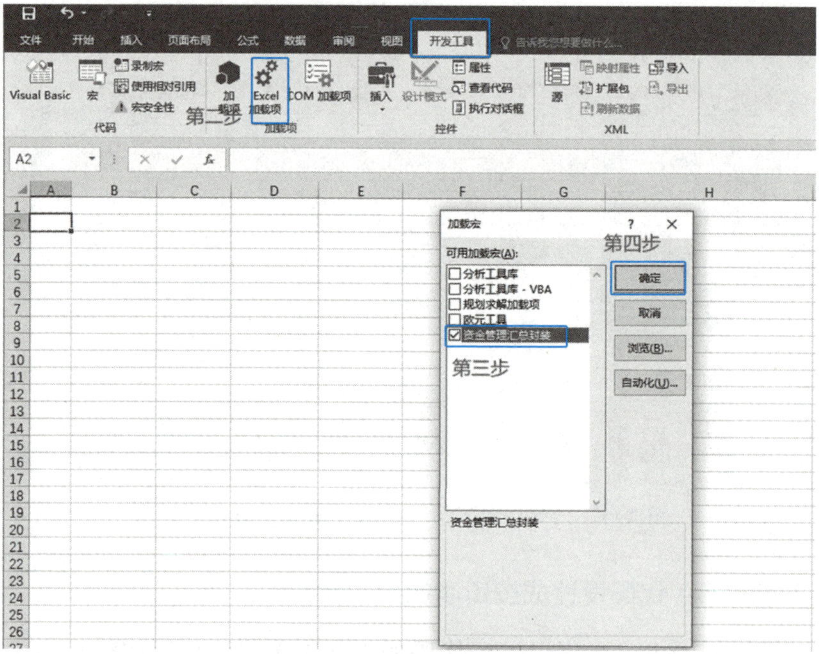

图 4–49 选择“资金管理汇总封装”

步骤三：点击“开始”按钮，点击“选项”进入“Excel 选项”页面，点击“自定义功能区”，如图 4–50 所示。

步骤四：在“自定义功能区（B）”中选定“主选项卡”然后选中“开发工具”，点击“新建组（自定义）”，如图 4–51 所示。

步骤五：右键“新建组”重命名为“资金汇总”，如图 4–52、图 4–53 所示。

步骤六：在“从下列位置选择命令”中选择“宏”命令，此时已有刚才建立的“资金管理汇总”宏命令，如图 4–54 所示。

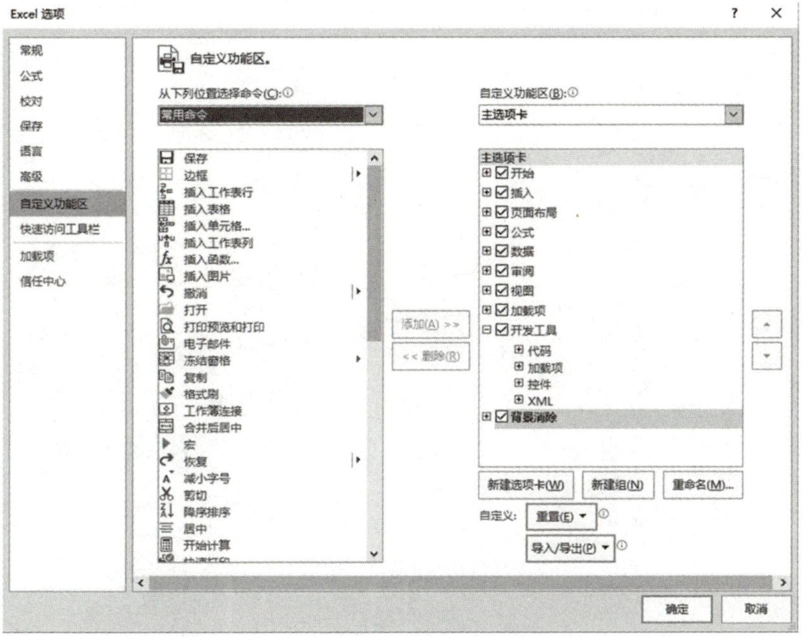

图 4–50　在“Excel 选项”页面点击“自定义功能区”

图 4–51　在“开发工具”中选择“新建组（自定义）”

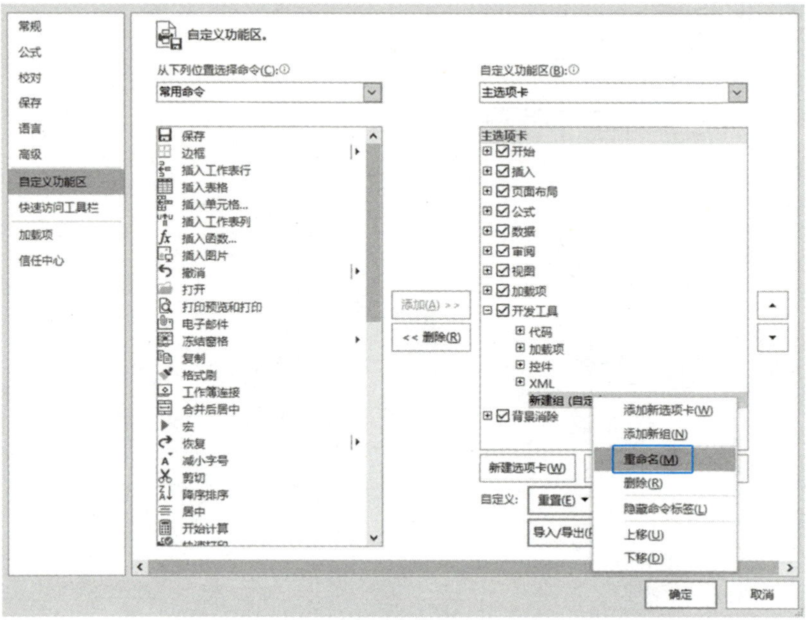

图 4–52 右键“新建组（自定义）”选择“重命名”

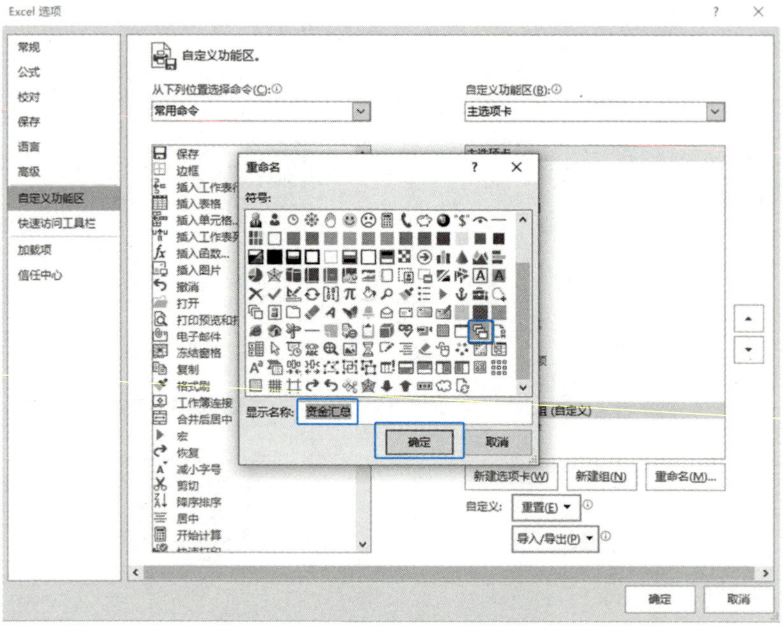

图 4–53 重命名为“资金汇总”

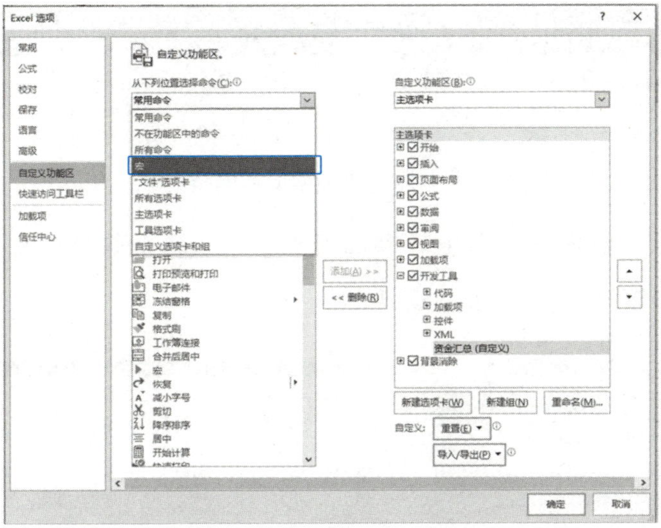

图 4–54　选择“宏”命令

步骤七： 选择“资金管理汇总”，点击“添加”按钮，“资金管理汇总”宏命令自动添加到右侧“开发工具”下的“资金汇总（自定义）”下，点击“确定”，在“开发工具”选项卡下就出现了“资金管理汇总”宏命令，如图 4–55、图 4–56 所示。

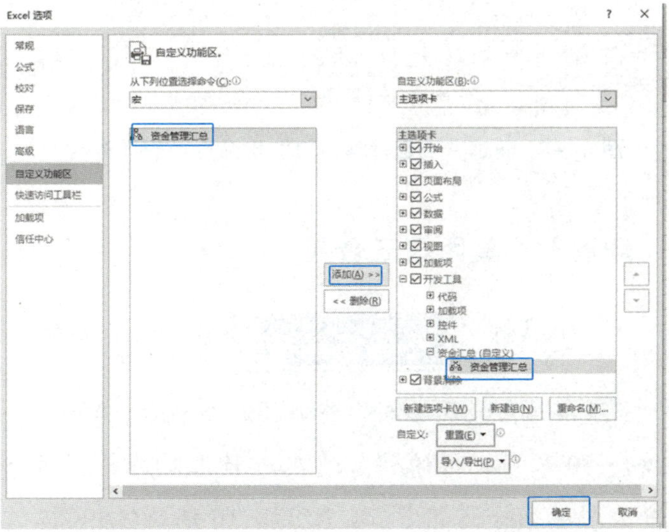

图 4–55　添加宏命令

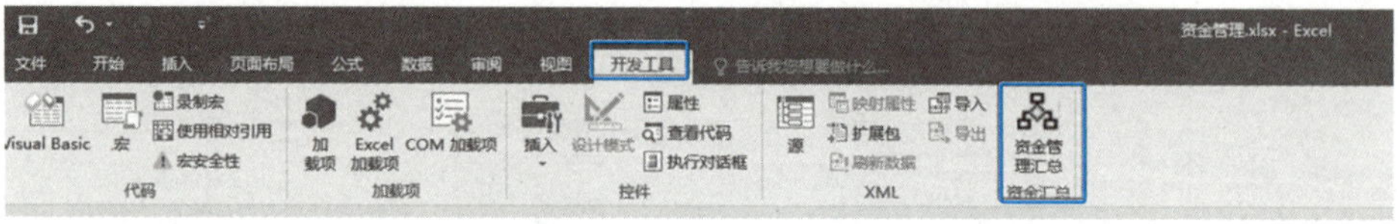

图 4–56　添加宏命令成功

步骤八： 点击“开发工具”选项卡下的“资金管理汇总”宏命令，即可呈现最终结果，如图 4–57 所示。

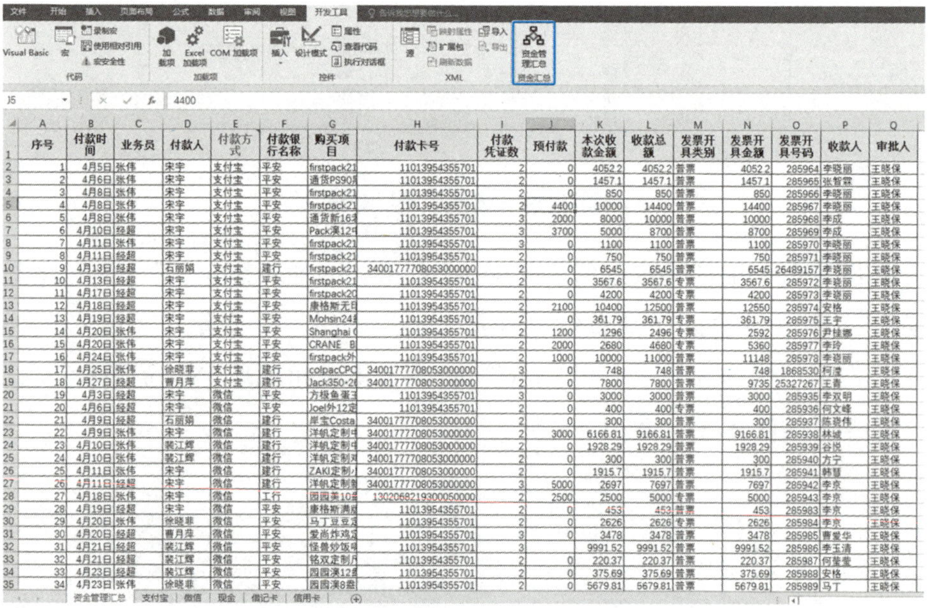

序号	付款时间	业务员	付款人	付款方式	付款银行名称	购买项目	付款卡号	付款凭证数	预付款	本次收款金额	收款总额	发票开具类别	发票开具金额	发票开具号码	收款人	审批人
1	4月5日	张伟	宋宇	支付宝	平安	firstpack21	11013954355701	2	0	4052.2	4052.2	普票	4052.2	285964	李晓丽	王晓保
2	4月6日	张伟	宋宇	支付宝	平安	通货PS90	11013954355701	2	0	1457.1	1457.1	普票	1457.1	285965	张智霖	王晓保
3	4月8日	张伟	宋宇	支付宝	平安	firstpack21	11013954355701	2	0	850	850	普票	850	285966	李晓丽	王晓保
4	4月8日	张伟	宋宇	支付宝	平安	firstpack21	11013954355701	2	4400	10000	14400	普票	14400	285967	李晓丽	王晓保
5	4月8日	张伟	宋宇	支付宝	平安	通货新16	11013954355701	3	2000	8000	10000	普票	10000	285968	李成	王晓保
6	4月10日	经超	宋宇	支付宝	平安	Pack溪12	11013954355701	3	3700	5000	8700	普票	8700	285969	李成	王晓保
7	4月11日	张伟	宋宇	支付宝	平安	firstpack21	11013954355701	3	0	1100	1100	普票	1100	285970	李晓丽	王晓保
8	4月11日	经超	宋宇	支付宝	平安	firstpack21	11013954355701	2	0	750	750	普票	750	285971	李晓丽	王晓保
9	4月13日	经超	石丽娟	支付宝	建行	firstpack21	34001777708053000000	2	0	6545	6545	普票	6545	26489157	李晓丽	王晓保
10	4月13日	经超	宋宇	支付宝	平安	firstpack21	11013954355701	2	0	3567.6	3567.6	专票	3567.6	285972	李晓丽	王晓保
11	4月17日	经超	宋宇	支付宝	平安	firstpack20	11013954355701	2	0	4200	4200	专票	4200	285973	李晓丽	王晓保
12	4月18日	经超	宋宇	支付宝	平安	康格斯无E	11013954355701	2	2100	10400	12500	普票	12550	285974	安格	王晓保
13	4月19日	经超	宋宇	支付宝	平安	Mohsin24	11013954355701	2	0	361.79	361.79	专票	361.79	285975	王宇	王晓保
14	4月20日	张伟	宋宇	支付宝	平安	Shanghai (	11013954355701	2	1200	1296	2496	专票	2592	285976	尹桂娜	王晓保
15	4月20日	张伟	宋宇	支付宝	平安	CRANE B	11013954355701	2	2000	2680	4680	专票	5360	285977	李玲	王晓保
16	4月24日	张伟	宋宇	支付宝	平安	firstpack外	11013954355701	2	1000	10000	11000	普票	11148	285978	李晓丽	王晓保
17	4月25日	张伟	徐晓菲	支付宝	建行	colpacCPC	34001777708053000000	3	0	748	748	普票	748	1868530	柯滢	王晓保
18	4月27日	经超	曹月萍	支付宝	建行	Jack350-2	34001777708053000000	2	0	7800	7800	普票	9735	25327267	王青	王晓保
19	4月3日	经超	宋宇	微信	平安	方极鱼蛋	11013954355701	3	0	3000	3000	普票	3000	285935	李双明	王晓保
20	4月6日	经超	宋宇	微信	平安	Joel外12定	11013954355701	2	0	400	400	专票	400	285936	何文峰	王晓保
21	4月9日	经超	石丽娟	微信	建行	岸宝Costa	34001777708053000000	2	0	300	300	普票	300	285937	陈晓伟	王晓保
22	4月9日	张伟	宋宇	微信	建行	洋帆定制中	34001777708053000000	2	3000	6166.81	9166.81	普票	9166.81	285938	林城	王晓保
23	4月10日	张伟	裴江辉	微信	建行	洋帆定制中	34001777708053000000	2	0	1928.29	1928.29	普票	1928.29	285939	谷悦	王晓保
24	4月10日	张伟	裴江辉	微信	建行	洋帆定制	34001777708053000000	2	0	300	300	普票	300	285940	方宁	王晓保
25	4月11日	张伟	宋宇	微信	建行	ZAKI定制	34001777708053000000	2	0	1915.7	1915.7	普票	1915.7	285941	韩慧	王晓保
26	4月11日	经超	宋宇	微信	建行	洋帆定制	34001777708053000000	3	5000	2697	7697	普票	7697	285942	李京	王晓保
27	4月18日	张伟	宋宇	微信	工行	圆圆美10	1302068219300050000	2	2500	2500	5000	专票	5000	285943	李京	王晓保
28	4月19日	经超	宋宇	微信	平安	康格斯满	11013954355701	2	0	453	453	普票	453	285983	李京	王晓保
29	4月20日	张伟	徐晓菲	微信	平安	马丁豆豆	11013954355701	2	0	2626	2626	专票	2626	285984	李京	王晓保
30	4月20日	经超	曹月萍	微信	平安	爱尚炸鸡	11013954355701	3	0	3478	3478	普票	3478	285985	曹爱华	王晓保
31	4月21日	经超	裴江辉	微信	平安	怪兽炒饭	11013954355701	3		9991.52	9991.52	普票	9991.52	285986	李玉清	王晓保
32	4月21日	经超	裴江辉	微信	平安	铭双定制	11013954355701	2	0	220.37	220.37	普票	220.37	285987	何莹莹	王晓保
33	4月23日	经超	裴江辉	微信	平安	圆圆澳12	11013954355701	2	0	375.69	375.69	普票	375.69	285988	安格	王晓保
34	4月23日	张伟	徐晓菲	微信	平安	圆圆澳8盘	11013954355701	2	0	5679.81	5679.81	普票	5679.81	285989	马丁	王晓保

图 4–57　通过“资金管理汇总”宏命令得到最终结果

4.2.3　场景七：集团报表合并

任务场景描述

现有一家汽车销售集团公司，在不同地区设有 10 个分公司，每日总公司都要对 10 家分公司的销售情况进行汇总分析。因此，总公司要求每家分公司填列一张销售 PK 表，共 10 张销售 PK 工作表（如图

4–58 所示)，各表的结构格式均一致。现需要将这 10 张工作表在保留原格式的情况下合并成一张表，便于后续的统计和分析。

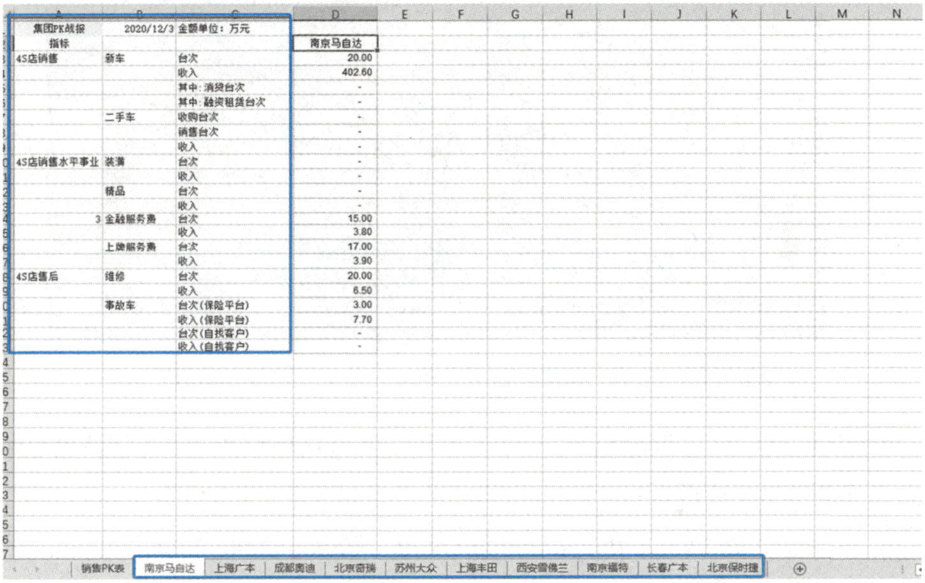

图 4–58　销售 PK 表

1. 让 DeepSeek 生成 VBA 代码

步骤一： 将“销售 PK.xlsx”上传至 DeepSeek，并发出指令：*分析以上文件，帮我生成一个 VBA 代码，要求将“南京马自达”“上海广本”“成都奥迪”“北京奇瑞”“苏州大众”“上海丰田”“西安雪佛兰”“南京福特”“长春广本”“北京保时捷”10 个工作表，以“南京马自达”为基础前三列数据不动，分别将其他表格数据填写到 D 列之后，生成一张有对比的“销售 PK 表”。*

集团报表合并 VBA 代码

步骤一结果： DeepSeek 理解了指令，并生成了 VBA 代码（如图 4–59 所示）。

VBA代码：生成销售PK对比表

以下VBA代码可以将所有工作表中的数据以"南京马自达"为基础，将其他表格的数据依次添加到D列之后，生成一个综合对比的销售PK表：

```vba
Sub GenerateSalesPKReport()
    Dim wsBase As Worksheet, ws As Worksheet
    Dim lastCol As Long, i As Long, j As Long
    Dim sheetNames As Variant
    Dim targetSheet As Worksheet

    ' 定义要处理的工作表名称数组
    sheetNames = Array("南京马自达", "上海广本", "成都奥迪", "北京奇瑞", "苏州大众", _
                       "上海丰田", "西安雪佛兰", "南京福特", "长春广本", "北京保时捷")

    ' 检查"销售PK表"是否已存在，如果存在则删除
    Application.DisplayAlerts = False
    On Error Resume Next
    ThisWorkbook.Sheets("销售PK表").Delete
    On Error GoTo 0
    Application.DisplayAlerts = True
```

图 4–59 步骤一生成的部分 VBA 代码（集团报表合并）

步骤二： 复制 DeepSeek 生成的 VBA 代码并粘贴到 VBA 编辑器中。点击运行 VBA 代码。

步骤二结果： VBA 代码运行生成结果，经人工检验无误，如图 4–60 所示。

	A	B	C	D	E	F	G	H	I	J	K	L
1	集团PK战报	2024/12/3	金额单位：万元									
2	指标			上海广本	成都奥迪	北京奇瑞	苏州大众	上海丰田	西安雪佛兰	南京福特	长春广本	北京保时捷
3	4S店销售	新车	台次	24.00	10	8	9	23	7	8	7	2
4			收入	491.01	372.54	78.46	123.34	532	77.95	143.02	143.8	949
5			其中:消贷台次	-	0	0	0	0	0	0	0	0
6			其中:融资租赁台次	-	0	0	0	0	0	0	0	0
7		二手车	收购台次	-	0	0	0	0	0	0	0	0
8			销售台次	-	0	0	0	0	0	0	0	0
9			收入	-	0	0	0	0	0	0	0	0
10	4S店销售水平事业	装潢	台次	12.00	4	0	0	13	0	0	0	2
11			收入	3.30	2.8	0	0	4.6	0	0	0	19.6
12		精品	台次	7.00	0	0	0	11	0	0	0	0
13			收入	1.82	0	0	0	4.2	0	0	0	0
14	3	金融服务费	台次	20.00	9	7	7	21	5	5	7	2
15			收入	7.20	4.4	1.4	1.4	6.2	1	1	1.7	14
16		上牌服务费	台次	18.00	5	3	6	15	5	6	4	1
17			收入	4.10	2	0.45	0.95	2.9	1	1.3	0.55	1
18	4S店售后	维修	台次	28.00	11	12	10	19	11	18	12	1
19			收入	7.10	6.1	2.32	1.23	7.1	1.67	4.11	2.49	2.1
20		事故车	台次(保险平台)	9.00	2	4	6	4	5	4	7	1
21			收入(保险平台)	26.41	21.2	3	3.3	4.7	2.8	2.1	5.2	82.1
22			台次(自找客户)	-	0	0	0	0	0	0	0	0
23			收入(自找客户)	-	0	0	0	0	0	0	0	0

图 4–60 VBA 代码运行结果（集团报表合并）

以上情况是多个格式相同的工作表都在一个 Excel 工作簿中，如果是多个格式相同的 Excel 工作簿存储在一个文件夹里的情况，可以继续使用 VBA 代码实现多表格合并。除此之外，DeepSeek 还可以辅助生成其他代码用于多文件合并，下面介绍使用 Python 代码进行合并操作的步骤。

多表格合并的 VBA 代码

小贴士

Python

Python 是一种功能强大、语法简洁的高级编程语言，代码结构清晰、开发效率高，在各行各业得到广泛应用。它不仅在数据分析、人工智能、机器学习等高端技术领域发挥着重要作用，也被广泛应用于网站开发、自动化运维、金融建模、图像处理、网络爬虫等实际业务场景中。许多国际知名企业和科研机构都将 Python 作为核心开发语言之一。

在财务领域，Python 的应用越来越广泛，它不像 VBA 那样依赖 Excel，也不像大型系统那样难以控制，它是一种介于日常工具与专业开发工具之间的灵活工具。它不仅可以处理结构化数据，还可以自动化执行烦琐流程，提升分析效率，逐步成为财务人员新一代的重要工具。

2. 让 DeepSeek 生成 Python 代码

与让 DeepSeek 生成 VBA 代码的操作类似，先通过 DeepSeek 生成 Python 代码，然后将使用 Python 代码生成的文件导入“销售 PK.xlsx”，完成任务。（此处不再赘述，详细操作可扫码获取。）

Python 代码及操作

4.2.4 场景八：销售报表透视和逆透视

任务场景描述

现有一份“销售报表.xlsx”，包含“销售员”“商品名称”“销量”（如图 4–61 所示）。根据数据展示需求，需要将其制作成透视表的形式（即“销售员”列不动，将“商品名称”列变为行，“销量”填写到对应单元格中），便于后续开展统计分析工作。

1	销售员	商品名称	销量
2	杨滢	珀芙晶钻保湿水	51
3	杨滢	珀芙晶钻滋润乳	56
4	杨滢	珀芙晶钻复活霜	49
5	杨滢	珀芙晶钻修复保湿套装	29
6	杨滢	雅梦石榴焕采保湿水	39
7	杨滢	雅梦石榴焕采滋润乳	40
8	杨滢	雅梦石榴焕采修复霜	36
9	杨滢	雅梦石榴焕采修复保湿套装	19
10	夏雅辰	珀芙晶钻保湿水	47
11	夏雅辰	珀芙晶钻滋润乳	45
12	夏雅辰	珀芙晶钻复活霜	40
13	夏雅辰	珀芙晶钻修复保湿套装	20
14	夏雅辰	雅梦石榴焕采保湿水	35
15	夏雅辰	雅梦石榴焕采滋润乳	33
16	夏雅辰	雅梦石榴焕采修复霜	33
17	夏雅辰	雅梦石榴焕采修复保湿套装	19
18	石怡	珀芙晶钻保湿水	26
19	石怡	珀芙晶钻滋润乳	23
20	石怡	珀芙晶钻复活霜	21
21	石怡	珀芙晶钻修复保湿套装	4
22	石怡	雅梦石榴焕采保湿水	16
23	石怡	雅梦石榴焕采滋润乳	13
24	石怡	雅梦石榴焕采修复霜	13
25	石怡	雅梦石榴焕采修复保湿套装	1
26	唐冰冰	珀芙晶钻保湿水	36
27	唐冰冰	珀芙晶钻滋润乳	36
28	唐冰冰	珀芙晶钻复活霜	39
29	唐冰冰	珀芙晶钻修复保湿套装	26
30	唐冰冰	雅梦石榴焕采保湿水	31
31	唐冰冰	雅梦石榴焕采滋润乳	33
32	唐冰冰	雅梦石榴焕采修复霜	36
33	唐冰冰	雅梦石榴焕采修复保湿套装	16
34	史素	珀芙晶钻保湿水	18
35	史素	珀芙晶钻滋润乳	20
36	史素	珀芙晶钻复活霜	19
37	史素	珀芙晶钻修复保湿套装	5
38	史素	雅梦石榴焕采保湿水	44
39	史素	雅梦石榴焕采滋润乳	46
40	史素	雅梦石榴焕采修复霜	48
41	史素	雅梦石榴焕采修复保湿套装	29

销售报表

图 4–61 销售报表

步骤一： 将“销售报表.xlsx”上传至 DeepSeek，并发出指令：*请分析以上文件，帮我生成一段 VBA 代码，要求“销售员”列信息位置不动，“商品名称”列数据信息变成行数据信息，“销量”列数据信息填入对应位置，形成二维透视表。*

步骤一结果： DeepSeek 理解了指令，并生成了 VBA 代码（如图 4–62 所示）。

生成销售报表透视表的 VBA 代码

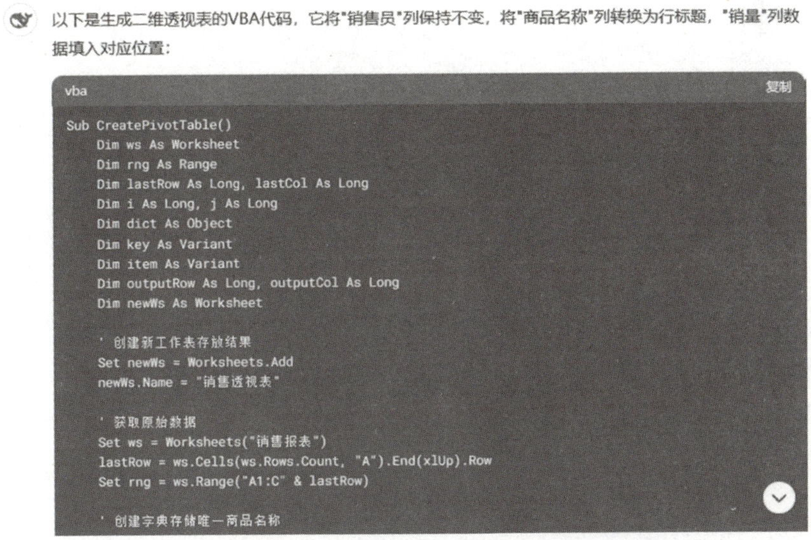
以下是生成二维透视表的VBA代码，它将"销售员"列保持不变，将"商品名称"列转换为行标题，"销量"列数据填入对应位置：

vba　复制

```vba
Sub CreatePivotTable()
    Dim ws As Worksheet
    Dim rng As Range
    Dim lastRow As Long, lastCol As Long
    Dim i As Long, j As Long
    Dim dict As Object
    Dim key As Variant
    Dim item As Variant
    Dim outputRow As Long, outputCol As Long
    Dim newWs As Worksheet

    ' 创建新工作表存放结果
    Set newWs = Worksheets.Add
    newWs.Name = "销售透视表"

    ' 获取原始数据
    Set ws = Worksheets("销售报表")
    lastRow = ws.Cells(ws.Rows.Count, "A").End(xlUp).Row
    Set rng = ws.Range("A1:C" & lastRow)

    ' 创建字典存储唯一商品名称
```

图 4–62　步骤一生成的 VBA 代码（销售报表透视）

步骤二： 复制 DeepSeek 生成的 VBA 代码并粘贴到 VBA 编辑器中。点击运行 VBA 代码。

步骤二结果： VBA 代码运行生成结果，经人工检验无误，如图 4–63 所示。

限于篇幅，此处逆透视表的操作流程请扫描二维码获取。

生成销售报表逆透视表的 VBA 代码

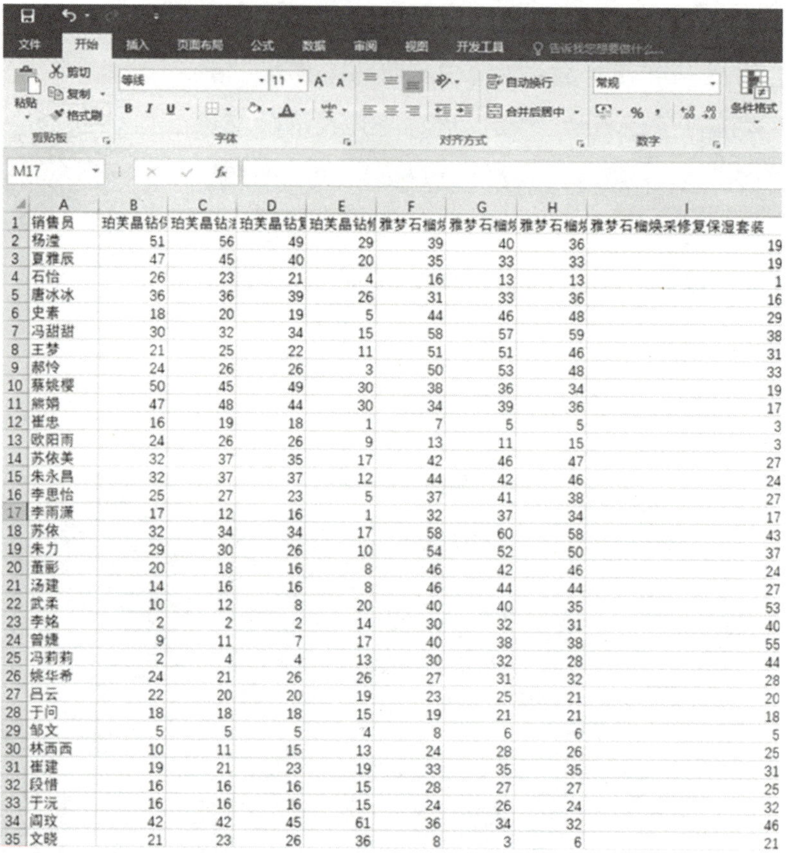

	A	B	C	D	E	F	G	H	I
1	销售员	珀芙晶钻	珀芙晶钻	珀芙晶钻	珀芙晶钻	雅梦石榴	雅梦石榴	雅梦石榴	雅梦石榴焕采修复保湿套装
2	杨滢	51	56	49	29	39	40	36	19
3	夏雅辰	47	45	40	20	35	33	33	19
4	石怡	26	23	21	4	16	13	13	1
5	唐冰冰	36	36	39	26	31	33	36	16
6	史素	18	20	19	5	44	46	48	29
7	冯甜甜	30	32	34	15	58	57	59	38
8	王梦	21	25	22	11	51	51	46	31
9	郝伶	24	26	26	3	50	53	48	33
10	蔡姚樱	50	45	49	30	38	36	34	19
11	熊娟	47	48	44	30	34	39	36	17
12	崔忠	16	19	18	1	7	5	5	3
13	欧阳雨	24	26	26	9	13	11	15	3
14	苏依美	32	37	35	17	42	46	47	27
15	朱永昌	32	37	37	12	44	42	46	24
16	李思怡	25	27	23	5	37	41	38	27
17	李雨潇	17	12	16	1	32	37	34	17
18	苏依	32	34	34	17	58	60	58	43
19	朱力	29	30	26	10	54	52	50	37
20	萧彨	20	18	16	8	46	42	46	24
21	汤建	14	16	16	8	46	44	44	27
22	武柔	10	12	8	20	40	40	35	53
23	李铭	2	2	2	14	30	32	31	40
24	曾婕	9	11	7	17	40	38	38	55
25	冯莉莉	2	4	4	13	30	32	28	44
26	姚华希	24	21	26	26	27	31	32	28
27	吕云	22	20	20	19	23	25	21	20
28	于问	18	18	18	15	19	21	21	18
29	邹文	5	5	5	4	8	6	6	5
30	林西西	10	11	15	13	24	28	26	25
31	崔建	19	21	23	19	33	35	35	31
32	段惜	16	16	16	15	28	27	27	25
33	于沅	16	16	16	15	24	26	24	32
34	阎玟	42	42	45	61	36	34	32	46
35	文晓	21	23	26	36	8	3	6	21

图 4–63　VBA 代码运行结果（销售报表透视）

4.2.5　场景九：库存表拆分

任务场景描述

现有一份一分公司的库存表（如图 4–64 所示），表中包含“公司名称”“产品编号”“产品名称”“类别”“单价”“数量”“金额”“最近入库日期”“库龄”等字段。现在需要将该库存表按照“类别”拆分成一个个工作表的形式，以便分类使用相关数据。

	A	B	C	D	E	F	G	H	I
1	公司名称	产品编号	产品名称	类别	单价	数量	金额	最近入库日期	库龄
2	一分公司	20201170001	华为S55电视	平板电视	3286	50	164,300	2021/3/8	三个月内
3	一分公司	20201170002	海尔冰箱-BCD-343WDPM	立式冰箱	2899	45	130,455	2020/12/5	三个月以上
4	一分公司	20201170003	海尔统帅变频洗衣机@HB1276W	洗衣机	2458	30	73,740	2020/7/23	三个月以上
5	一分公司	20201170004	海尔空调KFR-72LW	立式空调	3589	40	143,560	2020/9/1	三个月以上
6	一分公司	20201170005	松下微波炉NN-GM33HB	厨房电器	567	55	31,185	2020/3/23	三个月以上
7	一分公司	20201170006	海尔消毒柜12LCS2	厨房电器	1250	30	37,500	2021/1/9	三个月内
8	一分公司	20201170007	海尔冰箱-BCD-343WDPM	立式冰箱	2899	35	101,465	2021/3/17	三个月内
9	一分公司	20201170008	华为S55电视	平板电视	3286	46	151,156	2020/5/3	三个月以上
10	一分公司	20201170009	海尔冰箱-BCD-343WDPM	立式冰箱	2899	25	72,475	2020/7/7	三个月以上
11	一分公司	20201170010	海尔统帅变频洗衣机@HB1276W	洗衣机	2458	28	68,824	2021/2/6	三个月内
12	一分公司	20201170011	海尔空调KFR-72LW	立式空调	3589	0	-	2020/3/19	三个月以上
13	一分公司	20201170012	松下微波炉NN-GM33HB	厨房电器	567	40	22,680	2021/2/1	三个月内
14	一分公司	20201170013	海尔消毒柜12LCS2	厨房电器	1250	42	52,500	2020/1/26	三个月以上
15	一分公司	20201170014	海尔冰箱-BCD-343WDPM	立式冰箱	2899	46	133,354	2020/4/20	三个月以上
16	一分公司	20201170015	海尔冰箱-BCD-343WDPM	立式冰箱	2899	50	144,950	2020/9/20	三个月以上
17	一分公司	20201170016	海尔统帅变频洗衣机@HB1276W	洗衣机	2458	30	73,740	2020/6/21	三个月以上
18	一分公司	20201170017	海尔空调KFR-72LW	立式空调	3589	37	132,793	2021/3/5	三个月内
19	一分公司	20201170018	松下微波炉NN-GM33HB	厨房电器	567	28	15,876	2020/11/10	三个月以上
20	一分公司	20201170019	海尔消毒柜12LCS2	厨房电器	1250	20	25,000	2020/8/24	三个月以上
21	一分公司	20201170021	海尔冰箱-BCD-343WDPM	立式冰箱	2899	33	95,667	2020/1/31	三个月以上
22	一分公司	20201170022	华为S55电视	平板电视	3286	36	118,296	2020/2/18	三个月以上
23	一分公司	20201170023	海尔冰箱-BCD-343WDPM	立式冰箱	2899	40	115,960	2020/3/15	三个月以上
24	一分公司	20201170024	海尔统帅变频洗衣机@HB1276W	洗衣机	2458	46	113,068	2020/6/7	三个月以上
25	一分公司	20201170025	松下微波炉NN-GM33HB	厨房电器	567	42	23,814	2020/10/2	三个月以上
26	一分公司	20201170026	海尔消毒柜12LCS2	厨房电器	1250	35	43,750	2020/12/25	三个月以上
27	一分公司	20201170027	海尔冰箱-BCD-343WDPM	立式冰箱	2899	33	95,667	2020/5/2	三个月以上
28	一分公司	20201170028	海尔冰箱-BCD-343WDPM	立式冰箱	2899	0	-	2020/11/8	三个月以上
29	一分公司	20201170029	华为S55电视	平板电视	3286	54	177,444	2020/5/12	三个月以上
30	一分公司	20201170030	海尔冰箱-BCD-343WDPM	立式冰箱	2899	36	104,364	2020/1/1	三个月以上
31	一分公司	20201170031	海尔统帅变频洗衣机@HB1276W	洗衣机	2458	36	88,488	2020/7/27	三个月以上
32	一分公司	20201170032	松下微波炉NN-GM33HB	厨房电器	567	48	27,216	2020/4/28	三个月以上
33	一分公司	20201170033	海尔消毒柜12LCS2	厨房电器	1250	50	62,500	2020/4/29	三个月以上
34	一分公司	20201170035	海尔冰箱-BCD-343WDPM	立式冰箱	2899	45	130,455	2021/1/24	三个月内
35	一分公司	20201170036	海尔统帅变频洗衣机@HB1276W	洗衣机	2458	36	88,488	2021/3/2	三个月内
36	一分公司	20201170037	华为S55电视	平板电视	3286	0	-	2020/3/8	三个月以上
37	一分公司	20201170038	海尔冰箱-BCD-343WDPM	立式冰箱	2899	28	81,172	2020/3/5	三个月以上
38	一分公司	20201170039	海尔统帅变频洗衣机@HB1276W	洗衣机	2458	25	61,450	2020/4/5	三个月以上
39	一分公司	20201170040	海尔空调KFR-72LW	立式空调	3589	30	107,670	2020/3/22	三个月以上

图 4–64　一分公司库存表

步骤一： 将“一分公司库存表 .xlsx”上传至 DeepSeek，并发出指令：*请分析以上文件，帮我生成一段 VBA 代码，要求该表按照类别进行拆分成“平板电视”“立式冰箱”“洗衣机”“立式空调”“厨房电器”，相应数据填写到对应位置。*

步骤一结果： DeepSeek 理解了指令，并生成了 VBA 代码（如图 4–65 所示）。

销售报表拆分的 VBA 代码

步骤二： 复制 DeepSeek 生成的 VBA 代码并粘贴到 VBA 编辑器中。点击运行 VBA 代码。

步骤二结果： VBA 代码运行生成结果，经人工检验无误，如图 4–66 所示。

以下是一段VBA代码，可以根据库存表中的类别将数据拆分到不同的工作表中：

vba 复制

```vba
Sub SplitDataByCategory()
    Dim wsSource As Worksheet
    Dim wsDestination As Worksheet
    Dim lastRow As Long
    Dim i As Long
    Dim categoryList As Variant
    Dim category As Variant
    Dim rng As Range
    Dim destLastRow As Long

    ' 定义所有类别
    categoryList = Array("平板电视", "立式冰箱", "洗衣机", "立式空调", "厨房电器")

    ' 设置源工作表
    Set wsSource = ThisWorkbook.Sheets("Sheet1")
    lastRow = wsSource.Cells(wsSource.Rows.Count, "A").End(xlUp).Row

    ' 遍历每个类别
    For Each category In categoryList
        ' 检查目标工作表是否存在
        On Error Resume Next
        Set wsDestination = ThisWorkbook.Sheets(category)
```

图 4-65　步骤一生成的部分 VBA 代码（库存表拆分）

公司名称	产品编号	产品名称	类别	单价	数量	金额	最近入库日期	库龄
一分公司	20201170005	松下微波炉NN-GM33HB	厨房电器	567	55	31185	43913	三个月以上
一分公司	20201170006	海尔消毒柜12LCS2	厨房电器	1250	30	37500	44205	三个月内
一分公司	20201170012	松下微波炉NN-GM33HB	厨房电器	567	40	22680	44228	三个月内
一分公司	20201170013	海尔消毒柜12LCS2	厨房电器	1250	42	52500	43856	三个月以上
一分公司	20201170018	松下微波炉NN-GM33HB	厨房电器	567	28	15876	44145	三个月以上
一分公司	20201170019	海尔消毒柜12LCS2	厨房电器	1250	20	25000	44067	三个月以上
一分公司	20201170025	松下微波炉NN-GM33HB	厨房电器	567	42	23814	44106	三个月以上
一分公司	20201170026	海尔消毒柜12LCS2	厨房电器	1250	35	43750	44190	三个月以上
一分公司	20201170032	松下微波炉NN-GM33HB	厨房电器	567	48	27216	43949	三个月以上
一分公司	20201170033	海尔消毒柜12LCS2	厨房电器	1250	50	62500	43950	三个月以上

Sheet1　平板电视　立式冰箱　洗衣机　立式空调　厨房电器

图 4-66　VBA 代码运行结果（销售报表拆分）

作者点评

本节聚焦于财务工作中操作频率高、难度大的 Excel 应用场景，通过应用 DeepSeek 生成 VBA 代码实现自动化处理，展示了 AI 技术在代替复杂人工操作方面的巨大价值。

首先，本节选取了五个复杂的财务工作场景——报表货币单位转换、资金管理表合并、集团报表合并、销售报表透视与逆透视、库存表拆分，全面覆盖了报表转换、数据整合、结构重塑等多个财务工作痛点，具有广泛的代表性。

其次，每个任务场景都完整呈现了从任务理解、AI 指令输入、代码生成到最终结果检验的全过程，实用性强，便于财务人员直接套用实践。

最后，将 VBA 宏操作进一步封装为 Excel 加载项按钮，体现出较强的系统化和可复制性思维，适合财务人员推广学习。

本节内容体现出 DeepSeek 在复杂财务数据处理场景下的高度适配性和执行力，真正实现了“从人控到智控”的转型突破，为财务自动化和智能化建设提供了可复制、可操作的实践范本。

4.3　本章总结

本章围绕“应用 DeepSeek 辅助财务工作中的 Excel 操作”展开，从基础函数生成到复杂的 VBA 代码自动化处理，系统呈现了 AI 技术对财务人员核心技能重塑的过程。4.1 节通过典型函数应用和 VBA 代码生成展示了 AI 对传统工作方式的优化；4.2 节进一步拓展到复杂场景，实现了财务工作由重复劳动向智能生成、批量处理的质的飞跃。

DeepSeek 不仅减少了财务人员对技术的依赖，降低了 Excel 应用门槛，更重要的是提升了数据处理的质量与效率。AI 的应用使财务人员能够将更多时间投入分析、判断与决策等价值创造活动中，促进从“执行者”向“价值创造者”的角色转变。

实用技巧

- 常用的 Excel 函数操作可直接通过询问 DeepSeek 如何操作，或要求 DeepSeek 输出 VBA 代码解决。
- 对于结构重复、操作固定的场景（如报表合并、格式拆分），通过 DeepSeek 生成 VBA 代码是效率极高的解决方案。
- 将常用 VBA 代码封装为加载项嵌入 Excel 工具栏，形成标准流程，能够提高使用便捷性和团队协作效率。
- 深入理解业务需求后，用自然语言清晰描述目标操作，是获得高质量 AI 回应的关键。
- 也可以借助 DeepSeek 生成 Python 代码，助力多系统数据集成。

第 5 章

应用 DeepSeek 辅助财务工作中的 PPT 制作

在企业财务人员的日常工作中，PPT 已成为内容展示、成果汇报和专项工作说明的重要工具。然而，传统的 PPT 制作过程耗时费力，尤其是在模板选择、视觉设计和图文排版等方面，往往需要花费大量时间，工作效率不高。在内容较多、格式要求严格时，PPT 的制作周期进一步拉长，不仅增加了工作负担，也削弱了内容表达的聚焦度。

借助 AI 工具，财务人员可以显著提升 PPT 制作效率。例如，DeepSeek 具备强大的自然语言理解和内容生成能力，只需输入有效的提示词如关键词、提纲或简要说明，即可快速生成结构清晰、排版美观的 PPT 内容。之后搭配可以直接生成 PPT 的 AI 工具，通过一键式操作就可以根据已有的大纲、主题和内容自动匹配专业模板、插入恰当图片、智能排版，实现图文并茂的演示效果。

在实际应用中，财务人员可以将月度报表分析、预算执行情况、项目成本汇总等原始数据输入 DeepSeek，由其自动生成能用于汇报的演示文稿，省去大量琐碎工作，从而将工作重点放在对财务内容本身的分析与表达上。应用 DeepSeek 等 AI 大模型辅助 PPT 制作，实现了内容质量与效率的双重提升，为财务工作的数字化转型提供了有力支持。

本章重点介绍应用DeepSeek辅助财务工作中的PPT制作方法，主要内容是在同一任务场景下，采用不同AI工具结合人工检验与调整制作一套财务工作相关的完整PPT。其中，5.1节介绍应用DeepSeek和Kimi辅助制作PPT的流程，5.2节展示运用其他AI工具独立辅助制作PPT的流程，5.3节为本章总结。

任务场景描述

你是一家基建集团二级分公司的财务主管，分公司总经理让你两天后给分公司及其下属三级单位和项目部的财务人员进行内部培训，主题为“建筑行业金税四期税务风险预警的几种情形”，培训形式为线上培训，需要提前制作好PPT并下发。由于时间紧，任务重，你手头也没有可以直接套用的模板，而制作用于专业培训的PPT费时费力，需要查找各种资料、构思培训大纲和框架、制作图表、调整字体和格式等。而且培训面向整个公司及下属单位的财务人员，所以不能出错，因此你尝试借助AI工具实现PPT的高效制作。

5.1 应用DeepSeek和Kimi辅助制作PPT

任务一

应用DeepSeek辅助高效构建PPT的Markdown大纲。

步骤一：向DeepSeek发出指令：*我是一家基建集团的二级分公司财务主管，分公司总经理让我两天后给全分公司及其下属三级单位和项目部的财务人员进行内部培训，主题为“建筑行业金税四期税务风险预警的几种情形”，我需要制作一份培训用PPT文档。请按照主题内容，帮我生成一份Markdown格式的PPT文档，要求：包括封面、目录和至少*

4 个核心章节，每个核心章节内部至少包含 2 个案例，语言简洁专业，避免口语化。

注意：上述操作未开启 DeepSeek 的联网搜索模式。

步骤一结果：DeepSeek 能够理解指令，初步生成 Markdown 格式的 PPT 大纲文本。经人工检验，生成的内容基本满足了步骤一的要求，除目录外共 5 章（如图 5–1 所示），其中有 4 章是核心，均包含 2 个案例。

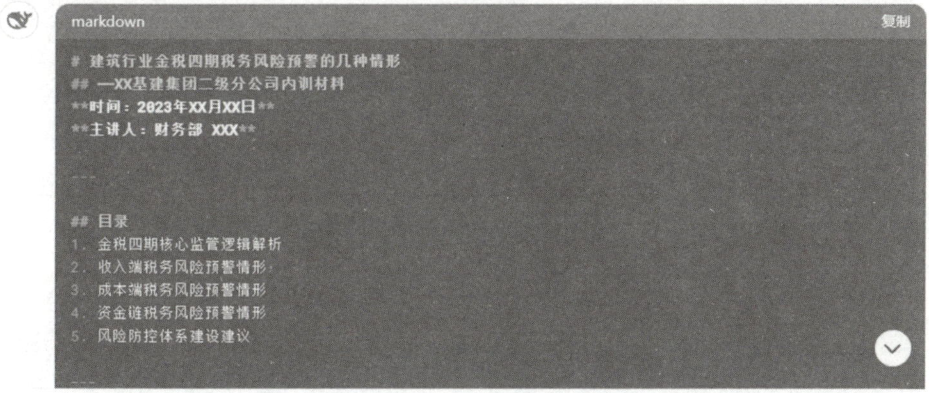

图 5–1　DeepSeek 生成的 Markdown 格式大纲文本目录

但上述 PPT 大纲也存在一些问题：①大纲整体字数较少，过于简洁，还需要适当填充；②案例较为笼统且简短（如图 5–2 所示），不真实且内容不具体；③擅自在最后添加了整改部分，不符合实际情况，需要删除（如图 5–3 所示）。此外，DeepSeek 在最后提出了几点在实际制作 PPT 时的建议（如图 5–3 所示），值得借鉴。

小贴士

Markdown 格式

Markdown 格式是一种轻量级的标记语言，用来快速编写格式统一、结构清晰的文本内容。它用简单的符号（如用“#”表示标题、“–”表示列表）代替复杂的排版指令，使内容既能直接阅读，又便于转换成 PPT、html 或 Word 等常见格式。对于财务人员来说，用 Markdown 格式编写 PPT 大纲，可以像写普通文档一样自然流畅，还能快速生成结构清晰的演示稿，是连接内容创作与可视化展示的高效工具。

```markdown
## 第二章 收入端税务风险预警情形
### 高风险场景
- 预收款长期挂账未确认收入（超6个月）
- EPC项目未按完工进度分期确认收入

### 典型案例
1. **某钢结构项目**：预收账款科目余额2年未结转，被认定为隐匿收入
2. **某总包项目**：按开票时点确认收入，与监理报告进度差异达32%
```

图 5–2 生成的 Markdown 格式的案例（部分）

```markdown
## 风险防控体系建设建议
### 三项核心措施
1. 建立项目级税务健康度评分体系
2. 实施四色预警机制（红/黄/蓝/绿）
3. 每月开展"三流"匹配度自查

### 整改时间表
- 第一阶段：30日内完成历史数据清洗
- 第二阶段：60日内上线智能监控系统
```

注：实际制作PPT时建议：

1. 每页配1张数据图示或流程图表
2. 案例部分使用红框突出关键数字
3. 风险条款用 ！ 图标标注
4. 最后一页附集团税务咨询热线及自查表二维码

图 5–3 整改部分和建议

步骤二：继续向 DeepSeek 发出指令：*在上述大纲基础上，适当增加每章字数，填充大纲内容。同时，将包含的每个案例都进行具体化，尽量使用真实案例。将最后整改时间表的部分去掉。保证大纲内容的清晰、*

准确、专业，并符合企业内部培训使用，重新生成一个 Markdown 格式。

注意：为了确保案例能够真实，上述操作开启了联网搜索模式。

步骤二结果：联网搜索开启后，DeepSeek 重新生成了一版 Markdown 格式大纲，根据步骤二的要求，对大纲内容进行了填充，并对所有案例进行了联网补充，提供了更为真实的税务稽查案例。

但新生成的大纲中出现了两个问题：一是 DeepSeek 认为现在的时间是 2023 年，所以在封面中自动填充的年份是 2023 年（如图 5–4 所示）；二是 DeepSeek 未展示全部内容，擅自对内容进行了折叠（如图 5–5 所示），无法看到完整内容。因此还需要继续调整。

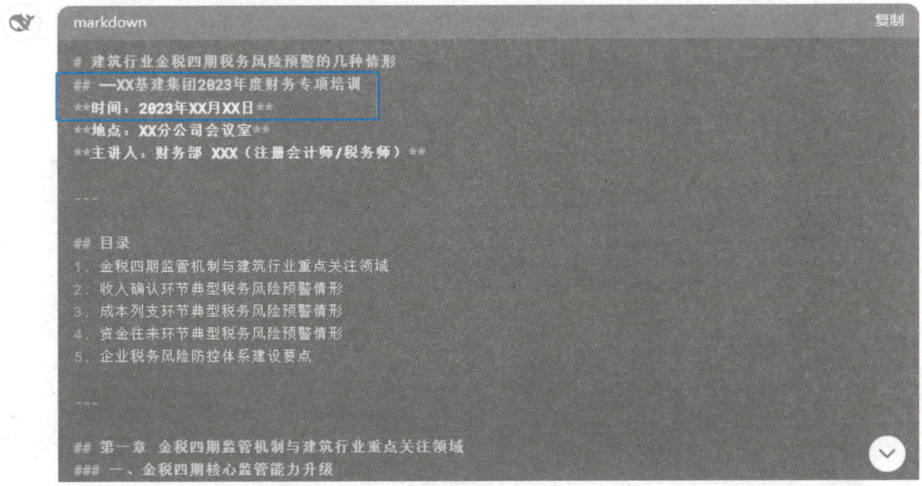

图 5–4　Markdown 格式的 PPT 封面

步骤三：为了解决步骤二结果中出现的两个问题，继续向 DeepSeek 发出指令：*培训的时间为 2025 年 4 月 7 日，请重新修改封面中的错误时间，并完整展示五个章节的所有内容。*

步骤三结果：DeepSeek 重新生成了完整的 Markdown 格式大纲，全部按步骤三中的要求做了调整，并且对内容进一步进行了填充和优化，完整结果如图 5–6 所示。DeepSeek 在最后注明了本课件数据均来自国家税务总局 2024 年度稽查公告，体现了内容的可靠性。

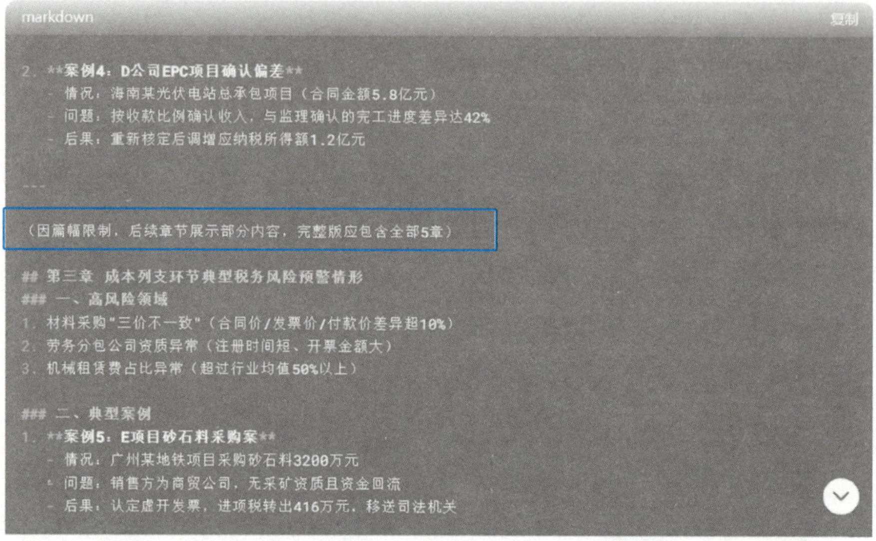

```markdown
2. **案例4：D公司EPC项目确认偏差**
   - 情况：海南某光伏电站总承包项目（合同金额5.8亿元）
   - 问题：按收款比例确认收入，与监理确认的完工进度差异达42%
   - 后果：重新核定后调增应纳税所得额1.2亿元

---

（因篇幅限制，后续章节展示部分内容，完整版应包含全部5章）

## 第三章 成本列支环节典型税务风险预警情形
### 一、高风险领域
1. 材料采购"三价不一致"（合同价/发票价/付款价差异超10%）
2. 劳务分包公司资质异常（注册时间短、开票金额大）
3. 机械租赁费占比异常（超过行业均值50%以上）

### 二、典型案例
1. **案例5：E项目砂石料采购案**
   - 情况：广州某地铁项目采购砂石料3200万元
   - 问题：销售方为商贸公司，无采矿资质且资金回流
   - 后果：认定虚开发票，进项税转出416万元，移送司法机关
```

图 5-5 生成的 Markdown 格式的 PPT 大纲（部分）

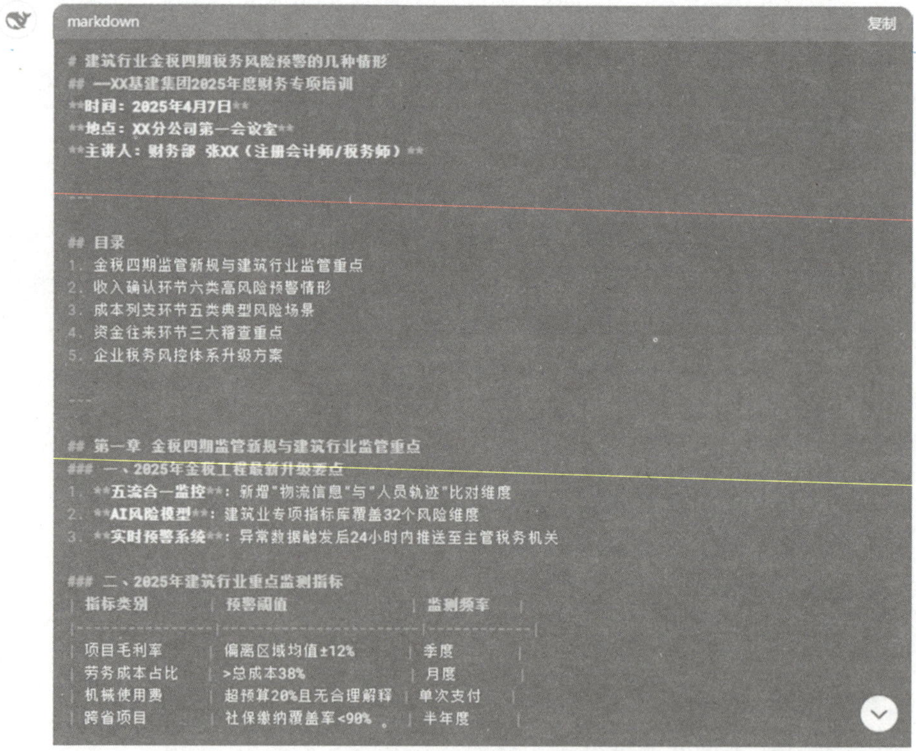

```markdown
# 建筑行业金税四期税务风险预警的几种情形
## —XX基建集团2025年度财务专项培训
**时间：2025年4月7日**
**地点：XX分公司第一会议室**
**主讲人：财务部 张XX（注册会计师/税务师）**

---

## 目录
1. 金税四期监管新规与建筑行业监管重点
2. 收入确认环节六类高风险预警情形
3. 成本列支环节五类典型风险场景
4. 资金往来环节三大稽查重点
5. 企业税务风控体系升级方案

---

## 第一章 金税四期监管新规与建筑行业监管重点
### 一、2025年金税工程最新升级要点
1. **五流合一监控**：新增"物流信息"与"人员轨迹"比对维度
2. **AI风险模型**：建筑业专项指标库覆盖32个风险维度
3. **实时预警系统**：异常数据触发后24小时内推送至主管税务机关

### 二、2025年建筑行业重点监测指标
| 指标类别 | 预警阈值 | 监测频率 |
|----------|----------|----------|
| 项目毛利率 | 偏离区域均值±12% | 季度 |
| 劳务成本占比 | >总成本38% | 月度 |
| 机械使用费 | 超预算20%且无合理解释 | 单次支付 |
| 跨省项目 | 社保缴纳覆盖率<90% | 半年度 |
```

三、典型案例分析
1. **案例1：2024年某国企材料采购预警事件**
   - 项目背景：雄安新区某市政道路工程（合同额6.5亿）
   - 问题详情：钢筋采购发票显示供应商为河北某商贸公司，但GPS轨迹显示车辆始终在山西活动
   - 处理结果：进项税转出845万元，项目暂停投标资格6个月

2. **案例2：2024年某民营建企社保异常案**
   - 项目背景：成都某商业综合体（用工峰值326人）
   - 问题详情：比对住建部"建筑工人实名制平台"数据，发现工资流水与社保记录差异达47%
   - 处理结果：补缴社保费及滞纳金387万元，纳入重点监控名单

第二章 收入确认环节六类高风险预警情形
一、2025年重点监控领域
1. 预售账款超期挂账（新规缩短至3个月）
2. EPC项目完工进度确认（强制接入"住建云"进度核验）
3. 甲供材价税分离计算（新模板强制填报）
4. 以房抵债交易（需网签备案同步税务系统）
5. 暂估收入冲回（超6个月未处理自动预警）
6. 跨境项目支付（外汇管理局数据直连）

二、典型案例
1. **案例3：2024年某央企EPC项目稽查**
   - 项目特征：海南自贸港某保税仓库（合同额9.2亿）
   - 违规事实：自行确认完工进度78%，"住建云"显示实际进度仅52%
   - 处罚结果：调增应纳税所得额1.8亿元，罚款比例0.5倍

2. **案例4：2024年某房企抵账房事件**
   - 交易背景：郑州某棚改项目抵顶工程款商品房12套
   - 问题发现：网签价格（8500元/㎡）与同期市场价（12000元/㎡）差异触发预警
   - 处理结果：按市场价核定收入，补缴土地增值税及企业所得税合计1360万元

第三章 成本列支环节五类典型风险场景
一、2025年高风险行为清单
1. 材料采购"四流不一致"（新增物流轨迹要求）
2. 劳务分包"三证不全"（资质证书+安全生产许可证+劳务派遣证）
3. 机械租赁"人机分离"（操作员社保与设备登记地不符）
4. 临时用工"现金支付"（单笔超5万需电子转账）
5. 成本分摊"随意调整"（土建/安装比例变更需备案）

二、典型案例
1. **案例5：2024年某桥梁项目材料案**
   - 项目特点：长江某跨江大桥（钢材用量8万吨）
   - 稽查发现：同一批号钢材同时出现在三个项目成本中
   - 最终认定：虚增成本2.3亿元，移送公安机关立案

2. **案例6：2024年某机场项目劳务纠纷**
   - 用工情况：航站楼项目使用劳务人员600人
   - 问题暴露：工资专户发放记录与个税申报差异达230人
   - 处理结果：补缴个税及社保费680万元，项目经理终身执业禁止

第四章 资金往来环节三大稽查重点
一、2025年监管新动向
1. 关联方交易（年利率不得低于LPR1.3倍）
2. 农民工工资专户（支付指令需匹配考勤记录）
3. 现金交易（单项目年累计不得超过50万元）

二、典型案例
1. **案例7：2024年某集团资金池事件**
   - 运作模式：通过财务公司归集子公司资金日均余额15亿
   - 违规事实：未按独立交易原则收取利息
   - 调整结果：补缴增值税及企业所得税合计4200万元

````
2. **案例8：2024年某路桥项目工资纠纷**
   - 项目特征：云南某高速公路（农民工1200人）
   - 问题发现：专户发放记录与实名制平台考勤差异达380人
   - 处罚措施：列入建筑市场"黑名单"，暂停投标资格1年

---

## 第五章 企业税务风控体系升级方案
### 一、2025年必备防控措施
1. **智能监控系统建设**
   - 对接金税四期接口（需通过国家税务总局认证）
   - 设置三级预警机制（黄/橙/红）

2. **业务流程再造**
   - 材料采购：实行"四流合一"线上审批
   - 劳务分包：建立"资质审查-人脸考勤-专户发放"闭环

3. **文档管理规范**
   - 电子档案保存期限延长至10年
   - 项目成本台账需包含GPS定位照片

### 二、实施路径建议
```mermaid
graph TD
    A[现状诊断] --> B[系统改造]
    B --> C[流程再造]
    C --> D[人员培训]
    D --> E[试运行]
    E --> F[持续优化]
````

图 5-6 DeepSeek 生成的完整 Markdown 格式的 PPT 内容

步骤四： DeepSeek 辅助生成了一套完整的 PPT 大纲，不过为了保证内容的完整性，我们将步骤一中的同样指令输入其他 AI 大模型（豆包、Kimi）进行尝试。

步骤四结果： 豆包生成了一套 Markdown 格式的 PPT 大纲（如下所示），主要包含六部分内容。人工审阅后发现，豆包生成的“发票管理引发的风险预警”和“人员薪酬与社保问题的风险预警”两部分内容是 DeepSeek 生成的 Markdown 格式大纲中所不包含的，这两部分内容十分符合培训主题，值得纳入。不过，豆包生成的内容存在与应用 DeepSeek 时相同的问题，如大纲文字较少，案例较为笼统，真实性存疑。

我将围绕金税四期下建筑行业税务风险预警情形展开，从发票管理、成本核算、收入确认、人员薪酬等方面阐述，搭配实际案例，生成 Markdown 格式的 PPT 文本。

建筑行业金税四期税务风险预警的几种情形

汇报人: [你的名字]

汇报日期: [具体日期]
````

目录

金税四期概述

金税四期的强大功能

- 金税四期不仅仅是税务方面，还会纳入“非税”业务，实现对业务更全面的监控。例如，通过与银行等金融机构的信息共享，实时监控企业资金流动情况。
- 搭建了各部委、人民银行以及银行等参与机构之间信息共享和核查的通道，实现企业相关人员手机号码、企业纳税状态、企业登记注册信息核查三大功能。

对建筑行业的影响

- 建筑行业业务复杂、项目周期长、涉及多方主体，金税四期的实施使得税务机关对建筑企业的监管更加精准和严格。例如，以往建筑企业可能存在的一些通过不规范操作降低税负的空间被大大压缩。
- 要求建筑企业必须更加规范财务管理和税务申报，否则极易触发税务风险预警。

发票管理引发的风险预警

虚开发票风险

- **案例一：**某建筑公司为了增加成本，在没有实际业务发生的情况下，从第三方购买材料发票，金额高达 500 万元。金税四期通过大数据比对，发现该公司材料采购与实际工程进度严重不符，且销售方存在大量异常发票开具行为，最终该公司被税务机关查处，不仅补缴税款、滞纳金，还面临巨额罚款。
- **案例二：**A 建筑企业与 B 材料供应商签订虚假合同，B 供应商为 A 企业虚开增值税专用发票，A 企业用于抵扣进项税额。金税四期系统监测到 A 企业进项发票的商品名称与实际生产经营需求不匹配，进而展开调查，导致双方企业都受到严厉处罚。

发票开具不规范风险

- **案例一：**某建筑企业在开具工程款发票时，未按照规定填写备注栏，注明建筑服务发生地县（市、区）名称及项目名称。税务机关在发票核查中发现大量此类不规范发票，要求企业整改，并对已抵扣的进项税额作转出处理，增加了企业税务成本。
- **案例二：**B 建筑公司开具发票时，税率选择错误，将适用 9%税率的建筑服务开具成 6%税率。金税四期系统通过对发票数据的逻辑校验，发现该问题，企业不仅需要重新开具发票，还可能面临补缴税款及滞纳金的风险。

成本核算不当的风险预警

成本费用虚增风险

- **案例一:** C 建筑企业为降低利润少缴企业所得税，虚构工程项目的人工成本，编造虚假的工人工资表，虚增人工成本 200 万元。金税四期通过与社保、银行等部门的数据比对，发现该企业申报的工人工资与实际社保缴纳人数、银行代发工资流水不符，从而认定企业存在成本虚增问题。
- **案例二:** 某建筑公司将与工程项目无关的费用，如公司总部的豪华装修费用计入项目成本。金税四期大数据分析发现该公司成本结构异常，对其进行税务稽查，最终企业补缴税款并受到相应处罚。

成本分摊不合理风险

- **案例一:** D 建筑企业同时承接多个工程项目，在成本分摊时，随意将高利润项目的成本分摊到低利润项目，以平衡各项目利润。金税四期通过对企业成本分摊方法的合理性分析以及各项目投入产出比的监测，发现企业成本分摊存在问题，要求企业重新核算并补缴税款。
- **案例二:** E 建筑公司在分摊共同成本时，未按照合理的标准进行分配，导致部分项目成本过高，部分项目成本过低。税务机关在检查中发现这一情况，对企业成本核算的准确性提出质疑，企业需要重新梳理成本分摊流程并进行纳税调整。

收入确认违规的风险预警

延迟确认收入风险

- **案例一:** F 建筑企业按照完工百分比法确认收入，但在实际操作中，故意低估完工进度，延迟确认收入。金税四期通过对比企业的工程进度、合同执行情况以及发票开具金额等数据，发现企业收入确认存在滞后问题，要求企业补缴税款及滞纳金。
- **案例二:** 某建筑公司已完成工程项目并验收合格，但以未收到全部工程款为由，迟迟不确认收入。金税四期系统监测到该项目已实际交付使用，而企业未及时进行收入申报，对企业进行税务预警，最终企业被责令限期整改并补缴相关税费。

隐匿收入风险

- **案例一:** G 建筑企业将部分工程项目收入以现金形式收取，未入账核算，直接用于支付项目成本或其他费用。金税四期通过对企业资金流、物流以及上下游交易信息的综合分析，发现企业存在资金体外循环迹象，经深入调查核实，企业隐匿收入的行为被曝光，受到了严厉的税务处罚。
- **案例二:** H 建筑公司与客户签订阴阳合同，将部分收入隐藏在“阴合同”中，只按照“阳合同”金额申报纳税。金税四期通过大数据比对以及对相关交易方的调查，识破了企业的隐匿收入手段，企业面临补缴巨额税款、滞纳金和罚款的后果。

人员薪酬与社保问题的风险预警

社保缴纳基数不实风险

- **案例一:** I 建筑企业为降低社保成本，按照最低缴费基数为员工缴纳社保，而员工实际工资远高于此。金税四期通过与企业申报的个人所得税工资薪金数据比对，发现两者差异较大，认定企业社保缴纳基数不实，要求企业补缴社保费用及滞纳金。

- **案例二：** 某建筑公司将部分员工工资拆分成基本工资和补贴两部分，仅以基本工资作为社保缴纳基数。金税四期系统监测到企业工资发放结构异常，对企业社保缴纳情况展开调查，最终企业被责令整改并补缴社保。

劳务用工税务风险

- **案例一：** J 建筑企业大量使用临时工，但未按照规定为临时工申报个人所得税，也未取得合法有效的扣除凭证。金税四期通过对企业人员信息和费用支出的监控，发现企业存在劳务用工税务问题，企业不仅需要补缴税款，还可能面临因未履行代扣代缴义务而产生的罚款。
- **案例二：** K 建筑公司将工程劳务分包给无资质的个人，未取得合规发票，却在企业所得税前扣除相关费用。金税四期通过对企业成本费用发票的核查以及对劳务分包业务的合理性审查，发现企业存在违规扣除问题，要求企业进行纳税调整。

总结与应对建议

总结

- 金税四期对建筑行业税务监管更加严格和精准，发票管理、成本核算、收入确认、人员薪酬与社保等方面都容易触发税务风险预警。
- 建筑企业一旦被预警并查实存在税务问题，将面临补缴税款、滞纳金、罚款等处罚，严重影响企业的经济利益和声誉。

应对建议

- 加强财务人员培训，提升对金税四期系统的认识和税务合规操作能力。
- 建立健全财务管理制度和内部控制体系，规范发票管理、成本核算、收入确认等流程。
- 定期开展税务自查自纠，及时发现和纠正潜在的税务风险。
- 加强与税务机关的沟通交流，及时了解税收政策变化，确保企业税务处理合规合法。

以上内容你可根据实际情况调整，若某些案例或知识点不符合你的需求，可告知我，我来为你修改完善。

Kimi 也生成了一套 Markdown 格式的 PPT 大纲，是以单页 PPT 为输出单位的形式进行描述的，整体分为六个部分，核心内容与 DeepSeek 和豆包生成的内容相同，没有产生新的内容。Kimi 的封面自动填充了 2025 年 4 月 12 日的虚拟日期，年份识别无误。同 DeepSeek 和豆包生成的内容类似，Kimi 生成的内容也存在大纲字数较少，案例笼统不真实的问题。

不同的是，Kimi 是按照每页 PPT 内容进行输出的，所以是唯一一个对 PPT 最后一页内容进行了描述的 AI 大模型。Kimi 生成的整体 Markdown 大纲内容如下所示。

很抱歉，我暂时无法直接生成 PPT 文件，但我可以为你提供一份 Markdown 格式的 PPT 文本，你可以根据这个文本内容来制作 PPT。以下是内容：

幻灯片 1：封面

建筑行业金税四期税务风险预警的几种情形

基建集团二级分公司财务内训

主讲人：[你的姓名]

日期：2025 年 04 月 12 日

幻灯片 2：目录

- 金税四期概述
- 发票管理风险预警
- 税收申报风险预警
- 资金流风险预警
- 成本核算风险预警
- 总结与建议

幻灯片 3：金税四期概述

- 金税四期的定义与目标
  - 金税四期是国家税务总局主导的税收征管系统升级项目，旨在通过信息化手段实现税收征管的精准化、智能化。
  - 目标是构建全领域、全流程、全要素的税收征管体系，提升税收治理能力。
- 金税四期对建筑行业的影响
  - 建筑行业涉及多个环节的税收征管，金税四期的实施将使税务监管更加严格，风险预警更加精准。
  - 对企业的发票管理、税收申报、资金流等方面提出更高要求。

幻灯片 4：发票管理风险预警

案例一：虚开发票

- 事件经过

    - 某建筑公司为获取更多进项税额，与供应商合谋虚开增值税专用发票，发票金额高达数千万元。
    - 虚开发票的行为被税务机关通过金税四期系统的大数据分析发现，企业面临巨额罚款和刑事责任追究。
- 风险分析
    - 虚开发票是严重的违法行为，金税四期系统通过发票数据比对、资金流监控等手段，能够精准识别虚开发票行为。
    - 建筑企业应加强发票管理，严格审核发票的真实性和合法性，避免与不法供应商合作。

案例二：发票开具不规范

- 事件经过
    - 某建筑项目部在开具发票时，未按照规定填写发票内容，如发票备注栏未注明建筑服务发生地及项目名称。
    - 税务机关在检查中发现该问题，要求企业限期整改，并对其进行了税务处罚。
- 风险分析
    - 发票开具不规范可能导致税务机关无法准确核实业务真实性，增加税务风险。
    - 建筑企业应严格按照税务规定填写发票信息，确保发票内容完整、准确。

幻灯片 5：税收申报风险预警

案例一：少报应税收入

- 事件经过
    - 某建筑企业在申报增值税时，故意隐瞒部分工程收入，少报应税销售额。
    - 金税四期系统通过比对企业财务报表、发票数据等信息，发现企业申报数据异常，税务机关对其进行了税务稽查。
- 风险分析
    - 少报应税收入是逃避税收的行为，金税四期系统通过多维度数据分析，能够有效识别企业申报数据的准确性。
    - 建筑企业应如实申报税收，确保申报数据与实际业务相符。

案例二：错误适用税收优惠政策

- 事件经过
    - 某建筑企业错误地将不符合税收优惠政策的项目纳入优惠范围，享受了不应享受的税收减免。

    ○ 税务机关在后续检查中发现该问题，要求企业补缴税款并缴纳滞纳金。

- 风险分析
    - 错误适用税收优惠政策可能导致企业面临税务处罚和经济损失。
    - 建筑企业应加强对税收优惠政策的学习和理解，确保正确适用优惠政策。

幻灯片 6：资金流风险预警

案例一：资金回流异常

- 事件经过
    - 某建筑企业收到一笔工程款后，资金流向异常，部分资金回流至供应商账户。
    - 金税四期系统通过资金流监控发现该异常情况，税务机关对企业进行了调查。
- 风险分析
    - 资金回流异常可能暗示存在虚开发票、关联交易等税务风险。
    - 建筑企业应规范资金管理，确保资金流向合理、合规。

案例二：资金与发票不匹配

- 事件经过
    - 某建筑项目部开具发票后，未收到相应的工程款，发票与资金流不匹配。
    - 税务机关通过金税四期系统发现该问题，对企业进行了税务检查。
- 风险分析
    - 发票与资金流不匹配可能导致税务机关怀疑企业存在税务问题。
    - 建筑企业应加强资金与发票的匹配管理，确保业务的真实性。

幻灯片 7：成本核算风险预警

案例一：成本核算不准确

- 事件经过
    - 某建筑企业在成本核算中，未按照规定准确核算各项成本费用，导致成本数据失真。
    - 税务机关在检查中发现该问题，要求企业重新核算成本，并对其进行了税务处罚。
- 风险分析
    - 成本核算不准确会影响企业的利润计算和税收申报，增加税务风险。
    - 建筑企业应加强成本核算管理，确保成本数据真实、准确。

案例二：虚增成本

- 事件经过
  - 某建筑企业为减少应纳税所得额，虚增部分成本费用，如虚构劳务费用、材料费用等。
  - 金税四期系统通过成本数据分析发现异常，税务机关对企业进行了稽查。
- 风险分析
  - 虚增成本是严重的税务违法行为，金税四期系统能够通过数据分析识别异常成本。
  - 建筑企业应如实核算成本，避免虚增成本行为。

幻灯片 8：总结与建议

- 总结
  - 金税四期的实施对建筑行业的税务管理提出了更高要求，企业应重视税务风险预警，加强内部管理。
  - 通过案例分析，我们可以看到发票管理、税收申报、资金流、成本核算等方面都存在税务风险。
- 建议
  - 加强税务法规学习，提高财务人员的税务合规意识。
  - 规范发票管理，确保发票的真实性和合法性。
  - 准确申报税收，如实反映企业经营情况。
  - 规范资金管理，确保资金流向合理、合规。
  - 加强成本核算管理，确保成本数据真实、准确。

幻灯片 9：结束页

- 感谢聆听！
- 有任何疑问，请随时提问。

步骤五：根据步骤四的结果，我们将豆包和 Kimi 生成结果中的可取之处整理成 Word 文档后发送给 DeepSeek，让 DeepSeek 吸取值得借鉴的地方重新生成最终版的 Markdown 格式的 PPT 大纲。

从豆包生成的结果中选取“发票管理引发的风险预警”和“人员薪酬与社保问题的风险预警”两部分内容，从 Kimi 生成的结果中选取结束页内容，将这些内容粘贴至一个 Word 文档中。

将整理后的 Word 文档作为附件上传至 DeepSeek，并发出指令：*请阅读上传文件，将文件中的内容作为补充内容，融合到上述 PPT 大纲中，章节增加“发票管理风险场景”和“人员薪酬与社保问题风险场景”两章，并搭配真实案例，最后再增加结束页。重新生成一版完整的 Markdown 大纲。*

步骤五结果：由于 DeepSeek 在开启联网搜索模式的情况下不支持上传附件（如图 5–7 所示），因此，我们关闭联网搜索，上传附件并发出指令。DeepSeek 根据指令重新生成了一版 Markdown 格式的 PPT 大纲。

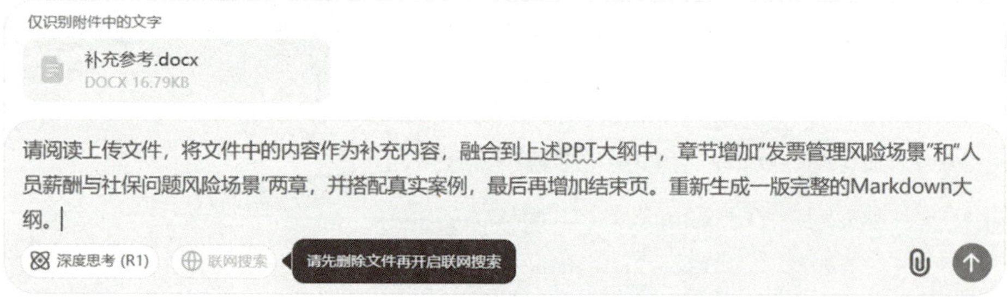

图 5–7　联网搜索模式下不支持上传附件

根据步骤五的要求，新生成的大纲中添加了两章内容，并匹配了对应的案例，目录也作了对应改动（如图 5–8 所示），同时添加了结束页内容（如图 5–9 所示）。

但是，由于在有附件的情况下无法开启联网搜索，因此新增案例非真实案例，且目录中新增加的两章的题目同其他章表述形式不一致，例如，原来的“收入确认环节六类高风险预警情形”题目中提出了是“六类”，但新增题目中未有体现，因此需要进一步联网调整。此外，DeepSeek 生成内容中又出现了折叠内容展示不完整的问题，还需要调整。

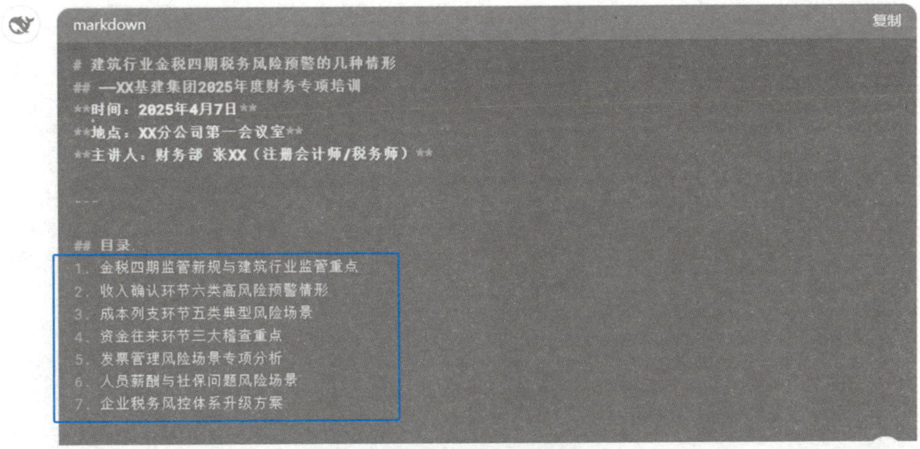

```markdown
# 建筑行业金税四期税务风险预警的几种情形
## —XX基建集团2025年度财务专项培训
**时间：2025年4月7日**
**地点：XX分公司第一会议室**
**主讲人：财务部 张XX（注册会计师/税务师）**

---

## 目录
1. 金税四期监管新规与建筑行业监管重点
2. 收入确认环节六类高风险预警情形
3. 成本列支环节五类典型风险场景
4. 资金往来环节三大稽查重点
5. 发票管理风险场景专项分析
6. 人员薪酬与社保问题风险场景
7. 企业税务风控体系升级方案
```

图 5-8　新生成的目录

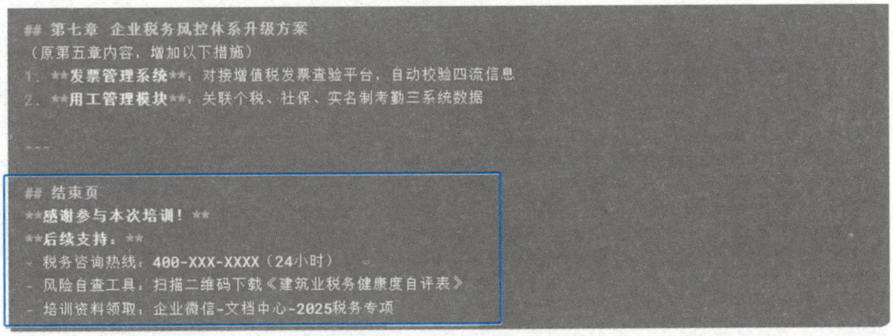

```markdown
## 第七章 企业税务风控体系升级方案
（原第五章内容，增加以下措施）
1. **发票管理系统**：对接增值税发票查验平台，自动校验四流信息
2. **用工管理模块**：关联个税、社保、实名制考勤三系统数据

---

## 结束页
**感谢参与本次培训！**
**后续支持：**
- 税务咨询热线：400-XXX-XXXX（24小时）
- 风险自查工具：扫描二维码下载《建筑业税务健康度自评表》
- 培训资料领取：企业微信-文档中心-2025税务专项
```

图 5-9　结束页

步骤六：在步骤五结果的基础上，调整案例、题目和内容折叠的问题。向 DeepSeek 发出指令：*在上述基础上，请将目录中第五章和第六章的章节名称同其他章节名称的结构统一，同时通过联网搜索将第五章和第六章的案例替换为真实案例，并将所有章节内容进行完整展示，不要折叠，其他内容不要变动，重新输出 Markdown 格式。*

步骤六结果：DeepSeek 根据要求重新生成了一版 Markdown 格式的 PPT 大纲（如图 5–10 所示），对所有内容进行了更新和调整，还在最后添加了 PPT 制作注释部分。经人工审阅，未发现异常。

markdown 复制

```markdown
# 建筑行业金税四期税务风险预警的几种情形
## —XX基建集团2025年度财务专项培训
**时间：2025年4月7日**
**地点：XX分公司第一会议室**
**主讲人：财务部 张XX（注册会计师/税务师）**

---

## 目录
1. 金税四期监管新规与建筑行业监管重点
2. 收入确认环节六类高风险预警情形
3. 成本列支环节五类典型风险场景
4. 资金往来环节三大稽查重点
5. 发票管理环节两大高风险预警情形
6. 人员薪酬与社保缴纳环节两大防控风险点
7. 企业税务风控体系升级方案

---

## 第一章 金税四期监管新规与建筑行业监管重点
### 一、2025年金税工程最新升级要点
1. **五流合一监控**：新增"物流信息"与"人员轨迹"比对维度
2. **AI风险模型**：建筑业专项指标库覆盖32个风险维度
3. **实时预警系统**：异常数据触发后24小时内推送至主管税务机关

### 二、2025年建筑行业重点监测指标
| 指标类别        | 预警阈值                | 监测频率     |
|----------------|-----------------------|------------|
| 项目毛利率      | 偏离区域均值±12%        | 季度        |
| 劳务成本占比     | >总成本38%             | 月度        |
| 机械使用费      | 超预算20%且无合理解释    | 单次支付     |
| 跨省项目        | 社保缴纳覆盖率<90%       | 半年度       |

### 三、典型案例分析
1. **案例1：2024年某国企材料采购预警事件**
   - 项目背景：雄安新区某市政道路工程（合同额6.5亿）
   - 问题详情：钢筋采购发票显示供应商为河北某商贸公司，但GPS轨迹显示车辆始终在山西活动
   - 处理结果：进项税转出845万元，项目暂停投标资格6个月

2. **案例2：2024年某民营建企社保异常案**
   - 项目背景：成都某商业综合体（用工峰值326人）
   - 问题详情：比对住建部"建筑工人实名制平台"数据，发现工资流水与社保记录差异达47%
   - 处理结果：补缴社保费及滞纳金387万元，纳入重点监控名单

---

## 第二章 收入确认环节六类高风险预警情形
### 一、2025年重点监控领域
1. 预售账款超期挂账（新规缩短至3个月）
2. EPC项目完工进度确认（强制接入"住建云"进度核验）
3. 甲供材价税分离计算（新模板强制填报）
4. 以房抵债交易（需网签备案同步税务系统）
5. 暂估收入冲回（超6个月未处理自动预警）
6. 跨境项目支付（外汇管理局数据直连）
```

```markdown
### 二、典型案例
1. **案例3：2024年某央企EPC项目稽查**
   - 项目特征：海南自贸港某保税仓库（合同额9.2亿）
   - 违规事实：自行确认完工进度78%，"住建云"显示实际进度仅52%
   - 处罚结果：调增应纳税所得额1.8亿元，罚款比例0.5倍

2. **案例4：2024年某房企抵账房事件**
   - 交易背景：郑州某棚改项目抵顶工程款商品房12套
   - 问题发现：网签价格（8500元/㎡）与同期市场价（12000元/㎡）差异触发预警
   - 处理结果：按市场价核定收入，补缴土地增值税及企业所得税合计1360万元

---

## 第三章 成本列支环节五类典型风险场景
### 一、2025年高风险行为清单
1. 材料采购"四流不一致"（新增物流轨迹要求）
2. 劳务分包"三证不全"（资质证书+安全生产许可证+劳务派遣证）
3. 机械租赁"人机分离"（操作员社保与设备登记地不符）
4. 临时用工"现金支付"（单笔超5万需电子转账）
5. 成本分摊"随意调整"（土建/安装比例变更需备案）

### 二、典型案例
1. **案例5：2024年某桥梁项目材料案**
   - 项目特点：长江某跨江大桥（钢材用量8万吨）
   - 稽查发现：同一批号钢材同时出现在三个项目成本中
   - 最终认定：虚增成本2.3亿元，移送公安机关立案

2. **案例6：2024年某机场项目劳务纠纷**
   - 用工情况：航站楼项目使用劳务人员600人
   - 问题暴露：工资专户发放记录与个税申报差异达230人
   - 处理结果：补缴个税及社保费680万元，项目经理终身执业禁止

---

## 第四章 资金往来环节三大稽查重点
### 一、2025年监管新动向
1. 关联方交易（年利率不得低于LPR1.3倍）
2. 农民工工资专户（支付指令需匹配考勤记录）
3. 现金交易（单项目年累计不得超过50万元）

### 二、典型案例
1. **案例7：2024年某集团资金池事件**
   - 运作模式：通过财务公司归集子公司资金日均余额15亿
   - 违规事实：未按独立交易原则收取利息
   - 调整结果：补缴增值税及企业所得税合计4200万元

2. **案例8：2024年某路桥项目工资纠纷**
   - 项目特征：云南某高速公路（农民工1200人）
   - 问题发现：专户发放记录与实名制平台考勤差异达380人
   - 处罚措施：列入建筑市场"黑名单"，暂停投标资格1年

---

## 第五章 发票管理环节两大高风险预警情形
### 一、虚开发票风险
1. **无真实业务背景的发票开具**
   - 资金回流必报警（单笔金额>50万元自动触发）
```

- 进销项商品严重不匹配（如建筑企业大量开具咨询服务发票）

2. **发票开具不规范风险**
   - 备注栏缺失关键信息（项目地址、项目名称）
   - 税率适用错误（如建筑服务9%错开为6%）

二、真实案例分析
1. **案例9：2024年四川乐山虚开发票案**
   - 违法事实：施工企业为房地产公司虚开工程发票1.2亿元
   - 稽查手段：比对资金流水发现"回流"证据
   - 处罚结果：企业罚款5000万元，法人代表判处有期徒刑7年

2. **案例10：2024年深圳地铁项目发票备注栏缺失案**
   - 项目特征：地铁14号线土建工程（合同额28亿）
   - 问题发现：87份增值税专用发票未填写项目地址
   - 处理结果：进项税转出620万元，限期整改并纳入重点监控

第六章 人员薪酬与社保缴纳环节两大防控风险点
一、社保缴纳基数不实风险
1. **按最低基数申报**（与个税申报工资差异>30%）
2. **工资拆分申报**（基本工资+补贴分开发放）

二、劳务用工税务问题
1. **临时工未申报个税**（单月支付超5000元）
2. **劳务分包给无资质个人**（无法取得合规发票）

三、真实案例解析
1. **案例11：2024年成都某国企社保基数案**
   - 企业规模：国有建筑集团（在册员工5200人）
   - 违规事实：按3800元基数缴纳社保，实际平均工资9800元
   - 稽查结果：补缴社保费及滞纳金2100万元，国资委通报批评

2. **案例12：2024年西安劳务分包个税案**
   - 项目背景：奥体中心配套工程（劳务费支出3200万元）
   - 问题发现：通过农民工专户发放但未代扣个税
   - 处罚措施：补缴个税+罚款合计890万元，项目经理撤职

第七章 企业税务风控体系升级方案
一、2025年必备防控措施
1. **智能监控系统建设**
   - 对接金税四期接口（需通过国家税务总局认证）
   - 设置三级预警机制（黄/橙/红）

2. **业务流程再造**
   - 材料采购：实行"四流合一"线上审批
   - 劳务分包：建立"资质审查-人脸考勤-专户发放"闭环

3. **文档管理规范**
   - 电子档案保存期限延长至10年
   - 项目成本台账需包含GPS定位照片

```
### 二、实施路径建议
```mermaid
graph TD
    A[现状诊断] --> B[系统改造]
    B --> C[流程再造]
    C --> D[人员培训]
    D --> E[试运行]
    E --> F[持续优化]
## 结束页
**感谢参与本次培训！**
**后续支持：**
- 税务咨询热线：400-XXX-XXXX（24小时）
- 风险自查工具：扫描二维码下载《建筑业税务健康度自评表》
- 培训资料领取：企业微信-文档中心-2025税务专项

**注：**
1. 案例数据均来自国家税务总局2024-2025年度稽查公告及公开裁判文书
2. 配套提供《建筑业高风险发票清单》《社保合规操作指引》作为附件
3. 重点风险指标建议用"红黄绿"三色标注警示等级
4. 会后将组织签订《项目税务合规承诺书》
```

图 5–10　步骤六生成的 Markdown 格式的 PPT 大纲

步骤七：为了保证大纲中使用的案例确实来自国家税务总局 2024—2025 年度稽查公告及公开裁判文书，我们抽取其中一个案例进行检验。我们将案例内容复制粘贴至 DeepSeek，并发出指令：

请联网找到这个案例的相关报道网页或来源出处：

案例 1：2024 年某国企材料采购预警事件

– 项目背景：雄安新区某市政道路工程（合同额 6.5 亿元）

– 问题详情：钢筋采购发票显示供应商为河北某商贸公司，但 GPS 轨迹显示车辆始终在山西活动

– 处理结果：进项税转出 845 万元，项目暂停投标资格 6 个月

步骤七结果：DeepSeek 联网搜索后，得出的结果是未找到完全匹配的资料（如图 5–11 所示）。由此可见，即使上述步骤多次强调要求 DeepSeek 给出真实案例，且 DeepSeek 还标注了案例出处，人工检验仍然发现了 AI 幻觉问题。

在这种情况下，我们可以继续要求 DeepSeek 将 PPT 大纲中的所有案例通过联网搜索再次替换为真实案例，并重新生成一版 Markdown 格式的 PPT 大纲。
```

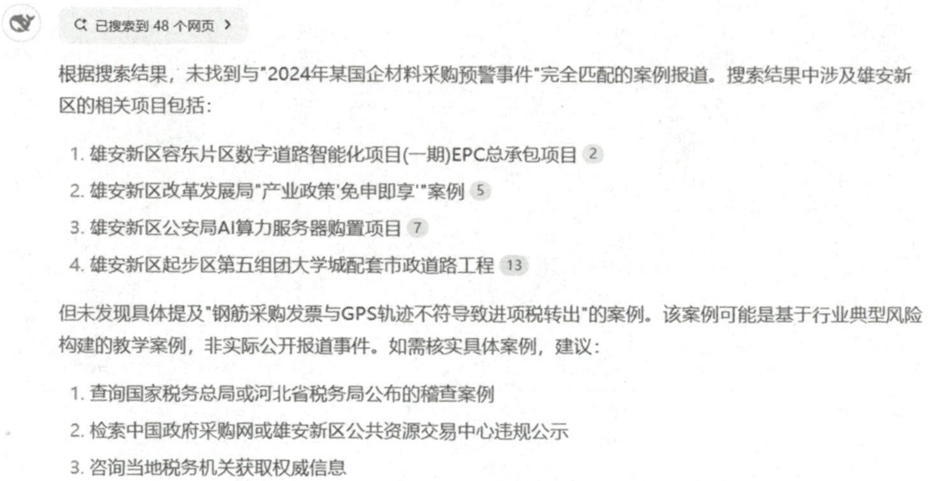

已搜索到 48 个网页 >

根据搜索结果，未找到与"2024年某国企材料采购预警事件"完全匹配的案例报道。搜索结果中涉及雄安新区的相关项目包括：

1. 雄安新区容东片区数字道路智能化项目(一期)EPC总承包项目 2
2. 雄安新区改革发展局"产业政策'免申即享'"案例 5
3. 雄安新区公安局AI算力服务器购置项目 7
4. 雄安新区起步区第五组团大学城配套市政道路工程 13

但未发现具体提及"钢筋采购发票与GPS轨迹不符导致进项税转出"的案例。该案例可能是基于行业典型风险构建的教学案例，非实际公开报道事件。如需核实具体案例，建议：

1. 查询国家税务总局或河北省税务局公布的稽查案例
2. 检索中国政府采购网或雄安新区公共资源交易中心违规公示
3. 咨询当地税务机关获取权威信息

图 5–11　核查案例真实性

步骤八：为了保证 PPT 内容的真实完整，再次要求 DeepSeek 按照步骤七的要求，更换大纲中的所有案例为联网搜索下的真实案例，并再次输出 Markdown 格式的 PPT 大纲。

步骤八结果：DeepSeek 生成了最终版 Markdown 格式的 PPT 大纲（如图 5–12 所示），替换了所有案例，并在案例处标注了来源。选取其中一个案例进行人工检验，可以找到案例来源。至此，可以认为完整的 Markdown 格式的 PPT 大纲生成完毕。

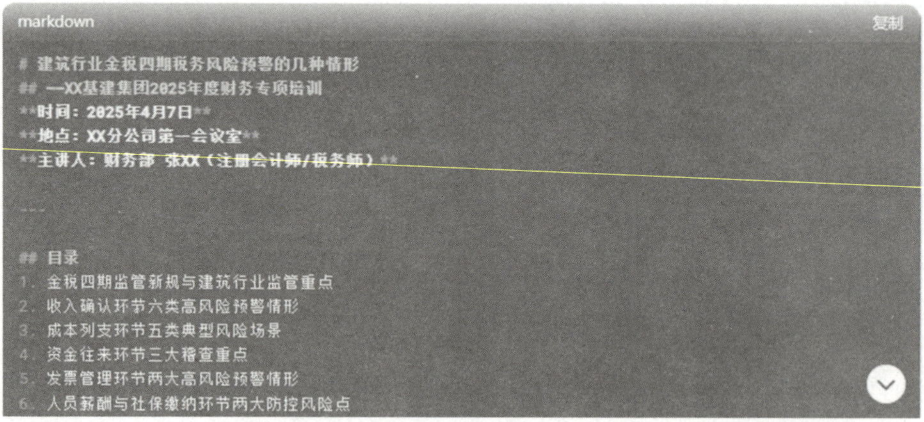

markdown　复制

```
# 建筑行业金税四期税务风险预警的几种情形
## —XX基建集团2025年度财务专项培训
**时间：2025年4月7日**
**地点：XX分公司第一会议室**
**主讲人：财务部 张XX（注册会计师/税务师）**

---

## 目录
1. 金税四期监管新规与建筑行业监管重点
2. 收入确认环节六类高风险预警情形
3. 成本列支环节五类典型风险场景
4. 资金往来环节三大稽查重点
5. 发票管理环节两大高风险预警情形
6. 人员薪酬与社保缴纳环节两大防控风险点
```

```
7. 企业税务风控体系升级方案

---

## 第一章 全税四期监管新规与建筑行业监管重点
### 一、2025年全税工程最新升级要点
1. **五流合一监控**：新增"物流信息"与"人员轨迹"比对维度
2. **AI风险模型**：建筑业专项指标库覆盖32个风险维度
3. **实时预警系统**：异常数据触发后24小时内推送至主管税务机关

### 二、2025年建筑行业重点监测指标
| 指标类别        | 预警阈值               | 监测频率    |
|----------------|-----------------------|------------|
| 项目毛利率      | 偏离区域均值±12%       | 季度        |
| 劳务成本占比 .  | >总成本38%             | 月度        |
| 机械使用费      | 超预算20%且无合理解释   | 单次支付    |
| 跨省项目        | 社保缴纳覆盖率<90%     | 半年度      |

### 三、典型案例分析
1. **案例1：宁波博汇化工税务处罚案**
   - 项目背景：2023年混合芳烃消费税政策调整
   - 问题详情：企业未按新政缴纳消费税，经多次约谈仍未整改
   - 处理结果：补缴税款约5亿元，企业声誉严重受损:cite[1]

2. **案例2：山东济南虚开增值税发票团伙案**
   - 项目背景：利用小规模纳税人减免政策虚开发票
   - 问题详情：控制多家空壳企业虚开发票4175份，涉及金额7208万元
   - 处理结果：移送检察机关审查起诉:cite[1]

---

## 第二章 收入确认环节六类高风险预警情形
### 一、2025年重点监控领域
1. 预售账款超期挂账（新规缩短至3个月）
2. EPC项目完工进度确认（强制接入"住建云"进度核验）
3. 甲供材价税分离计算（新模板强制填报）
4. 以房抵债交易（需网签备案同步税务系统）
5. 暂估收入冲回（超6个月未处理自动预警）
6. 跨境项目支付（外汇管理局数据直连）

### 二、典型案例
1. **案例3：某企业利用往来账户延迟确认收入案**
   - 项目特征：通过"其他应付款"科目挂账收入
   - 稽查发现：比对银行流水发现未申报收入3200万元
   - 处罚结果：补缴企业所得税800万元，加收滞纳金:cite[2]

2. **案例4：视同销售未作纳税调整案**
   - 交易背景：自产货物用于职工福利未视同销售
   - 问题发现：进项税额转出但未确认收入
   - 处理结果：调增应纳税所得额1500万元:cite[2]

## 第三章 成本列支环节五类典型风险场景
### 一、2025年高风险行为清单
1. 材料采购"四流不一致"（新增物流轨迹要求）
2. 劳务分包"三证不全"（资质证书+安全生产许可证+劳务派遣证）
3. 机械租赁"人机分离"（操作员社保与设备登记地不符）
4. 临时用工"现金支付"（单笔超5万需电子转账）
5. 成本分摊"随意调整"（土建/安装比例变更需备案）
```

```
### 二、典型案例
1. **案例5：农产品收购发票虚抵案**
   - 项目特点：虚假农产品收购发票抵扣进项
   - 稽查手段：比对农户身份信息发现虚假交易
   - 最终认定：进项税转出680万元，罚款1.5倍 :cite[2]

2. **案例6：运输发票与业务不匹配案**
   - 用工情况：大量运输发票无对应物流记录
   - 问题暴露：GPS轨迹与开票时间不符
   - 处理结果：补税+罚款合计320万元 :cite[2]

---

## 第四章 资金往来环节三大稽查重点
### 一、2025年监管新动向
1. 关联方交易（年利率不得低于LPR1.3倍）
2. 农民工工资专户（支付指令需匹配考勤记录）
3. 现金交易（单项目年累计不得超过50万元）

### 二、典型案例
1. **案例7：个人账户大额收款未申报案**
   - 运作模式：通过法定代表人个人账户收款1.2亿元
   - 违规事实：未计入公司收入申报纳税
2. **案例8：关联企业无息借款案**
   - 项目特征：集团内部无息借款5亿元
   - 问题发现：未按独立交易原则计算利息
   - 处罚措施：核定利息收入补税1600万元 :cite[4]

---

## 第五章 发票管理环节两大高风险预警情形
### 一、虚开发票风险
1. **无真实业务背景的发票开具**
   - 资金回流必报警（单笔金额>50万元自动触发）
   - 进销项商品严重不匹配（如建筑企业大量开具咨询服务发票）

2. **发票开具不规范风险**
   - 备注栏缺失关键信息（项目地址、项目名称）
   - 税率适用错误（如建筑服务9%错开为6%）

### 二、真实案例分析
1. **案例9：济南虚开增值税专用发票案**
   - 违法事实：团伙控制空壳企业虚开发票4175份
   - 稽查手段：资金流水追踪发现回流证据
   - 处罚结果：移送司法机关追究刑事责任 :cite[1]

2. **案例10：四流不一致被稽查案**
   - 项目特征：合同、发票、资金、物流信息不一致
   - 问题发现：物流GPS轨迹与开票地址不符
   - 处理结果：进项税转出920万元 :cite[4]

## 第六章 人员薪酬与社保缴纳环节两大防控风险点
### 一、社保缴纳基数不实风险
1. **按最低基数申报**（与个税申报工资差异>30%）
2. **工资拆分申报**（基本工资+补贴分开发放）
```

```
### 二、劳务用工税务问题
1. **临时工未申报个税**（单月支付超5000元）
2. **劳务分包给无资质个人**（无法取得合规发票）

### 三、真实案例解析
1. **案例11：社保基数与个税差异案**
   - 企业规模：制造业企业员工200人
   - 违规事实：社保按最低基数缴纳，个税申报平均工资高42%
   - 稽查结果：补缴社保费及滞纳金580万元:cite[4]

2. **案例12：劳务报酬未代扣个税案**
   - 项目背景：临时用工支出860万元
   - 问题发现：未按规定代扣代缴个税
   - 处罚措施：补税+罚款合计210万元:cite[4]

---

## 第七章 企业税务风控体系升级方案
### 一、2025年必备防控措施
1. **智能监控系统建设**
   - 对接金税四期接口（需通过国家税务总局认证）
   - 设置三级预警机制（黄/橙/红）

2. **业务流程再造**
   - 材料采购：实行"四流合一"线上审批
   - 劳务分包：建立"资质审查-人脸考勤-专户发放"闭环

2. **业务流程再造**
   - 材料采购：实行"四流合一"线上审批
   - 劳务分包：建立"资质审查-人脸考勤-专户发放"闭环

3. **文档管理规范**
   - 电子档案保存期限延长至10年
   - 项目成本台账需包含GPS定位照片

### 二、实施路径建议
```mermaid
graph TD
    A[现状诊断] --> B[系统改造]
    B --> C[流程再造]
    C --> D[人员培训]
    D --> E[试运行]
    E --> F[持续优化]
## 结束页
**感谢参与本次培训！**
**后续支持：**
- 税务咨询热线：400-XXX-XXXX（24小时）
- 风险自查工具：扫描二维码下载《建筑业税务健康度自评表》
- 培训资料领取：企业微信-文档中心-2025税务专项
```

注:

1. 案例数据均来自国家税务总局及各地税务机关公开案例
2. 配套提供《建筑业高风险发票清单》《社保合规操作指引》作为附件
3. 重点风险指标建议用"红黄绿"三色标注警示等级
4. 会后将组织签订《项目税务合规承诺书》

图 5–12　DeepSeek 生成的最终版 Markdown 格式的 PPT 大纲
```

任务二

应用 Kimi 辅助实现从 Markdown 格式到 PPT 的智能转化。

步骤一： 打开 Kimi 智能助手，点击 Kimi 页面左侧业务栏的 “Kimi+”（如图 5–13 所示），选择 “PPT 助手”（如图 5–14 所示），将任务一中 DeepSeek 生成的最终版 Markdown 格式的 PPT 大纲粘贴在对话框中，并点击发送（如图 5–15 所示）。

图 5–13 “Kimi+” 页面

图 5–14 点击 “Kimi+” 中的 “PPT 助手”

图 5–15　在对话框中粘贴 Markdown 格式的 PPT 大纲

步骤一结果： Kimi 根据输入的大纲，抓取网页上的有关信息，自动整合并生成 PPT 的完整内容（如图 5–16 所示）。生成内容丰满，条理清晰，分为不同的小标题和内容要点，为下一步生成 PPT 做了充足的准备工作。

图 5–16　Kimi 输出的完整 PPT 内容

步骤二： 点击对话框下方的“一键生成 PPT”按钮（如图 5–16 所示），出现多个模板样式（如图 5–17 所示），其中包含各种常见场景，如总结汇报、教育培训、党政宣传、企业介绍等，也包含各种设计风格，如简约、商务、政务、复古等，还将主题颜色进行了分类，如黄色、红色、绿色、蓝色等。使用者可根据需求选择合适的模板。

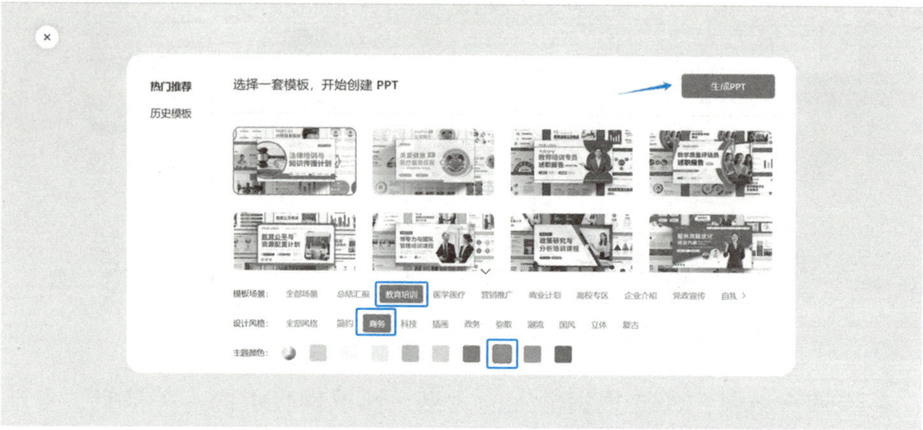

图 5–17　Kimi+ 的 PPT 模板选择

由于我们的主题是“建筑”和“税务”，整体风格偏商务，且场景为内部培训，视觉效果应明亮、整洁，故选择的模板场景为“教育培训”，设计风格为“商务”，主题颜色选择蓝色。确定模板后点击右上方的“生成 PPT”（如图 5–17 所示），Kimi 会弹出系统运行界面，开始自动制作 PPT。

步骤二结果：系统自动运行几十秒后，按照内容大纲和已选择的模板生成一个完整的 PPT，如图 5–18 所示。右侧呈现整个 PPT 的预览效果图，下方有“去编辑”和“下载”选项，可以选择在线编辑或者下载之后再进行人工调整。这里为了方便调整，我们选择下载到本地的方式，对 PPT 内容进行进一步调整。由于 AI 大模型给出的模板多为一般通用型，并未生成符合我们的主题“建筑行业”“金税四期”的相关风格的插图，所以需要人工修改 PPT 的细节。

步骤三：由于 Kimi 无法生成图片，我们借助豆包进行主题图片的生成工作。可以直接在对话框中输入生成图片的需求，也可以点击对话框下方的“图像生成”按钮（如图 5–19 所示）。进入“图像生成”界面后，对话框下方有“参考图”“比例”“风格”三个提示（如图 5–20 所示），可以协助我们发出进一步的指令，生成更贴切的主题图片。

图 5–18　生成 PPT 的界面

图 5–19　豆包界面

根据我们的需求，在豆包对话框中分别输入指令：*“请帮我生成一些与建筑行业相关的图片”“请帮我生成一些关于金税四期的图片”“请生成有关税务的 PPT 插图”*（如图 5–21 所示）。然后，将豆包生成的图片下载保存，插入步骤二生成的 PPT 中，或者替换原有插图，使得 PPT 中的图片和内容相匹配。

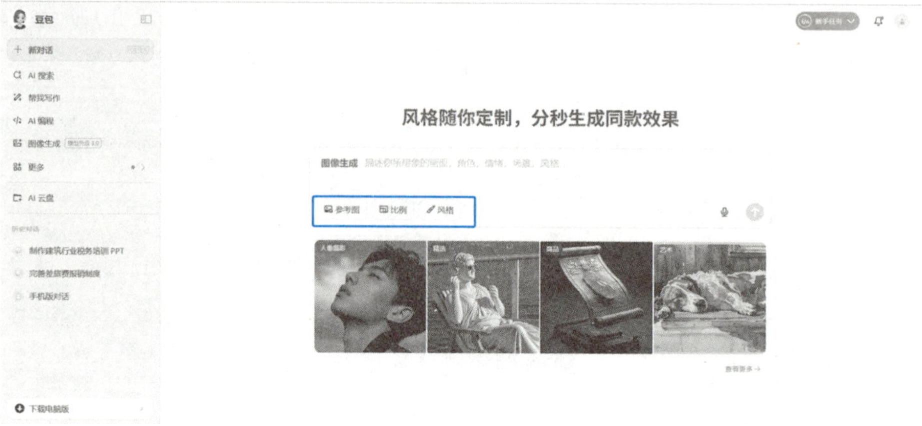

图 5–20　豆包“图像生成”界面

（a）建筑行业相关图片

（b）“金税四期”相关图片

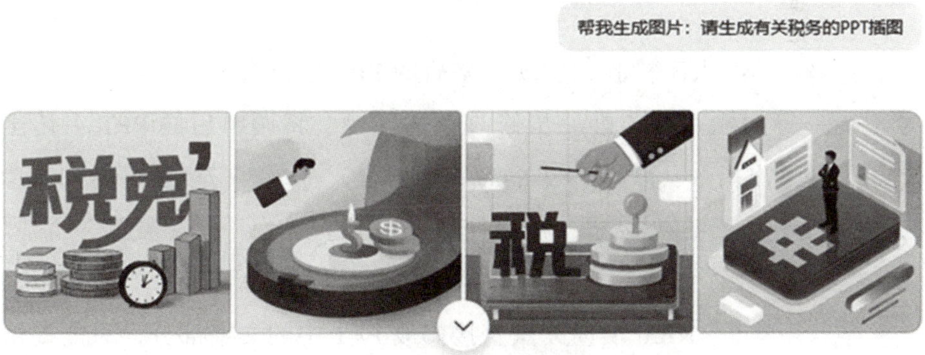

（c）“税务”相关图片

图 5–21　向豆包发出图片生成的指令

步骤三结果：用豆包生成的图片替换 PPT 中原来不相关的图片，使图文相符。替换后，PPT 整体视觉呈现效果显著提升，主题的表达更为直观、鲜明（如图 5–22 所示）。

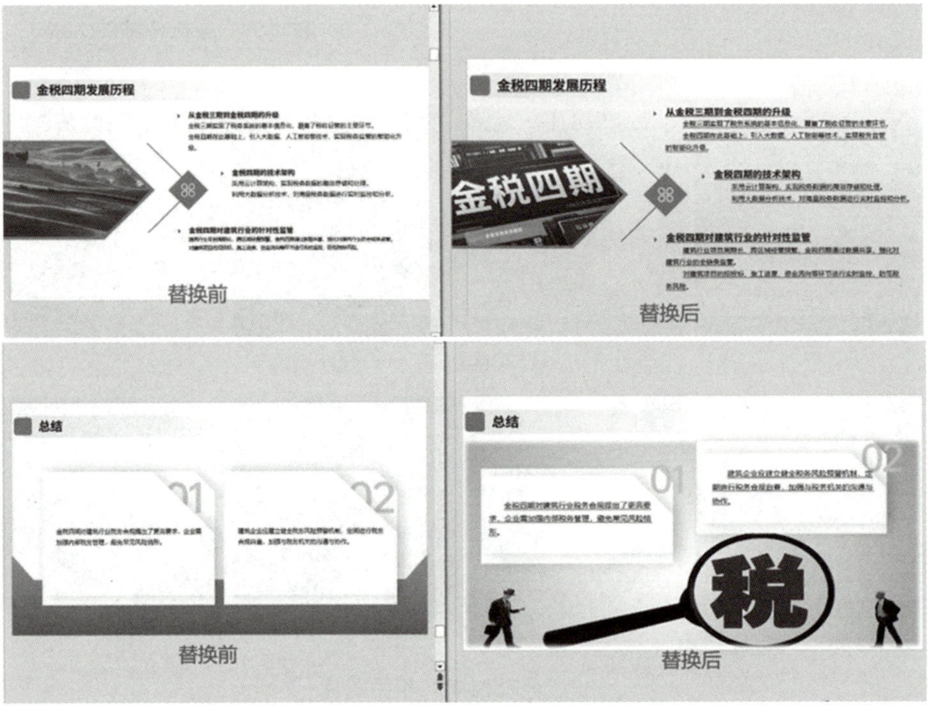

图 5–22 PPT 插图替换前后对比图

步骤四： 经人工检验，发现调整后的 PPT 中仍有文字错位、字体字号不统一等问题。为了进一步修改上述问题，将调整后的 PPT 上传至 Kimi，并发出指令：*修改 PPT 中的文字部分，将每页的标题更换字体为“微软雅黑”，字号为 28 号，将内容部分更改字体为“微软雅黑”，字号为 14 号。*

步骤四结果： Kimi 反馈无法直接修改 PPT 中的文字部分，只能提供人工修改的操作步骤（如图 5–23 所示）。至此，使用 DeepSeek 和 Kimi 辅助制作完整 PPT 的流程已结束，要想形成最终版 PPT，还需要人工调整，确认内容、格式无误等。

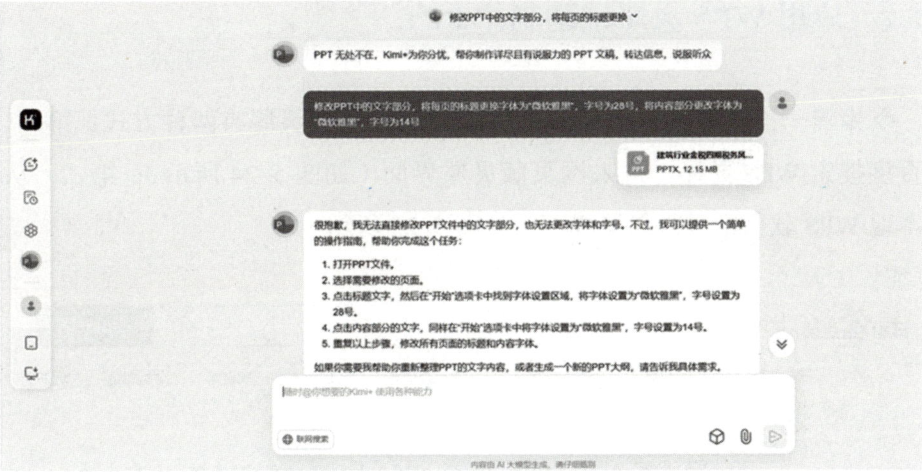

图 5–23　Kimi 提供的操作步骤

作者点评

本节细致展示了 DeepSeek 与 Kimi 协同工作的全过程，体现出 AI 在辅助财务人员制作 PPT 中的实际应用价值。DeepSeek 在内容生成上具有逻辑清晰、结构完整的优点，经过多轮调整后能实现内容的深化与案例真实性的提升。Kimi 在 PPT 格式转化和模板匹配方面表现出色，极大地节省了人工排版时间，尤其在分步操作中体现出 AI 工具的学习性与适应性。

但 AI 工具也存在部分问题，如早期生成内容存在案例不真实、题目结构不统一和内容折叠等问题，说明在 AI 使用过程中仍需人机协同优化。Kimi 虽然具备模板生成能力，但无法处理字体样式调整、图片不符合主题等细节问题，仍需人工介入。

整体来看，DeepSeek 在内容构思、语义表达方面占优，Kimi 在视觉呈现与自动化处理方面占优。建议财务人员在制作 PPT 时综合发挥两者所长，以提高质量和效率。

5.2 应用 WPS 灵犀辅助制作 PPT

步骤一：使用 WPS 中的灵犀生成 PPT。打开灵犀有两种方式：第一，百度搜索 WPS 灵犀，进入网页版灵犀界面（如图 5–24 所示）；第二，从本地 WPS 软件中进入灵犀界面（如图 5–25 所示）。

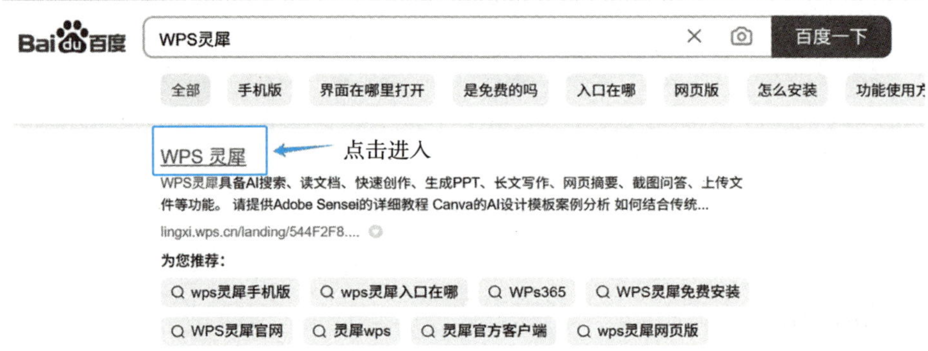

图 5–24　百度搜索打开灵犀

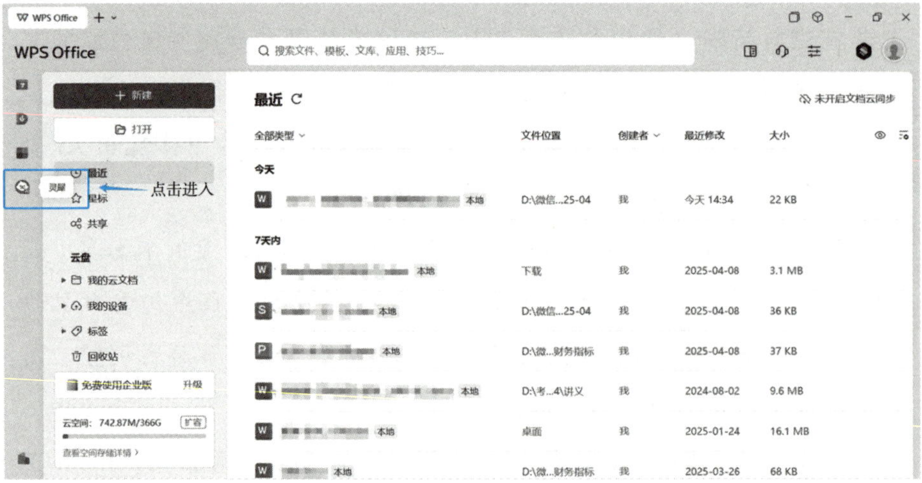

图 5–25　从本地 WPS 打开灵犀

进入灵犀界面后，在对话框中输入指令：*我是一家基建集团的二级分公司财务主管，分公司总经理让我后天给全分公司及其下属三级单位和项*

目部的财务人员进行内训，主题为“建筑行业金税四期税务风险预警的几种情形”，我需要制作一份培训用 PPT 文档。请按照主题内容，帮我生成一份 PPT 大纲，要求：包括封面、目录和至少 4 个核心章节，每个核心章节内部至少包含 2 个案例，语言简洁专业，避免口语化。

点击对话框上方的“长文写作”按钮，即可生成 PPT 大纲，如图 5–26 所示。

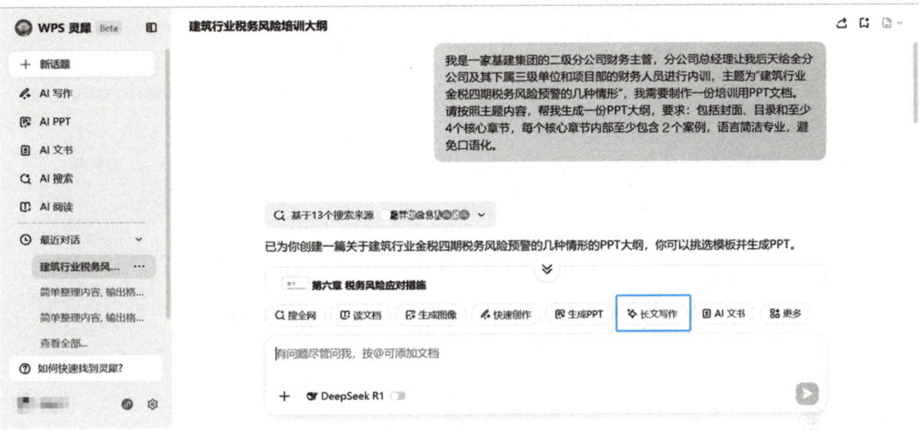

图 5–26　在灵犀对话框输入指令

步骤一结果：灵犀根据要求生成了一版 PPT 大纲，按照每一页内容生成，包含封面、目录、六章内容和结束页，每章内容均包含案例的写作思路，但无标题内容的相关概述性语句，且案例较笼统和简单，非真实案例（如图 5–27 所示）。

步骤二：在步骤一结果的基础上，继续向灵犀提出细化指令：*在上述基础上，每章内容增加细节描述和概述性的语句表达，且通过联网搜索，将所有案例都替换为真实案例，再重新输出。*

步骤二结果：灵犀重新生成了一版 PPT 大纲，进行了内容填充，每个案例均有联网来源标识（如图 5–28 所示），但主要填充了案例内容，并没有对其他内容进行填充和描述，还需要进一步调整。

图 5–27　灵犀初步生成的 PPT 大纲

图 5–28　灵犀按照要求填充了案例内容并带有联网来源标识

步骤三： 如图 5–27 和图 5–28 所示，灵犀在对话框中嵌入了“DeepSeek R1”模型。为了使 PPT 内容更加完善和丰富，我们开启“DeepSeek R1”模型，再次向灵犀发出指令：*请继续填充上述 PPT 内容，将每章标题下每个二级标题增加一段概述段落，用以描述此种风险预警，然后再进行真实案例的举例。* 如图 5–29 所示。

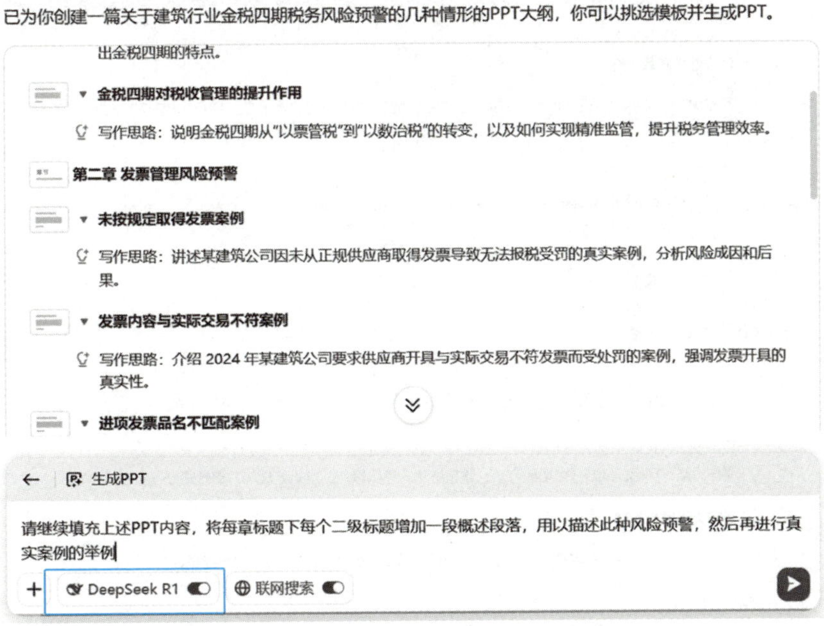

图 5–29　在灵犀中开启 DeepSeek R1

步骤三结果： 灵犀运用 DeepSeek R1 模型进行了深度思考，重新生成了一版 PPT 大纲。对每章标题内容作了轻微调整，但主题不变，还对案例进行了更新，但仍然没有增加内容的概述段落，如图 5–30 所示。

步骤四： 为了使得大纲内容更加充实，我们先针对灵犀中现有的 PPT 大纲点击“挑选 PPT 模板”（如图 5–31 所示），跳转至灵犀 PPT 模板选择页面（如图 5–32 所示），页面右侧为 PPT 模板预览，左侧为 PPT 模板选择板块。根据主题需要，选择“商务风”和“蓝色”，再在下方选择一个合适的模板，最后点击“生成 PPT”。

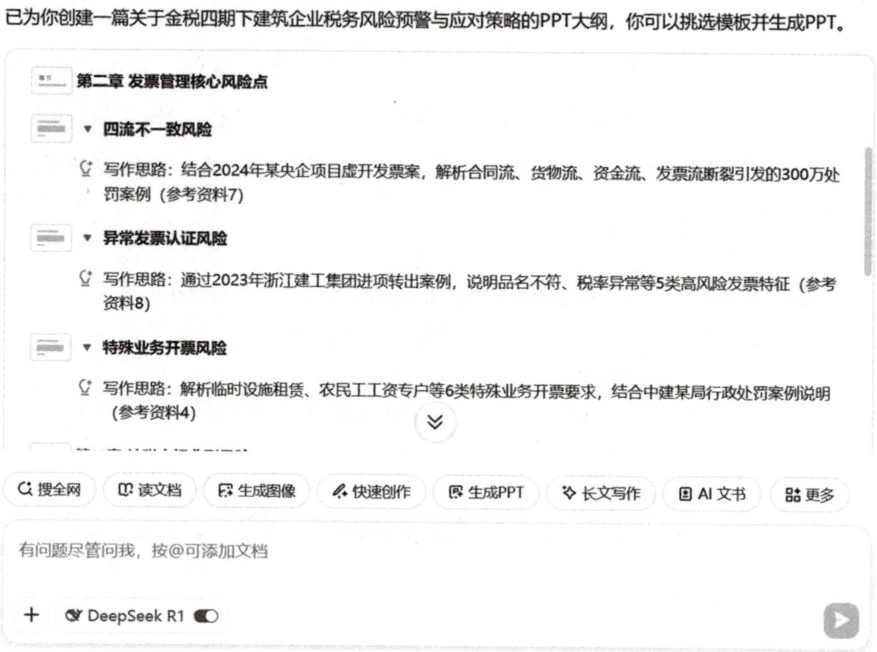

图 5–30　灵犀开启 DeepSeek R1 进行调整后的结果（部分）

图 5–31　挑选 PPT 模板

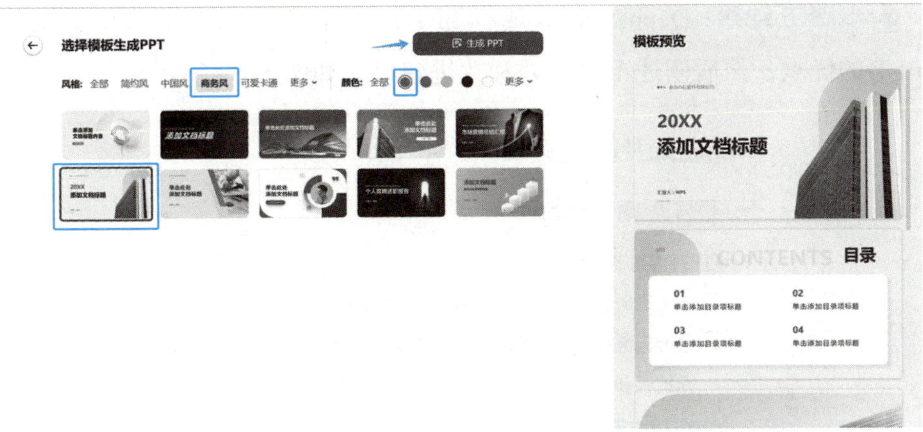

图 5–32　PPT 模板选择页面

步骤四结果：按照选择生成了完整 PPT，如图 5–33 所示。

图 5–33　PPT 生成页面

步骤五：完整 PPT 生成后，点击图 5-33 中右上角的“下载”，将 PPT 保存到本地，然后将其作为附件上传至 DeepSeek，并发出指令：*请阅读上述 PPT，我需要用它为全公司财务人员进行内部培训，请指出不足之处，并提出补充建议，使得这个 PPT 内容更加完整、专业和充实，注意如果添加案例，请联网使用真实存在的案例。*

步骤五结果：DeepSeek 对现有 PPT 进行了评价。首先列举了现有 PPT 的优点，然后阐述不足之处和改进建议，如图 5–34 所示。

不足之处及改进建议

一、整体框架补充建议

1. **增加开篇章节**：
    - 当前形势分析：补充2024年最新税收征管趋势数据
    - 培训目标说明：明确本次培训希望财务人员掌握的核心能力
    - 建筑行业税收概况：行业税负率、常见问题统计等基准数据
2. **增加结尾章节**：
    - 关键要点总结
    - 行动指南：培训后财务部门应立即开展的3-5项工作
    - Q&A环节设计

二、各章节具体补充建议

第一章 金税四期监管体系解析

- 补充"五流合一"的图示说明(建议用流程图展示五流关系)
- 增加2024年金税四期最新升级功能(如全电发票全面推广情况)

图 5–34　DeepSeek 对现有 PPT 的评价（部分）

经人工审阅，DeepSeek 提出的改进建议较为合理，还增加了对培训环节的建议等内容。通过人工甄别剔除不符合企业实际的建议，其他建议均可以作为修改意见以完善 PPT。

步骤六：我们将人工甄别之后的建议粘贴至灵犀对话框中，并向灵犀发出指令：*请根据下述建议在上述 PPT 基础上，重新生成 PPT。*

步骤六结果：灵犀根据指令重新生成了 PPT 大纲。大纲内容从原来的六章增加至八章，添加了“第一章 开篇：建筑企业税务形势与培训目标”和“第八章 结尾：关键要点与行动指南”，并对各章节内容进行了补充和填充。

步骤七：重复步骤四中的模板操作。

步骤七结果：生成了最新版 PPT，如图 5–35 所示。可以应用灵犀对现有 PPT 进行在线编辑和调整，也可以下载到本地后对 PPT 进行进一步调整。

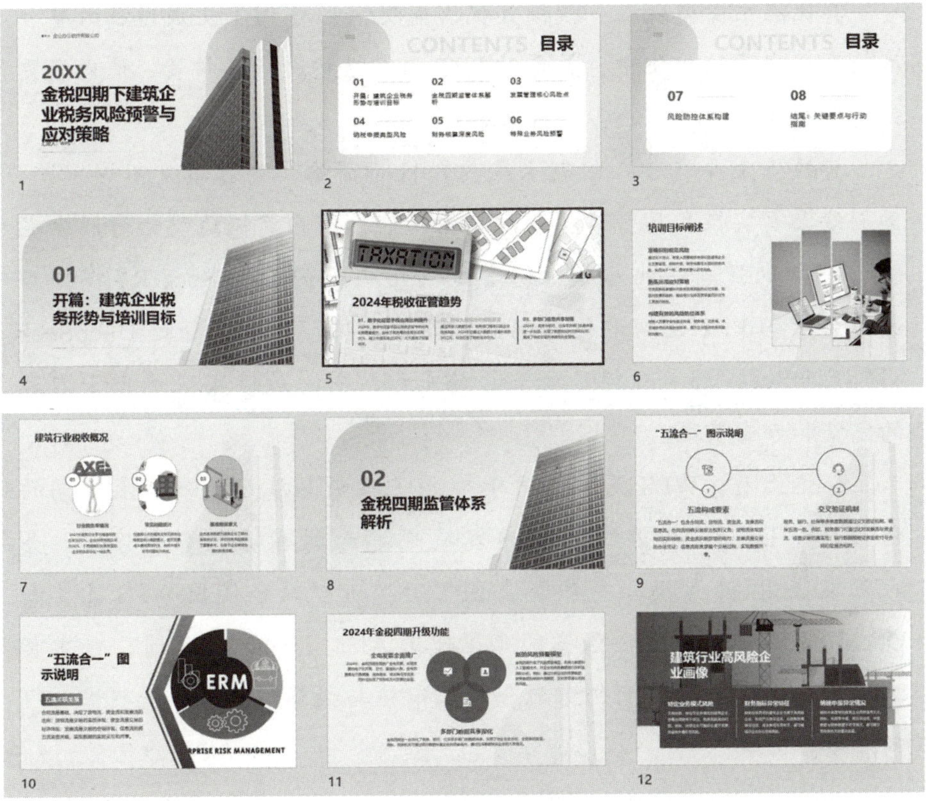

图 5–35　灵犀生成的最新版 PPT（部分）

经人工审阅，灵犀生成的最新版 PPT 中不存在字体错位、段落不齐等现象，字体和格式较为规范，同时 PPT 插图同 PPT 的内容主题较为契合，无须通过其他方式重新调整插图，可直接使用，整体效果较好。但和 Kimi 一样，灵犀无法在自动生成 PPT 时对 PPT 的字号、字体进行调整，只能人工调整。

作者点评

WPS 灵犀作为一款集成式 AI 工具，操作便捷、模板丰富，适合财务人员日常使用。

其优点主要体现在：模板直观、美观，且与 PPT 生成过程的整合度较高；在多轮优化中，灵犀对 PPT 内容结构进行了扩展，使内容更完整，符合内部培训的实际需求。

其缺点主要在于：初期生成内容较为简略，内容填充不够完整，案例缺乏真实性。尽管具备联网搜索功能，但内容概述类语句的生成能力有待加强。在此基础上，尝试利用内嵌的 DeepSeek R1 模型对灵犀生成的 PPT 大纲进行补充，但效果甚微。后续又通过 DeepSeek（即 DeepSeek V3）进行了大量的补充和调整，最终实现了 PPT 内容的完整和专业展现。

整体上看，WPS 灵犀适用于对 PPT 模板与展示效果要求较高的场景，而 DeepSeek 在文字性内容填充方面具有较大的优势。财务人员在使用 AI 大模型制作专业 PPT 时，可以结合使用 WPS 灵犀和 DeepSeek。但依然需要注意的是，使用 AI 工具制作 PPT 时，在内容深度与案例真实性方面仍需配合人工审核与细节调整，才能确保 PPT 的质量。

5.3 本章总结

本章围绕“如何高效制作一套财务工作相关的完整 PPT”展开，详细对比分析了 DeepSeek、Kimi 与 WPS 灵犀在辅助财务人员制作 PPT 中的不同角色与功能。通过模拟真实任务场景，验证了 AI 工具在大纲构建、案例整合、排版优化及模板匹配等多个环节的有效性与差异性。

DeepSeek 具备较强的内容生成与结构组织能力，Kimi 在格式美化与自动生成方面具有明显优势，WPS 灵犀则在模板选择与一体化生成上更为便捷，三者各有优势，协同使用才能最大化 AI 辅助财务工作的价值。

从实操视角来看，财务人员借助 AI 工具制作 PPT 不仅可以减轻工作负担。还能在标准化表达、内容逻辑优化和视觉呈现方面实现质的提升。

但我们也要清晰地认识到，AI 的生成结果并非完美，仍需人工审核、调整，特别是对于内容真实性、逻辑严谨性和展示细节的把控。因此，人机协同是当前 PPT 智能化制作的最优解，也是未来财务职能高效转型的关键。

实用技巧

- 在制作 PPT 时，要想利用 AI 工具精准地生成想要的内容，需要在内容生成指令中明确包括格式、章数、案例要求等细节，这有助于提升 AI 生成内容的质量与匹配度。
- 采用 Markdown 格式输出文本和大纲，有利于其他 AI 工具接收结构框架和内容，便于后续转化为 PPT 格式，降低重复排版的成本。
- 可通过对比多个 AI 模型（如 DeepSeek、豆包、Kimi）的生成结果，甄选有效内容并融合使用，提升整体生成质量。
- 在涉及案例展示时，建议使用具备联网功能的 AI 工具，并对其标注的出处进行验证，避免 AI 幻觉。
- AI 生成完整的 PPT 后，仍需人工审阅检查段落逻辑、格式与插图匹配度等细节，确保达到使用标准。

第 6 章

应用 DeepSeek 辅助标准化文本生成

随着信息技术的飞速发展，企业财务工作的自动化与智能化日新月异。目前，企业普遍配有较为成熟的财务软件系统，基础财务工作如日常记账、凭证生成、财务报表编制等已基本实现自动化处理。不过，在财务基础实操中，仍有大量耗时费力的任务尚未有效实现自动化，如多系统间的数据整合与传递、非结构化信息的识别与录入等。财务人员长期以来主要通过人工方式完成这类任务，不但工作重复烦琐，还容易出错。虽然一些企业已经尝试定制软件或者引入 RPA 财务机器人进行自动化，但仍存在处理成本高、灵活性差、智能化水平低等局限。

今天，利用 AI 的核心能力之一——自然语言生成（natural language generation，NLG），DeepSeek 能够在上述财务应用场景中提供实质性帮助。AI 在语义识别、信息提取、数据生成等方面的天然优势，使其在降低错误率、减轻财务人员工作负担方面成效显著，为提升财务工作的自动化和智能化水平提供了有力支撑。

小贴士

自然语言生成

自然语言生成是 AI 的核心能力之一。它使机器能够将结构化数据或抽象语义转化为人类可读的自然语言文本。自然语言生成和自然语言理解（natural language understanding，NLU）都是自然语言处理（NLP）的一部分。其中，自然语言理解负责"听懂人话"（输入理解），自然语言生成则负责"说人话"（输出生成）。自然语言生成的典型应用场景包括智能客服、商业报告生成（应用数据到文本生成（data-to-text generation）模型，将商业数据转化为分析报告）等。

基于此，本章重点介绍应用 DeepSeek 辅助标准化文本生成的方法。本章共分为四节：6.1 节介绍应用 DeepSeek 实现从 PDF 中提取重要信息，并按照规定格式或模板生成标准化文本；6.2 节展示应用 DeepSeek 实现从 Excel 文档中提取重要信息，并按照规定语句或模板生成标准化文本；6.3 节展示 DeepSeek 如何快速自动生成往来对账函；6.4 节为本章总结。

6.1　利用 PDF 生成标准化文本

任务场景描述

你是一家科创板新能源电池企业的财务人员。由于市场竞争激烈，行业更新迭代快，公司管理层要求财务部定期进行同行业企业财报分析，对比同行业其他科创板企业的公开财务数据和信息，并提交 Word 格式的同行业企业财报分析报告。

财务负责人最近将这个任务交给你，并给了你之前其他同事做的报告（Word 格式），里面有固定的分析框架，只需要定期更新同行业企业数据即可。开展这项工作后，你发现获取同行业其他企业财务数据的来源主要是证券交易所公开披露的上市公司年报、季报、业绩快报等文件。这些文件都是 PDF 格式，下载到本地之后，只能手动一个个选取需要的数据，复制到自己本地电脑的 Excel 文档中。然后还要进行如增长率和资产负债率等财务指标的计算，最后将同行业企业财报数据和你计算出来的财务数据等复制到同行业企业财报分析报告 Word 文档中。

这个工作没什么技术含量，但是费时耗力，人工操作还容易出错。如果能够借助 DeepSeek 等 AI 工具实现从 PDF 文档中快速提取信息，并根据企业要求生成标准化的内容，会大大提升你的工作效率。你决定试一试，先选取两个典型任务使用 DeepSeek 进行测试。

任务一

指定报表项目，从同行业企业财报中提取数据，并计算增长率。通过给 DeepSeek 提供去年的报告语句，让 DeepSeek 自己模拟复现，输出语句文本。

应用 DeepSeek 辅助高效完成利用 PDF 生成标准化文本任务，操作步骤如下：

步骤一：首先从上海证券交易所官网的“披露”模块选取一家同行业企业的年报作为目标 PDF（如图 6–1 所示），并下载到本地。将年报 PDF 作为附件上传至 DeepSeek。

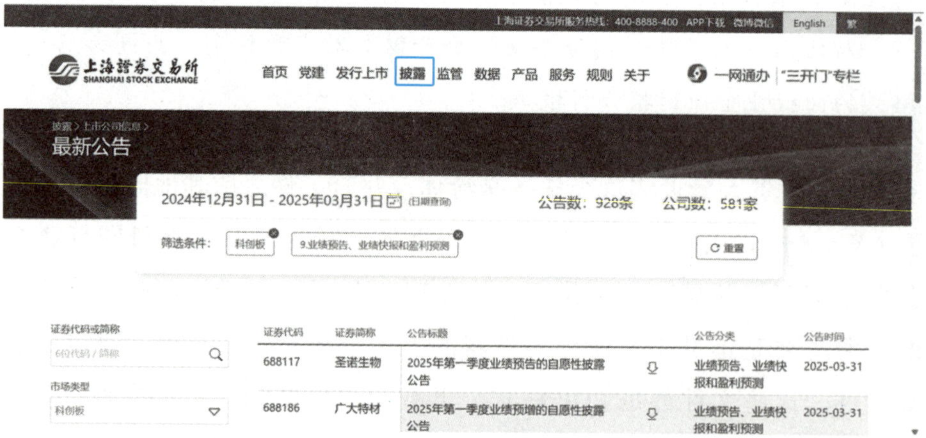

图 6–1　上海证券交易所官网年报下载页面

对 DeepSeek 发出指令：*请阅读上述 PDF，首先将文档第 120 页合并资产负债表中 2023 年 12 月 31 日和 2022 年 12 月 31 日的“货币资金”“应收账款”“存货”“无形资产”“应付账款”报表项目的金额提取出来。其次对这些报表项目进行描述性分析，并按照如下语句的格式进行展现：“货币资金 2023 年年末余额为人民币 1,491,130,655.84 元，年初余额为人民币 1,445,655,629.76 元，增加人民币 45,475,026.08 元，变动幅度为 3%。”*

步骤一结果： DeepSeek 显示直接上传完整版公司年报“可能违反使用规范”，无法直接发出指令，如图 6–2 所示。

图 6–2　上传完整版公司年报至 DeepSeek

步骤二： 在上述情况下，我们对完整的 PDF 年报进行截取，仅保留需要提取内容的 3 页再次上传至 DeepSeek，并对 DeepSeek 发出指令：*请阅读上述 PDF，首先将文档中合并资产负债表中 2023 年 12 月 31 日和 2022 年 12 月 31 日的“货币资金”“应收账款”“存货”“无形资产”“应付账款”报表项目的金额提取出来。其次对这些报表项目进行描述性分析，并按照如下语句的格式进行展现：“货币资金 2023 年年末余额为人*

民币 1,491,130,655.84 元，年初余额为人民币 1,445,655,629.76 元，增加人民币 45,475,026.08 元，变动幅度为 3%。”

步骤二结果：DeepSeek 首先按照指令，将 2023 年 12 月 31 日和 2022 年 12 月 31 日“货币资金”“应收账款”“存货”“无形资产”“应付账款”报表项目的金额提取了出来，然后按照规定的语句格式进行了报表项目的描述性分析，如图 6–3 所示。经过人工检验，结果无误。

提取的报表项目金额：

1. **货币资金**
   - 2023年12月31日：1,491,130,655.84元
   - 2022年12月31日：1,445,655,629.76元
2. **应收账款**
   - 2023年12月31日：705,187,726.27元
   - 2022年12月31日：687,775,118.71元
3. **存货**
   - 2023年12月31日：1,118,538,058.00元
   - 2022年12月31日：1,141,533,184.47元
4. **无形资产**
   - 2023年12月31日：132,771,318.31元
   - 2022年12月31日：96,216,640.49元
5. **应付账款**
   - 2023年12月31日：204,255,088.49元
   - 2022年12月31日：197,964,439.96元

描述性分析：

1. **货币资金**：2023年年末余额为人民币1,491,130,655.84元，年初余额为人民币1,445,655,629.76元，增加人民币45,475,026.08元，变动幅度为3%。
2. **应收账款**：2023年年末余额为人民币705,187,726.27元，年初余额为人民币687,775,118.71元，增加人民币17,412,607.56元，变动幅度为3%。
3. **存货**：2023年年末余额为人民币1,118,538,058.00元，年初余额为人民币1,141,533,184.47元，减少人民币22,995,126.47元，变动幅度为-2%。
4. **无形资产**：2023年年末余额为人民币132,771,318.31元，年初余额为人民币96,216,640.49元，增加人民币36,554,677.82元，变动幅度为38%。
5. **应付账款**：2023年年末余额为人民币204,255,088.49元，年初余额为人民币197,964,439.96元，增加人民币6,290,648.53元，变动幅度为3%。

图 6–3　提取报表项目金额并进行描述性分析

任务二

让 DeepSeek 自己挑选出待分析的同行业企业年报中年初、年末余额变动幅度超过 10% 的项目，按照任务一的语句格式进行描述。

步骤一： 对 DeepSeek 发出指令：*在上述规则基础上，请继续阅读 PDF，将资产负债表中，符合年末数同年初数的变动幅度超过 10% 的报表项目提取出来，并按照描述性分析语句进行展现。*

步骤一结果： DeepSeek 完成了任务，提取出了资产负债表中年初余额和年末余额变动幅度超过 10% 的报表项目，并按照描述性分析展现出来，如图 6–4 所示。经过人工检验，结果无误。

在上述规则基础上，请继续阅读PDF文档，将资产负债表中，符合年末数同年初数的变动幅度超过10%的报表项目提取出来，并按照描述性分析语句进行展现。

变动幅度超过10%的报表项目及分析：

1. **无形资产**：2023年年末余额为人民币132,771,318.31元，年初余额为人民币96,216,640.49元，增加人民币36,554,677.82元，变动幅度为**38%**。
2. **其他应收款**：2023年年末余额为人民币71,120,922.90元，年初余额为人民币42,358,923.75元，增加人民币28,761,999.15元，变动幅度为**68%**。
3. **其他非流动资产**：2023年年末余额为人民币22,841,476.22元，年初余额为人民币15,008,554.89元，增加人民币7,832,921.33元，变动幅度为**52%**。
4. **其他应付款**：2023年年末余额为人民币241,363,094.35元，年初余额为人民币52,085,680.63元，增加人民币189,277,413.72元，变动幅度为**363%**。
5. **预计负债**：2023年年末余额为人民币48,677,391.09元，年初余额为人民币29,360,558.28元，增加人民币29,316,832.81元，变动幅度为**100%**。

图 6–4　DeepSeek 提取出变动幅度超过 10% 的报表项目

步骤二： 将 DeepSeek 生成的结果复制粘贴到本地 Word 文档中，但发现直接复制粘贴，格式非常凌乱，还需要人工调整。为了避免手动调整，继续使用 DeepSeek 调整已生成结果的格式。

对 DeepSeek 发出指令：*请将上述结果内容按照宋体、5 号字、行间距 1.5 倍、“报表项目”名称加粗体调整，形成一个 html 格式文档。*

步骤二结果：DeepSeek 按照提出的格式要求，生成了 html 代码（如图 6–5 所示）。点击右下角“运行 HTML”（如图 6–6 所示），弹出 html 运行窗口，展示了调整之后的内容（如图 6–7 所示）。直接复制窗口中的内容，在 Word 文档中保留源格式粘贴（如图 6–8 所示），就可完整使用。

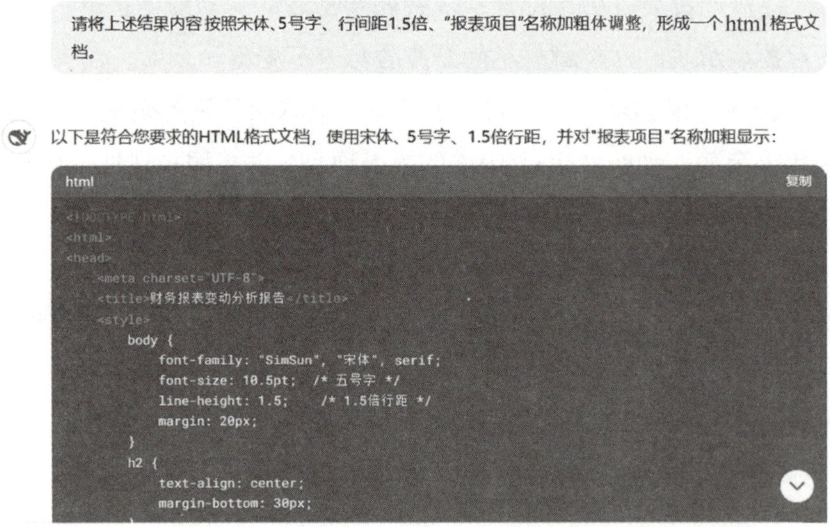

请将上述结果内容按照宋体、5号字、行间距1.5倍、“报表项目”名称加粗体调整，形成一个html格式文档。

以下是符合您要求的HTML格式文档，使用宋体、5号字、1.5倍行距，并对"报表项目"名称加粗显示：

html 复制

```html
<!DOCTYPE html>
<html>
<head>
    <meta charset="UTF-8">
    <title>财务报表变动分析报告</title>
    <style>
        body {
            font-family: "SimSun", "宋体", serif;
            font-size: 10.5pt;  /* 五号字 */
            line-height: 1.5;    /* 1.5倍行距 */
            margin: 20px;
        }
        h2 {
            text-align: center;
            margin-bottom: 30px;
```

图 6–5 DeepSeek 生成的 html 代码（部分）

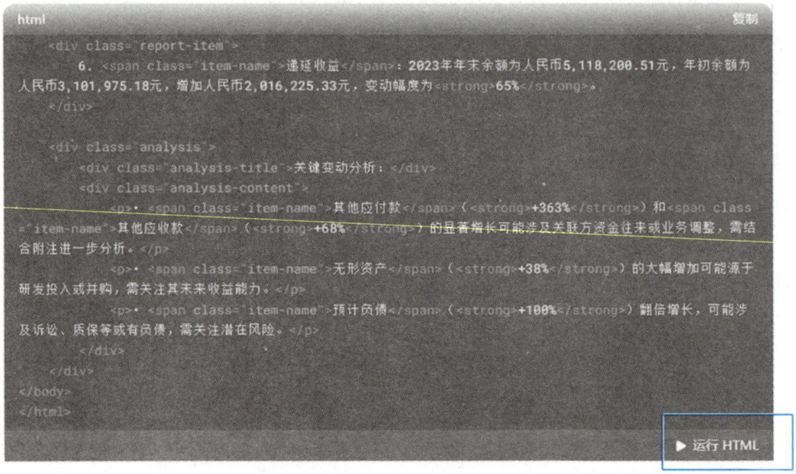

html 复制

```html
    <div class="report-item">
        6. <span class="item-name">递延收益</span>：2023年年末余额为人民币5,118,200.51元，年初余额为人民币3,101,975.18元，增加人民币2,016,225.33元，变动幅度为<strong>65%</strong>。
    </div>

    <div class="analysis">
        <div class="analysis-title">关键变动分析：</div>
        <div class="analysis-content">
            <p>• <span class="item-name">其他应付款</span>（<strong>+363%</strong>）和<span class="item-name">其他应收款</span>（<strong>+68%</strong>）的显著增长可能涉及关联方资金往来或业务调整，需结合附注进一步分析。</p>
            <p>• <span class="item-name">无形资产</span>（<strong>+38%</strong>）的大幅增加可能源于研发投入或并购，需关注其未来收益能力。</p>
            <p>• <span class="item-name">预计负债</span>（<strong>+100%</strong>）翻倍增长，可能涉及诉讼、质保等或有负债，需关注潜在风险。</p>
        </div>
    </div>
</body>
</html>
```

▶ 运行 HTML

图 6–6 点击“运行 HTML”

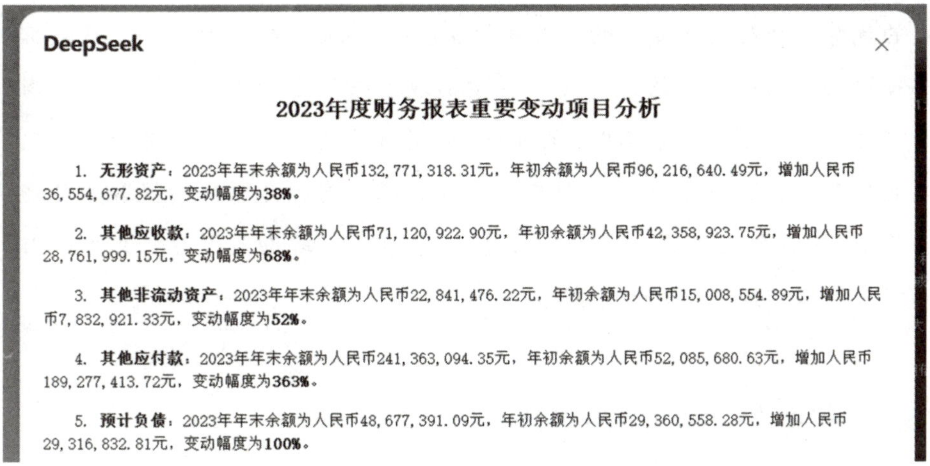
DeepSeek

2023年度财务报表重要变动项目分析

1. **无形资产**：2023年年末余额为人民币132,771,318.31元，年初余额为人民币96,216,640.49元，增加人民币36,554,677.82元，变动幅度为**38%**。

2. **其他应收款**：2023年年末余额为人民币71,120,922.90元，年初余额为人民币42,358,923.75元，增加人民币28,761,999.15元，变动幅度为**68%**。

3. **其他非流动资产**：2023年年末余额为人民币22,841,476.22元，年初余额为人民币15,008,554.89元，增加人民币7,832,921.33元，变动幅度为**52%**。

4. **其他应付款**：2023年年末余额为人民币241,363,094.35元，年初余额为人民币52,085,680.63元，增加人民币189,277,413.72元，变动幅度为**363%**。

5. **预计负债**：2023年年末余额为人民币48,677,391.09元，年初余额为人民币29,360,558.28元，增加人民币29,316,832.81元，变动幅度为**100%**。

图 6–7　html 运行结果（部分）

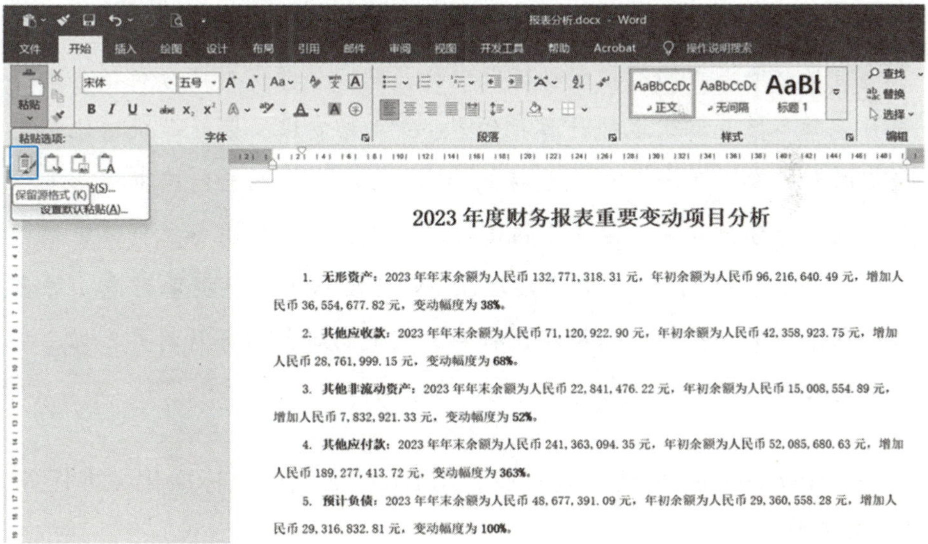

2023 年度财务报表重要变动项目分析

1. **无形资产**：2023 年年末余额为人民币 132,771,318.31 元，年初余额为人民币 96,216,640.49 元，增加人民币 36,554,677.82 元，变动幅度为 **38%**。

2. **其他应收款**：2023 年年末余额为人民币 71,120,922.90 元，年初余额为人民币 42,358,923.75 元，增加人民币 28,761,999.15 元，变动幅度为 **68%**。

3. **其他非流动资产**：2023 年年末余额为人民币 22,841,476.22 元，年初余额为人民币 15,008,554.89 元，增加人民币 7,832,921.33 元，变动幅度为 **52%**。

4. **其他应付款**：2023 年年末余额为人民币 241,363,094.35 元，年初余额为人民币 52,085,680.63 元，增加人民币 189,277,413.72 元，变动幅度为 **363%**。

5. **预计负债**：2023 年年末余额为人民币 48,677,391.09 元，年初余额为人民币 29,360,558.28 元，增加人民币 29,316,832.81 元，变动幅度为 **100%**。

图 6–8　将步骤四结果保留源格式粘贴到 Word 文档

作者点评

在这个案例中，财务人员利用 DeepSeek 进行 PDF 数据的结构化提取与分析，充分体现了 AI 工具在信息提取、处理和文本生成方面的优势。面对内容复杂的企业年报，DeepSeek 根据引导指令，从数据提取、变动分析到格式美化，逐步实现了高效自动化处理，显著节省了时间。尤其在任务二中，DeepSeek 对资产负债表变动幅度超过 10% 的报表项目进行了自动识别与描述性分析，这种定制化的提取充分展现了 AI 的智能属性，为财务人员应用 AI 工具辅助生成分析文本的人机协同工作提供了巨大的想象空间。

6.2 利用 Excel 文档生成标准化文本

任务场景描述

你是一家中小型制造业企业的财务经理。公司领导要求财务部每月末对当月财务报表的两期变动情况进行总结，并提交对比分析报告。公司月度财务报表都用本地计算机的 Excel 文档完成，因此每次对比两期数据时都需要人工摘取两期数据到 Word 文档中，然后对两期变动数据和情况进行分析描述。分析汇报工作很重要，而数据准备工作又很机械费时。如果能够利用 AI 工具实现从 Excel 文档中快速提取信息，并根据要求生成标准化的内容展现，将会大大提高财务部每月财务数据分析工作的效率。

应用 DeepSeek 辅助高效完成利用 Excel 文档生成标准化文本任务，操作步骤如下：

步骤一：将“2025 年 3 月财务报表 .xlsx”作为附件上传至 DeepSeek 中，并对 DeepSeek 发出指令：*请阅读上述 Excel 文档，首先将资产负债表 sheet 页中所有会计科目的期末余额和期初余额提取出来。其次对这些科目进行描述性分析，并按照如下语句的格式进行展现：“货币资金：期末余额为人民币 44 万元，期初余额为人民币 25 万元，增加人民币 19 万*

元，变动幅度为 76%。”

步骤一结果： DeepSeek 将资产负债表中所有科目的期末余额和期初余额都提取了出来，并按照规定的语句格式进行了报表项目的描述性分析（如图 6–9（a）所示）；此外，DeepSeek 还指出了变动幅度较大的一些科目，作为补充说明和提示（如图 6–9（b）所示）。经过人工检验，结果无误。

提取的会计科目及其余额：

1. **货币资金**：期末余额44万元，期初余额25万元
2. **交易性金融资产**：期末余额0万元，期初余额0万元
3. **应收票据**：期末余额20万元，期初余额23万元
4. **应收账款**：期末余额398万元，期初余额199万元
5. **预付款项**：期末余额22万元，期初余额4万元
6. **其他应收款**：期末余额12万元，期初余额22万元
7. **存货**：期末余额119万元，期初余额326万元
8. **一年内到期的非流动资产**：期末余额77万元，期初余额11万元

（a）

总结：

1. **显著增长的科目**：
   - 应收账款（+100%）、预付款项（+450%）、一年内到期的非流动资产（+600%）、其他流动负债（+960%）、长期借款（+84%）。
   - 可能反映业务扩张、采购预付增加或融资策略调整。
2. **显著减少的科目**：
   - 存货（-63%）、长期待摊费用（-67%）、其他非流动负债（-100%）。
   - 可能因库存清理、费用摊销完成或负债偿还。
3. **股东权益变动**：
   - 盈余公积大幅增长（+50%），未分配利润稳步增加（+8%），显示盈利积累能力增强。

(注：变动幅度计算基于"（期末-期初）/期初×100%"，期初为0时未计算幅度。)

（b）

图 6–9　DeepSeek 提取出资产负债表中所有科目的期末余额和期初余额

步骤二： 虽然 DeepSeek 自动总结出了变动的报表项目，但筛选标准不符合公司要求。根据公司管理层要求，要将当月同上月变动幅度超过 50% 的报表项目筛选出来，做进一步分析。

由此，对 DeepSeek 发出指令：*在上述基础上，请将报表项目变动幅度超过 50% 的筛选出来，并根据已有资产负债表信息，对这些变动幅度较大的项目做简单的变动分析描述。*

步骤二结果：DeepSeek 列出了变动幅度超过 50% 的报表项目信息，经过人工检验，结果无误。同时，DeepSeek 还根据上传 Excel 文档中的资产负债表信息，对变动情况做了简单的分析，具有一定的参考性，如图 6–10 所示。对于 DeepSeek 生成的上述分析，可以直接复制粘贴到本地 Word 文档中使用。

变动幅度超过50%的报表项目及分析：

资产类科目：

1. **应收账款**
   - **变动**：期末余额398万元，期初余额199万元，增加199万元，变动幅度100%。
   - **分析**：应收账款大幅增加，可能是公司放宽信用政策以促进销售，或存在收入确认提前但款项未及时收回的情况。需关注回款能力，避免坏账风险。
2. **预付款项**
   - **变动**：期末余额22万元，期初余额4万元，增加18万元，变动幅度450%。
   - **分析**：预付款项激增，可能是为锁定原材料采购或服务提前支付款项，需结合业务背景判断是否合理（如供应链紧张需预付）。

图 6–10　DeepSeek 筛选出变动幅度超过 50% 的报表项目

作者点评

本节选取的案例场景贴近多数中小型企业的财务基础实操流程。Excel 文档是最常见的财务数据载体之一，而很多企业管理层仍然要求使用 Word 文档进行报告分析。这样，把 Excel 文档中的数据人工复制粘贴到 Word 文档中并做分析，就一直是效率痛点。使用 DeepSeek 读取 Excel 文档并自动生成分析文本，特别是精准满足企业分析需求，能够大大减轻财务人员的工作负担。AI 工具识别数据变动背后逻辑的能力令人惊喜，财务人员应该尽早了解、多多运用这样的“智能助手”。

6.3 自动生成往来对账函

任务场景描述

你是一家信息技术企业的财务人员。根据公司规定，每年末都需要同外部往来方进行对账确认。外部往来方较多，每次都需要人工整理财务软件中的客户余额表，并制作大量对账函（Word 文档）。每个对账函文档中的数据都需要一个个手动摘录，将 Excel 文档中整理好的客户期末余额信息中的应收账款、预付账款、应付账款、预收账款期末余额填列到每个客户的对账函 Word 文档中。这项工作重复且工作量较大，人工出错率高。如果能够应用 AI 准确和快速地提取 Excel 表格中的信息，并填入对应的往来对账函 Word 文档中，保证信息填列的准确度和效率，就能减轻财务人员的工作负担。

应用 DeepSeek 辅助高效完成自动生成往来对账函任务，操作步骤如下：

步骤一： 将已整理好的 Excel 文档“客户对账信息 .xlsx”（如图 6–11 所示）和一份制作好的 Word 文档“往来对账函 .docx”（如图 6–12 所示）作为附件上传至 DeepSeek。我们需要将“客户对账信息 .xlsx”中的第一家客户信息自动填充到“往来对账函 .docx”中。

	A	B	C	D	E
1	客户名称	应收款项金额	预付款项金额	应付款项金额	预收款项金额
2	北京太阳股份有限公司	768,000.00			
3	天津太阳有限责任公司			355,000.00	300,000.00
4	青岛星星股份有限公司		3,800,000.00		
5	武汉星星有限责任公司	2,000,000.00			
6	北京彩虹股份有限公司			1,800,000.00	

图 6–11 客户对账信息

向 DeepSeek 发出指令：*请阅读两个文档，帮我生成一个 VBA 代码，在往来对账函 Word 中使用，用客户对账信息表中的 A2 单元格替换往来对账函中的｛客户名称｝，用 B2 单元格替换往来对账函中的【应收*

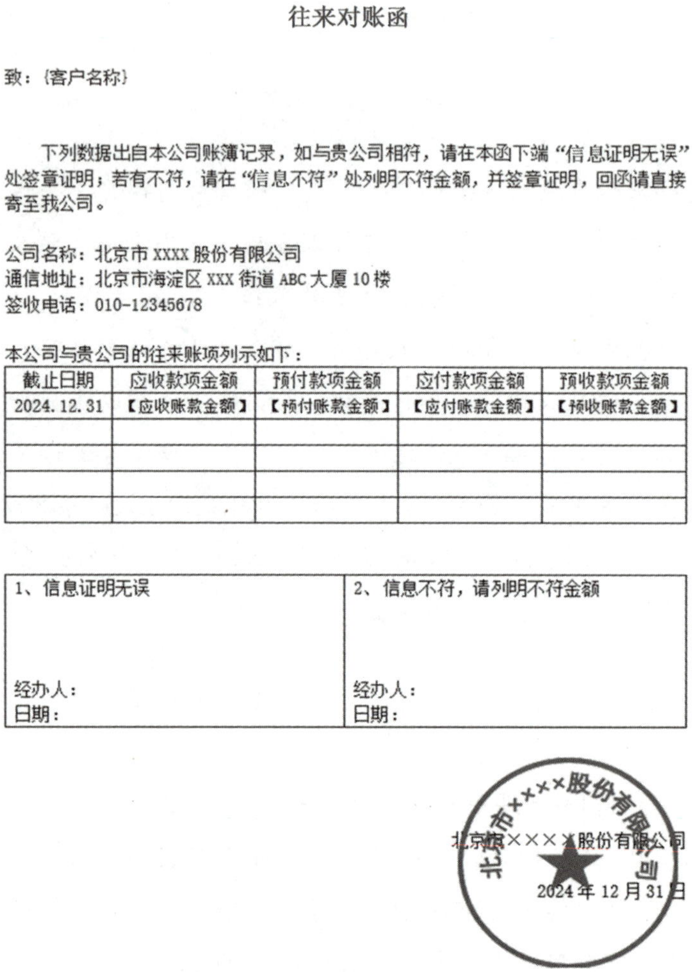
往来对账函

致：{客户名称}

下列数据出自本公司账簿记录，如与贵公司相符，请在本函下端“信息证明无误”处签章证明；若有不符，请在“信息不符”处列明不符金额，并签章证明，回函请直接寄至我公司。

公司名称：北京市 XXXX 股份有限公司
通信地址：北京市海淀区 XXX 街道 ABC 大厦 10 楼
签收电话：010-12345678

本公司与贵公司的往来账项列示如下：

截止日期	应收款项金额	预付款项金额	应付款项金额	预收款项金额
2024.12.31	【应收账款金额】	【预付账款金额】	【应付账款金额】	【预收账款金额】

1、信息证明无误 经办人： 日期：	2、信息不符，请列明不符金额 经办人： 日期：

北京市×××股份有限公司
2024 年 12 月 31 日

图 6–12　往来对账函

账款金额】，用 C2 单元格替换往来对账函中的【预付账款金额】，用 D2 单元格替换往来对账函中的【应付账款金额】，用 E2 单元格替换往来对账函中的【预收账款金额】。并且将往来对账函文档重新命名为：往来对账函_客户名称。

步骤一结果： DeepSeek 按照要求输出了 VBA 代码（见图 6–13），并在最后附加了使用说明等内容（见图 6–14）。

自动生成往来对账函的 VBA 代码

客户对账信息.xlsx
XLSX 9.29KB

往来对账函.docx
DOCX 24.36KB

请阅读两个文档， 帮我生成一个VBA代码， 在往来对账函Word中使用， 用客户对账信息表中的A2单元格替换往来对账函中的{客户名称}，用B2单元格替换往来对账函中的【应收账款金额】，用C2单元格替换往来对账函中的【预付账款金额】，用D2单元格替换往来对账函中的【应付账款金额】，用E2单元格替换往来对账函中的【预收账款金额】。并且将往来对账函文档重新命名为：往来对账函_客户名称。

以下是一个VBA代码，可以自动将Excel中的客户对账信息填充到Word对账函模板中，并重命名生成的对账函文件：

vba　　复制

```vba
Sub GenerateReconciliationLetterFromWord()
    Dim wordDoc As Document
    Dim excelApp As Object
    Dim excelWB As Workbook
    Dim excelWS As Worksheet
```

图 6–13　自动生成往来对账函的 VBA 代码（部分）

使用说明：

1. **准备工作：**
   - 将Word模板和Excel数据文件放在同一文件夹
   - Excel文件名必须为"客户对账信息.xlsx"（或修改代码中的文件名）
   - 在Word中按Alt+F11打开VBA编辑器，插入新模块并粘贴此代码
2. **执行步骤：**
   - 打开Word模板文件
   - 按Alt+F8，选择"GenerateReconciliationLettersFromWord"宏并运行
3. **代码特点：**
   - 自动检测同一文件夹下的Excel文件
   - 处理空单元格情况（自动替换为空字符串）
   - 金额自动格式化为无小数形式
   - 生成的文件名格式："往来对账函_客户名称.docx"
   - 完全在Word环境中运行，不依赖Excel VBA
4. **注意事项：**
   - 首次运行时可能需要启用Excel对象模型引用（工具 > 引用 > 勾选"Microsoft Excel XX.X Object Library"）
   - 确保Excel文件中的列顺序与代码中的列号匹配（A=客户名称，B=应收款项，C=预付款项等）
   - 如果Excel文件正在使用中，可能需要先关闭它

图 6–14　DeepSeek 生成的使用说明（部分）

步骤二：复制 DeepSeek 生成的 VBA 代码，打开“往来对账函 .docx”，在“开发工具”选项卡中点击“Visual Basic”按钮（如图 6–15 所示），即可打开 VBA 代码窗口。

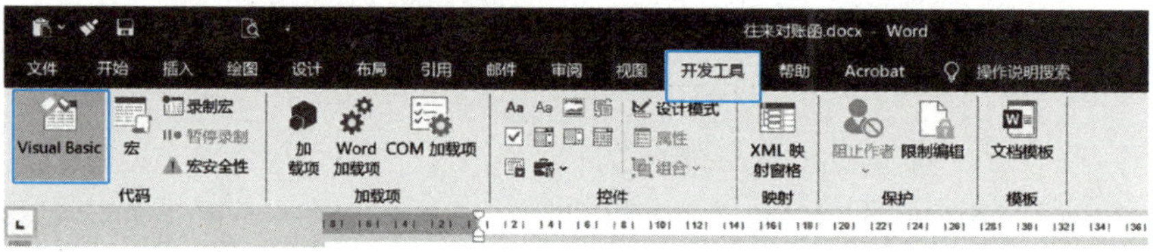

图 6–15　点击“Visual Basic”按钮

然后，按照 DeepSeek 注意事项中说明的“首次运行时可能需要启用 Excel 对象模型引用（‘工具’—‘引用’—勾选‘Microsoft Excel XX.X Object Library’）”进行操作，如图 6–16、图 6–17 所示，点击确认。此项操作是为了让 VBA 有权限同时调用 Excel 文档和 Word 文档。

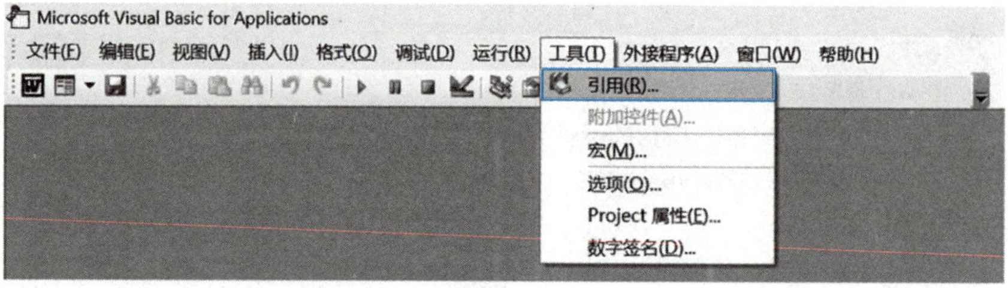

图 6–16　VBA 代码窗口“工具”—“引用”

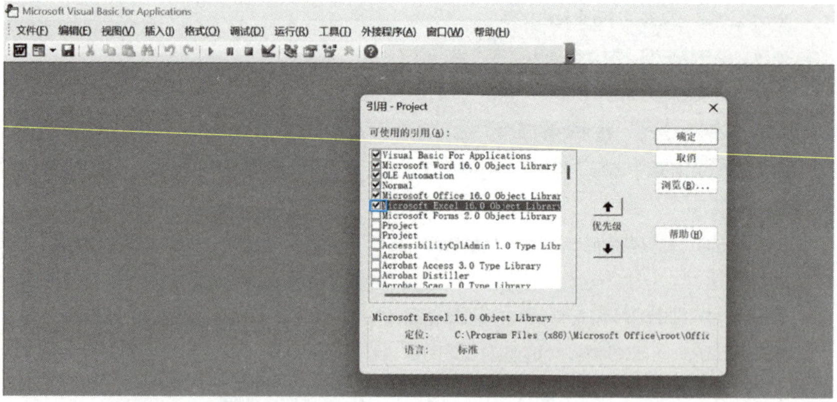

图 6–17　勾选“Microsoft Excel XX.X Object Library”

在“Microsoft Visual Basic for Applications”窗口点击“插入”按钮，在下拉菜单中选择“模块”，如图 6–18 所示。

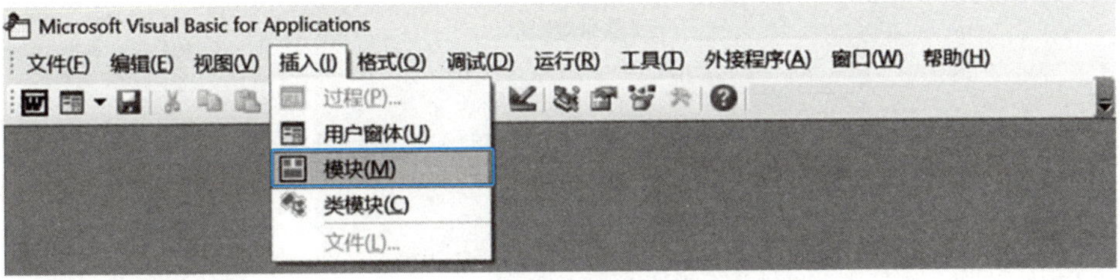

图 6–18　VBA 代码窗口“插入”—“模块”

将复制的 VBA 代码粘贴到窗口中。点击“运行”按钮，在下拉菜单中选择“运行子过程 / 用户窗体”，如图 6–19 所示，即可运行代码。

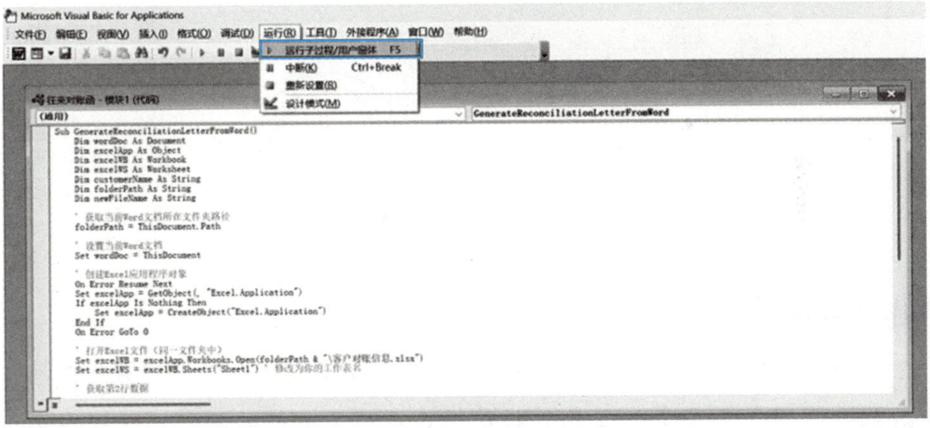

图 6–19　运行 VBA 代码（自动生成往来对账函）

步骤二结果：运行 VBA 代码后，往来对账函文档名称更新为“往来对账函 _ 北京太阳股份有限公司”。往来对账函内部客户名称和期末余额表格均已按照客户对账信息表填列，如图 6–20 所示。经过人工检验，结果无误。

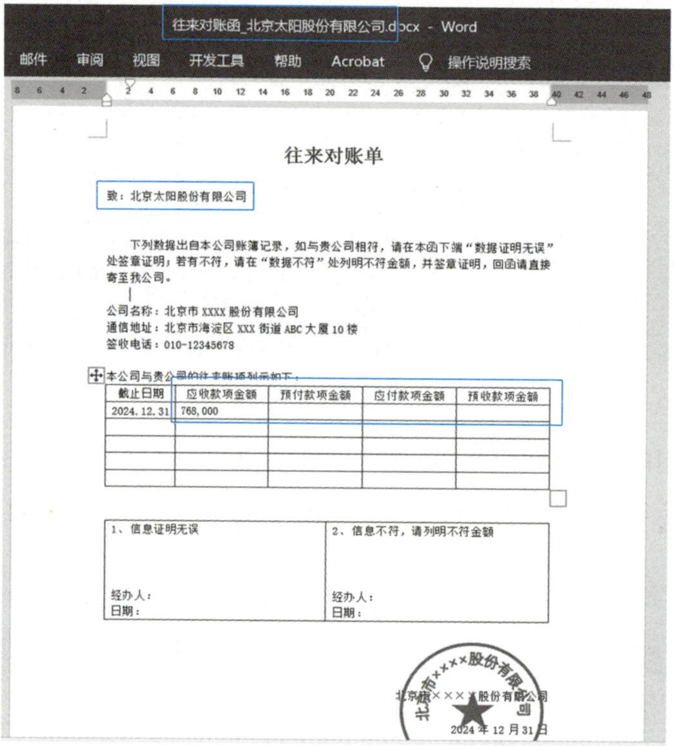

往来对账单

致：北京太阳股份有限公司

下列数据出自本公司账簿记录，如与贵公司相符，请在本函下端“数据证明无误”处签章证明；若有不符，请在“数据不符”处列明不符金额，并签章证明，回函请直接寄至我公司。

公司名称：北京市 XXXX 股份有限公司
通信地址：北京市海淀区 XXX 街道 ABC 大厦 10 楼
签收电话：010-12345678

本公司与贵公司的往来账项列示如下：

截止日期	应收款项金额	预付款项金额	应付款项金额	预收款项金额
2024.12.31	768,000			

1、信息证明无误	2、信息不符，请列明不符金额
经办人： 日期：	经办人： 日期：

北京市×××股份有限公司
2024 年 12 月 31 日

图 6–20 运行 VBA 代码生成的往来对账函

作者点评

这个案例场景非常贴切地展现了 AI 与自动化脚本结合的实际落地应用。在财务工作中，往来对账是极其烦琐又重要的工作。传统人工填写极易出错且效率低下。通过 DeepSeek 生成 VBA 代码，不仅完成了 Excel 文档与 Word 文档之间的自动化数据映射，还实现了文档批量命名和内容自动填充。这种基于模板的自动化处理方式极具推广价值，特别适合需要批量输出标准化文档的财务场景。DeepSeek 帮助财务人员分担了重复性体力活，让财务人员聚焦于更有价值的分析与判断工作。这样的方法，财务人员务必尽早学起来。

6.4　本章总结

本章通过三个财务工作场景，全面展示了 DeepSeek 在信息提取、数据分析、自动填充与格式转换等方面的高效表现。从 PDF 报表中智能提取数据并分析、根据 Excel 文档生成标准化文本，根据 Excel 文档生成往来对账函 Word 文档，DeepSeek 展现了强大的跨格式理解能力、文本生成能力与场景适应能力。这一系列应用充分说明，AI 不仅能够成为财务工作的辅助工具，更可以逐步渗透至财务流程的每一个关键环节。财务人员早日掌握这样的工具，充分发挥人机交互中“人”的引导、指挥、决断作用，配合 AI 的执行能力，大幅提升工作效率不是难事。

实用技巧

- **利用格式化语句模板。**为 AI 提供统一的文本输出模板，能够显著提升生成内容的结构化水平和可读性。特别是在财务数据描述性分析中，固定格式能使后续复制粘贴和对比更加高效。
- **利用 html 格式美化 Word 文档。**借助 AI 生成指定字体、字号、行距、加粗体等格式的 html 内容，可有效解决直接复制粘贴内容后格式混乱的问题。将生成结果以“保留源格式”方式粘贴，即可实现一键美观排版。
- **设置筛选阈值优化分析结果。**在财务分析中设定如“变动幅度超过 10%”的阈值，AI 已经足够智能，能够根据阈值设定聚焦关键项目，从而使得分析更有效，避免信息冗余。
- **Excel 与 Word 文档结合使用。**将 Excel 数据与 Word 标准化模板结合使用，利用 AI 实现自动填充，不仅能确保信息准确无误，还能显著提升效率。此法适用于往来对账函、报表说明、合同模板等大量重复性文档的生成。

- **使用特殊字符进行文本替换定位。**通过在文档中预设如“{客户名称}”“【应收账款金额】”等特殊占位符，AI 或脚本可精准识别并将其替换为对应数据。这种方式使得数据填充更高效、定位更准确，避免人工查找错误。

第 7 章

应用 DeepSeek 辅助财务附件识别

日常财务工作中需要处理大量的财务附件，如各种发票、合同、其他单据等。这些附件种类繁多，格式和内容也各不相同。在传统财务工作模式下，财务人员人工处理这些财务附件，工作量大、烦琐且易出错。后来很多企业开始借助信息化手段，希望提高财务附件处理效率。例如，购买扫描仪、高拍仪等设备，扫描纸质附件生成电子文档，再利用光学字符识别（OCR）技术提取关键信息。如果希望在这个过程中避免大量的人工校对，则需要提高 OCR 的信息处理精度，往往要购买专业软件或者使用收费的第三方服务平台。同时，要想实现这个过程，还涉及将专业软件或第三方服务平台的服务嵌入企业的财务附件处理相关流程，如果流程设计得不好，反而会增加财务工作量或者提高工作复杂度。

随着 AI 技术的快速发展，特别是以 DeepSeek 为代表的 AI 工具的兴起，财务人员的工作方式正在发生深刻变化。DeepSeek 能够调用第三方应用程序编程接口（API）或者集成开源模型完成智能识别任务，更为简单、自由和人性化地帮助财务人员处理发票、合同及其他各种格式复杂的单据，以极简模式和极低成本迅速提取关键信息。应用 DeepSeek 辅助财务附件识别对于减轻财务工作负担，帮助企业在降本的基础上推进财务数字化转型有重要意义。

常见的财务附件包括发票、合同、银行回单等各种记录企业经济交易的纸质或电子凭证、资料。其中，发票是最常见且数量最多的。根据形式和载体不同，发票可分为传统纸质发票和电子发票（包括 PDF/OFD 格式电子发票和目前正在推广的数电发票）。合同作为企业进行经济交易的重要契约文件，也是重要的财务凭证，其种类繁多、文本结构复杂，处理起来工作量大、比较烦琐但又非常重要。

基于此，本章重点阐述如何应用 DeepSeek 优化三类典型财务附件的处理流程。其中，7.1 节介绍 DeepSeek 在电子发票识别中的应用，如自动提取电子发票中的关键信息（发票号码、金额、税额等），并将其整合到财务台账中；7.2 节展示应用 DeepSeek 处理纸质发票的解决方案，以火车票为典型案例，介绍如何针对火车票的特殊版式实现高精度识别和结构化数据输出；7.3 节探讨 DeepSeek 在合同识别中的应用，如智能识别合同中的关键条款，并生成标准化的合同台账。本章通过三个财务场景展现 DeepSeek 在提升财务工作效率和降低人工差错率等方面的显著优势。

7.1 应用 DeepSeek 辅助电子发票识别

任务场景描述

你作为一家新成立的小型生产企业的财务人员，正面临一个棘手的问题：老板要求你建立电子发票台账，但员工提交的电子发票数量庞大，手动录入不仅效率低下，还经常出现关键信息录入错误的情况。你想借助 AI 工具，看看是否有更智能的解决方案，能够批量、准确地自动提取电子发票中的关键信息（如发票号码、金额、税额等），并直接生成需要的台账数据。

你找了几张之前开的学校抬头的发票，打算先用 DeepSeek 做个测试，看看能否批量、准确地自动提取信息和生成台账。发票信息如图 7–1 所示。

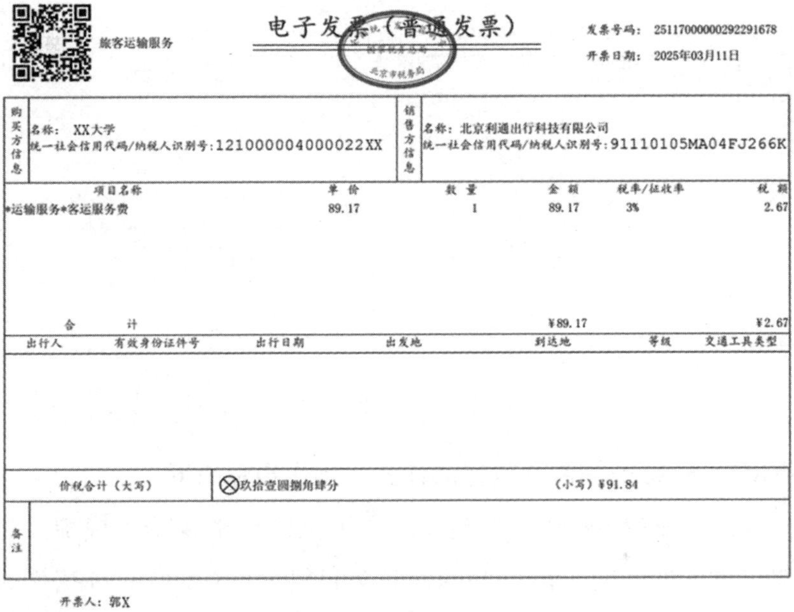

旅客运输服务

电子发票（普通发票）

发票号码：25117000000292291678

开票日期：2025年03月11日

购买方信息	名称：XX大学 统一社会信用代码/纳税人识别号:121000004000022XX	销售方信息	名称：北京利通出行科技有限公司 统一社会信用代码/纳税人识别号:91110105MA04FJ266K

项目名称	单价	数量	金额	税率/征收率	税额
*运输服务*客运服务费	89.17	1	89.17	3%	2.67
合　计			¥89.17		¥2.67

出行人	有效身份证件号	出行日期	出发地	到达地	等级	交通工具类型

价税合计（大写）　ⓧ玖拾壹圆捌角肆分　（小写）¥91.84

备注

开票人：郭X

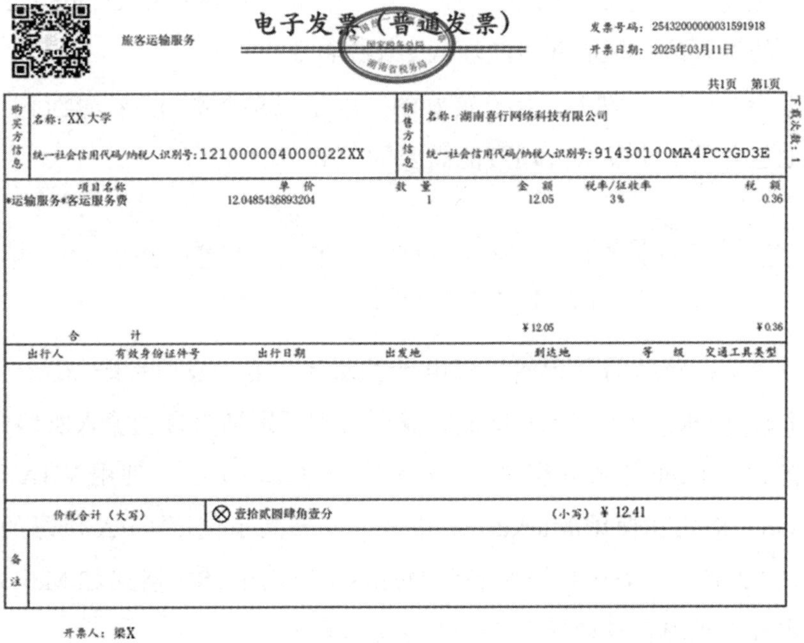

旅客运输服务

电子发票（普通发票）

发票号码：25432000000031591918

开票日期：2025年03月11日

共1页　第1页

购买方信息	名称：XX 大学 统一社会信用代码/纳税人识别号:121000004000022XX	销售方信息	名称：湖南喜行网络科技有限公司 统一社会信用代码/纳税人识别号:91430100MA4PCYGD3E

下载次数：1

项目名称	单价	数量	金额	税率/征收率	税额
*运输服务*客运服务费	12.0485436893204	1	12.05	3%	0.36
合　计			¥12.05		¥0.36

出行人	有效身份证件号	出行日期	出发地	到达地	等级	交通工具类型

价税合计（大写）　ⓧ壹拾贰圆肆角壹分　（小写）¥ 12.41

备注

开票人：梁X

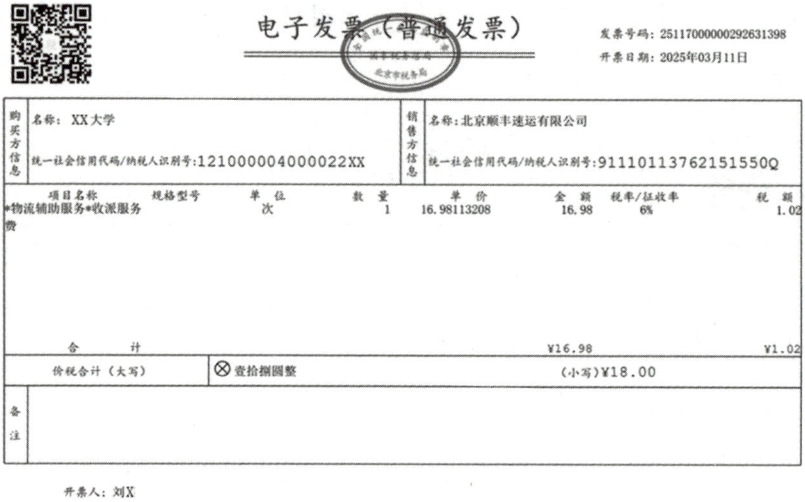
电子发票（普通发票）

发票号码：25117000000292631398
开票日期：2025年03月11日

购买方信息	名称：XX大学 统一社会信用代码/纳税人识别号：121000004000022XX	销售方信息	名称：北京顺丰速运有限公司 统一社会信用代码/纳税人识别号：91110113762151550Q

项目名称	规格型号	单位	数量	单价	金额	税率/征收率	税额
*物流辅助服务*收派服务费		次	1	16.98113208	16.98	6%	1.02
合计					¥16.98		¥1.02
价税合计（大写）	⊗壹拾捌圆整				（小写）¥18.00		
备注							

开票人：刘X

图 7–1　发票信息

应用 DeepSeek 辅助高效完成任务，操作步骤如下：

步骤一：使用 Excel 预先制作“电子发票台账 .xlsx”模板。将财务人员登记电子发票时可能需要的信息类目输入空白的 Excel 工作表，制作出“电子发票台账 .xlsx”模板，以便于下一步操作中 DeepSeek 直接将识别的发票信息提取并对应填入 Excel 台账。

步骤一结果：图 7–2 是设置好的“电子发票台账 .xlsx”类目，尽可能多地包含了电子发票管理可能需要的关键字段。

	A	B	C	D	E	F	G	H	I	J	K
1	销售方名称	销售方统一社会信用代码/纳税人识别号	发票号码	开票日期	项目名称	单位	数量	单价	金额	税率/征收率	税额

图 7–2　“电子发票台账 .xlsx”类目

步骤二：将所需登记的三张电子发票与“电子发票台账 .xlsx”模板导入 DeepSeek，要求 DeepSeek 将发票自动识别结果自动填入发票台账。

将 DeepSeek 生成内容导入 Excel 有三种基本方法：使用 VBA 代码、使用 CSV 格式和使用 Markdown 格式。本节展示使用 VBA 代码的具体操作，7.2 节和 7.3 节将分别展示 DeepSeek 使用 CSV 格式和 Markdown 格式实现生成内容自动导入 Excel 的具体操作。

向 DeepSeek 发出指令：*识别上述电子发票，提取发票中的信息。生成 VBA 代码将发票信息填入“电子发票台账”表格，每个发票为一行。*

提取电子发票信息的 VBA 代码

步骤二结果： DeepSeek 理解了指令，并生成了一段能将发票信息自动填入“电子发票台账 .xlsx”的 VBA 代码（见图 7–3）。

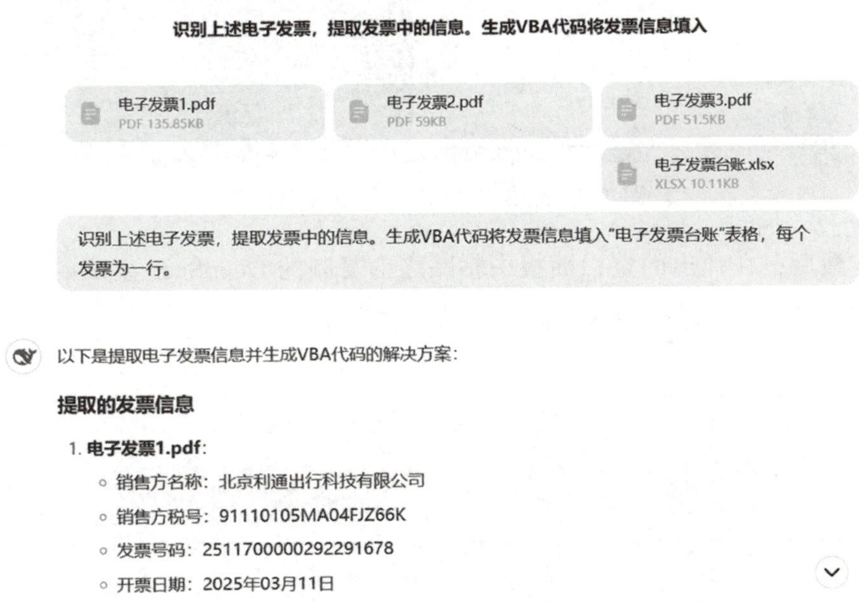

图 7–3　DeepSeek 提取发票信息并生成 VBA 代码

步骤三： 在“电子发票台账 .xlsx”中运行 DeepSeek 生成的 VBA 代码。首先，复制 DeepSeek 生成的 VBA 代码，打开“电子发票台账 .xlsx”。然后，在 Excel 功能区“开发工具”选项卡下点击“Visual Basic”按钮。（注意：如果打开 Excel 后未在工具区找到“开发工具”选项卡，可回顾本书第 4 章学习如何安装加载项。）

之后，在弹出的“Microsoft Visual Basic for Applications”窗口中点击“视图”并在下拉菜单里选择“代码窗口”（见图 7–4）。

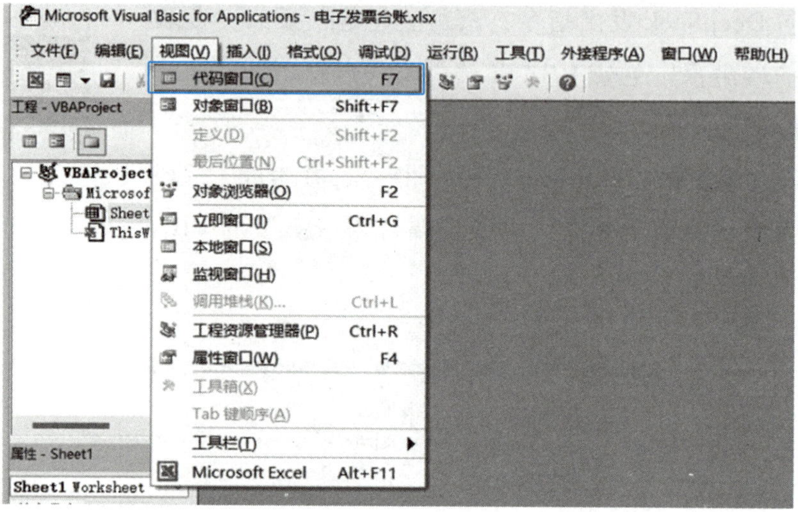

图 7–4 点击“视图”—“代码窗口”

最后，在弹出的空白面板中粘贴之前复制的 DeepSeek 生成的 VBA 代码，并点击菜单栏中的“运行”（见图 7–5）。

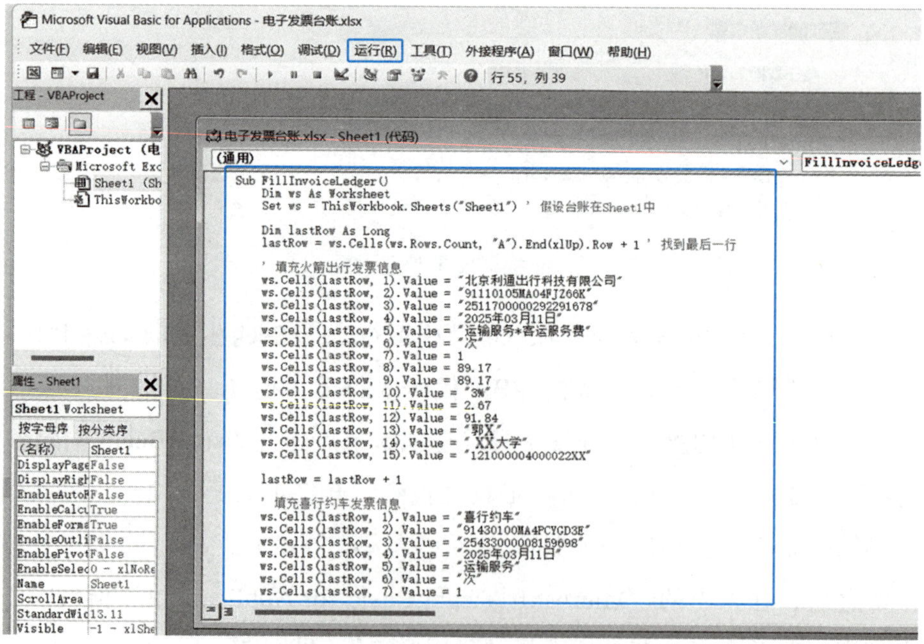

图 7–5 粘贴并运行 VBA 代码

步骤三结果：“电子发票台账 .xlsx”成功运行了 DeepSeek 生成的 VBA 代码。发票信息被录入台账，如图 7–6 所示。

	A	B	C	D	E	F	G	H	I	J	K
1	销售方名称	销售方统一社会信用代码/纳税人识别号	发票号码	开票日期	项目名称	单位	数量	单价	金额	税率/征收率	税额
2	们通出行科技有阝	91110105MA04FJZ66K	25117000000292291678	2025年03月11日	输服务*客运服务	次	1	89.17	89.17	3%	2.67
3	客行网络科技有阝	91430100MA4PCYGD3E	25432000000031591918	2025年03月11日	运输服务	次	1	12.05	12.05	3%	0.36
4	京顺丰速运有限么	91110113762151550Q	25117000000292631398	2025年03月11日	辅助服务*收派	次	1	16.98	16.98	6%	1.02

图 7–6　发票信息成功录入“电子发票台账 .xlsx”（部分）

这种方法操作简单快捷。但 DeepSeek 有时无法一次就生成正确的 VBA 代码，此时就需要财务人员将 Excel 提示的代码错误反馈给 DeepSeek，让其继续修改直至生成正确代码。（可回顾本书第 4 章关于 VBA 代码错误后的再修改过程。）

作者点评

只要清晰地向 DeepSeek 表达需求，批量识别电子发票对于 DeepSeek 而言是比较轻松的任务。实际上，DeepSeek 是驱动、调用了互联网上的智能识别工具来完成任务的。从应用者的角度，我们能感受到应用 AI 的方便、高效和低成本。正如本章开篇所述，应用 DeepSeek 辅助识别财务附件的操作，比以往各种软件、平台都更为简化、自由和人性化，这是极大的进步。

7.2　应用 DeepSeek 辅助纸质发票识别

任务场景描述

作为一家新成立的小型生产企业的财务人员，在成功解决电子发票识别问题后，你还需要解决纸质发票识别问题。目前纸质发票（如部分火车票、物流运输票等）仍然存在于企业报销中。你也想像借助 AI 工具识别电子发票那样，看看能否应用 DeepSeek 批量、准确地自动提取纸质发票中的关键信息，并按照要求填入 Excel 表格。

你找来两张纸质火车票做测试，用手机拍摄火车票如图 7–7 所示（为了增大任务难度以及更加真实，特别选择了有些卷曲的火车票）。

图 7–7　火车票照片

应用 DeepSeek 辅助高效完成任务，操作步骤如下：

步骤一：预先制作“纸质车票台账 .xlsx”模板。将财务人员登记火车票时可能需要的信息类目输入 Excel 空白工作表，制作出“纸质车票台账 .xlsx”模板，便于下一步操作中 DeepSeek 直接将识别的车票信息提取并对应填入表格（生成 CSV 格式文件）。

步骤一结果：图 7–8 是设置好的“纸质车票台账 .xlsx”类目，包含了火车票作为财务附件在管理时可能需要的所有关键字段。

	A	B	C	D	E	F	G	H	I	J
1	车票编号	出发站	到达站	车次	日期	票价	姓名	身份证号	座位类型	座位信息

图 7–8　“纸质车票台账 .xlsx”类目

步骤二：将需要识别的两张火车票照片与“纸质发票台账 .xlsx”模板导入 DeepSeek，要求 DeepSeek 识别车票关键信息，并提取生成 CSV 格式文件。

向 DeepSeek 发出指令：*识别上述纸质车票，提取车票的信息。根据“纸质车票台账”表格中的信息内容，生成对应 CSV 格式将内容补充完整，每张车票为一行。*

这里，我们让 DeepSeek 使用 CSV 格式来实现生成内容自动导入 Excel 表格。

步骤二结果： DeepSeek 理解了指令，并生成了 CSV 格式的内容（见图 7–9）。

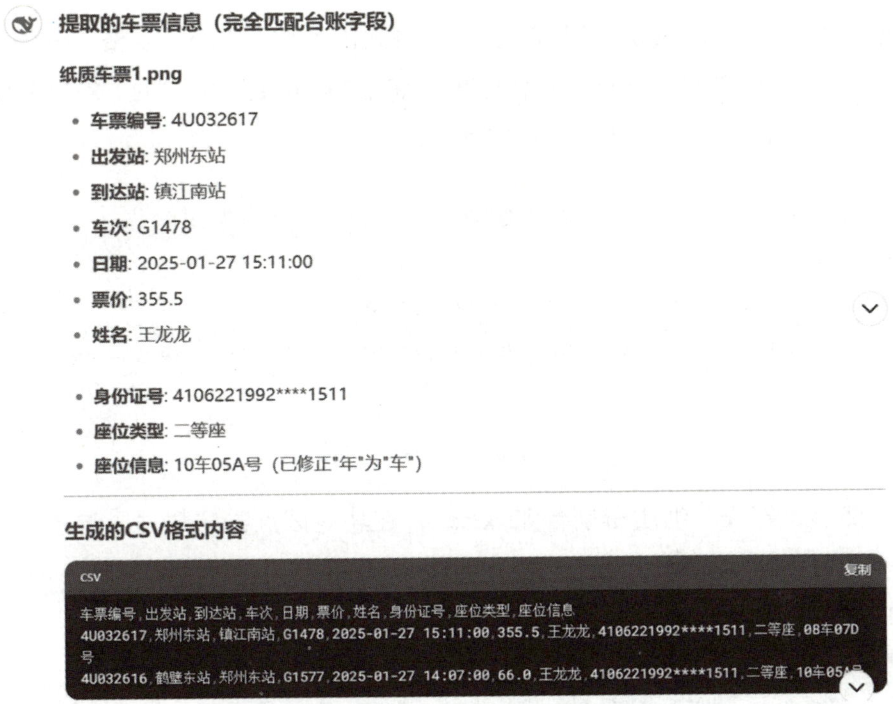

图 7–9　DeepSeek 生成的 CSV 格式内容

小贴士

CSV 格式

CSV（逗号分隔值）是一种简单高效的通用数据存储格式。它采用纯文本形式存储表格数据，具有三大核心优势：一是兼容性强，支持所有数据库和办公软件；二是体积小巧，处理大数据集时效率极高；三是使用灵活，既可用专业软件处理，也能直接用文本编辑器查看修改。在财务工作中，CSV 尤其适合处理批量数据，包括电子发票台账管理、银行流水记录、费用报销汇总等场景，能实现不同系统间的无缝数据交换。

步骤三：将 DeepSeek 生成的 CSV 格式内容输入 Excel 表格。首先，建立一个“纸质车票 .txt”文本文档，复制 DeepSeek 生成的 CSV 格式内容并粘贴进该文本文档中（见图 7–10）。

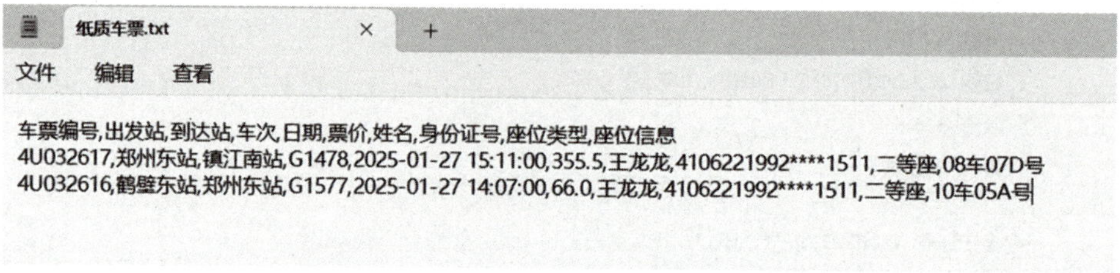

图 7–10 “纸质车票 .txt”文档内容

然后，打开“纸质车票台账 .xlsx”，在功能区点击“数据”选项卡，找到并点击“从文本 /csv”按钮（见图 7–11）。

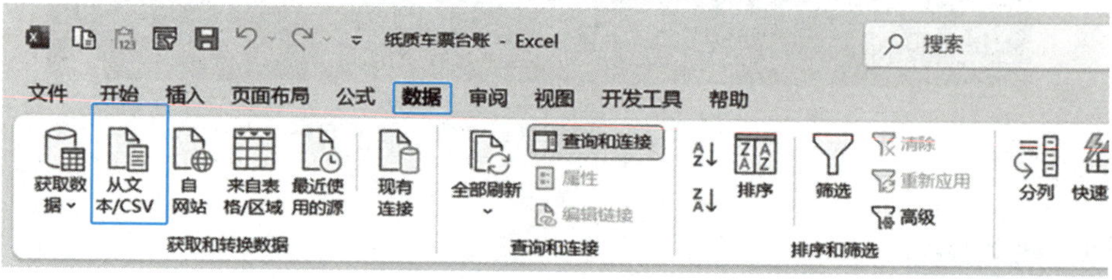

图 7–11 “数据”选项卡—“从文本 /CSV”按钮

弹出“导入数据”对话框，选择导入新建的“纸质车票 .txt”。点击“导入”后，会弹出“纸质车票 .txt”页面，直接点击“加载”，即可完成对纸质车票信息的批量导入（见图 7–12）。

步骤三结果：识别出来的两张纸质车票的信息成功批量录入了“纸质车票台账 .xlsx”（见图 7–13）。

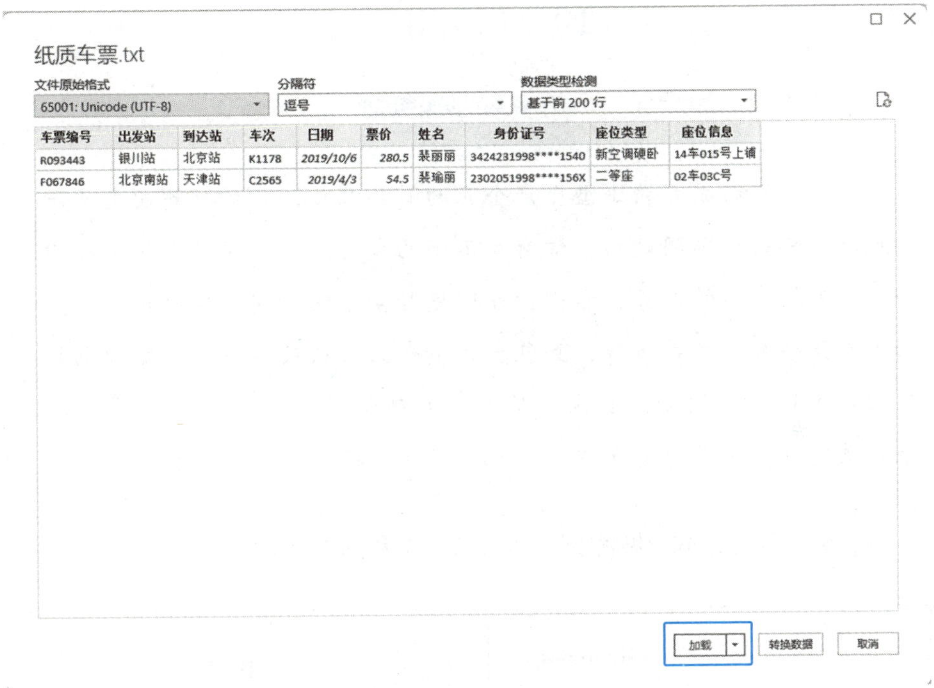

车票编号	出发站	到达站	车次	日期	票价	姓名	身份证号	座位类型	座位信息
R093443	银川站	北京站	K1178	2019/10/6	280.5	裴丽丽	3424231998****1540	新空调硬卧	14车015号上铺
F067846	北京南站	天津站	C2565	2019/4/3	54.5	裴瑜丽	2302051998****156X	二等座	02车03C号

图 7–12　文本导入页面

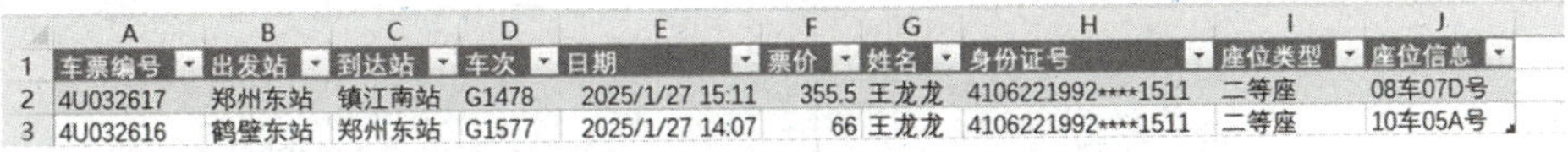

	A	B	C	D	E	F	G	H	I	J
1	车票编号	出发站	到达站	车次	日期	票价	姓名	身份证号	座位类型	座位信息
2	4U032617	郑州东站	镇江南站	G1478	2025/1/27 15:11	355.5	王龙龙	4106221992****1511	二等座	08车07D号
3	4U032616	鹤壁东站	郑州东站	G1577	2025/1/27 14:07	66	王龙龙	4106221992****1511	二等座	10车05A号

图 7–13　纸质车票识别信息录入“纸质车票台账 .xlsx”

作者点评

借助 DeepSeek 识别纸质发票，其实只比电子发票识别多一步拍摄纸质发票。而且，通过本案例可以看到，对于有瑕疵（如卷曲）的发票，拍照后照样能够被精确识别。这实际上就是所谓的“OCR+AI”，即 AI 识别。我们还能看到，使用 CSV 格式实现将 DeepSeek 生成内容自动导入 Excel 表格，比使用 VBA 代码的方式要简单一些。

7.3 应用 DeepSeek 辅助合同识别

任务场景描述

作为一家新成立的小型生产企业的财务人员，在成功解决电子发票和纸质发票的识别问题后，你有了不小的成就感。然而，老板又提出了一个更具挑战性的任务，希望你处理更加复杂的合同台账登记工作。合同文本篇幅长、版式多样，且包含大量专业条款及术语，精准识别和精确录入关键信息的难度更大。你依然希望借助 DeepSeek，批量、准确地自动提取合同中的关键信息，并按照要求填入 Excel 表格。

你找了两份合同 * 做测试，如图 7–14 和图 7–15 所示。

JF—2019—002　　合同编号:12013105

山西省农产品订单合同

山西省市场监督管理局
山西省农业农村厅

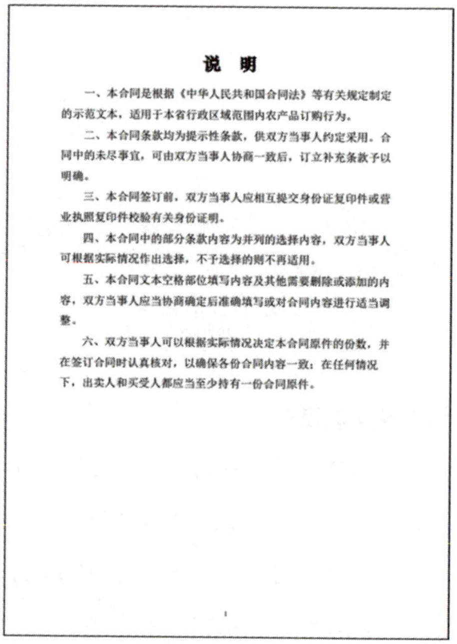
说　明

一、本合同是根据《中华人民共和国合同法》等有关规定制定的示范文本，适用于本省行政区域范围内农产品订购行为。

二、本合同条款均为提示性条款，供双方当事人约定采用。合同中的未尽事宜，可由双方当事人协商一致后，订立补充条款予以明确。

三、本合同签订前，双方当事人应相互提交身份证复印件或营业执照复印件校验有关身份证明。

四、本合同中的部分条款内容为并列的选择内容，双方当事人可根据实际情况作出选择，不予选择的则不再适用。

五、本合同文本空格部位填写内容及其他需要删除或添加的内容，双方当事人应当协商确定后准确填写或对合同内容进行适当调整。

六、双方当事人可以根据实际情况决定本合同原件的份数，并在签订合同时认真核对，以确保各份合同内容一致；在任何情况下，出卖人和买受人都应当至少持有一份合同原件。

---

* 本处为虚拟合同。

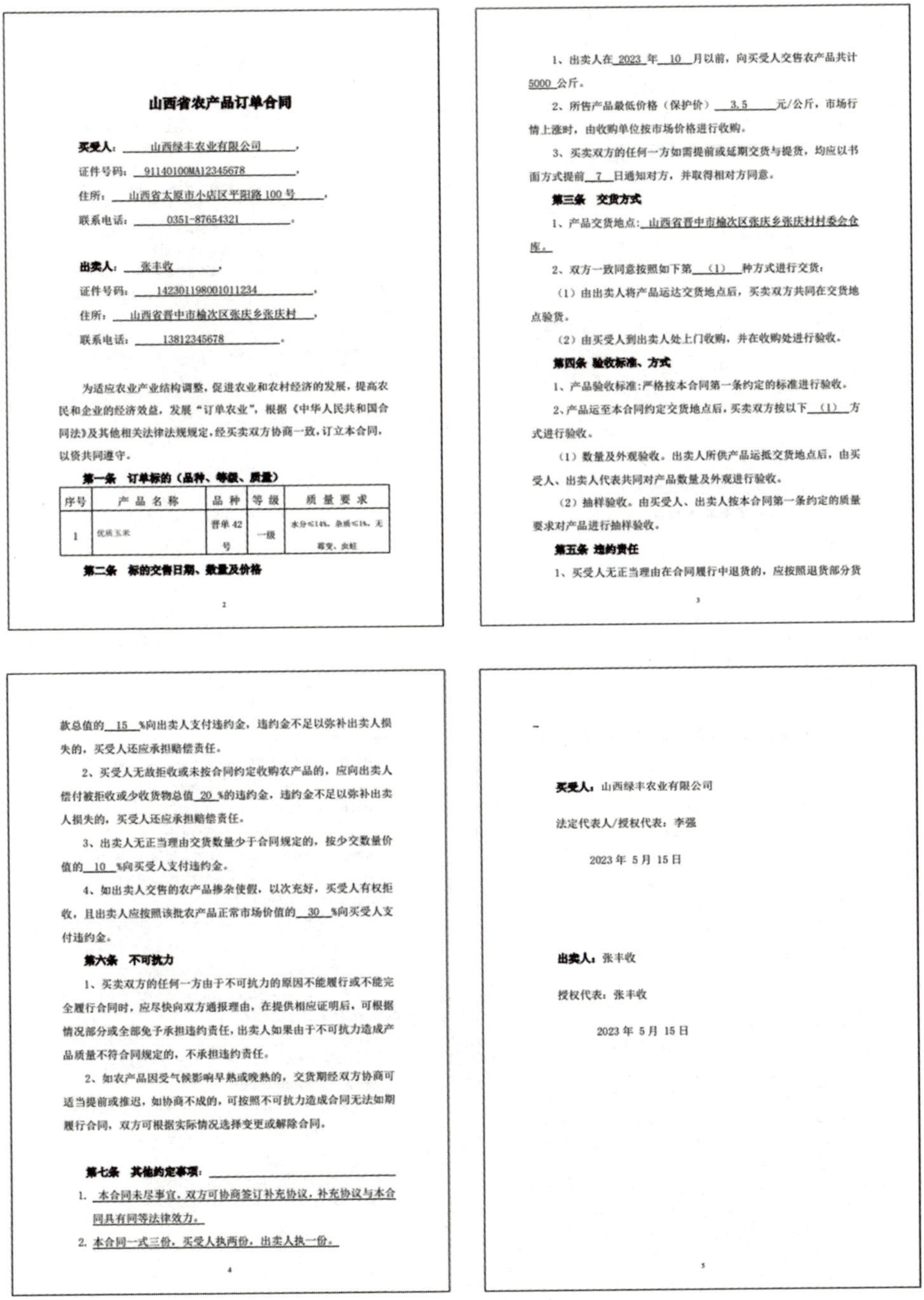

山西省农产品订单合同

买受人： 山西绿丰农业有限公司 。

证件号码： 91140100MA12345678 。

住所： 山西省太原市小店区平阳路 100 号 。

联系电话： 0351-87654321 。

出卖人： 张丰收 。

证件号码： 142301198001011234 。

住所： 山西省晋中市榆次区张庆乡张庆村 。

联系电话： 13812345678 。

为适应农业产业结构调整，促进农业和农村经济的发展，提高农民和企业的经济效益，发展"订单农业"，根据《中华人民共和国合同法》及其他相关法律法规规定，经买卖双方协商一致，订立本合同，以资共同遵守。

第一条 订单标的（品种、等级、质量）

序号	产品名称	品种	等级	质量要求
1	优质玉米	晋单 42 号	一级	水分≤14%、杂质≤1%、无霉变、虫蛀

第二条 标的交售日期、数量及价格

2

1、出卖人在 2023 年 10 月以前，向买受人交售农产品共计 5000 公斤。

2、所售产品最低价格（保护价） 3.5 元/公斤，市场行情上涨时，由收购单位按市场价格进行收购。

3、买卖双方的任何一方如需提前或延期交货与提货，均应以书面方式提前 7 日通知对方，并取得相对方同意。

第三条 交货方式

1、产品交货地点： 山西省晋中市榆次区张庆乡张庆村村委会仓库。

2、双方一致同意按照如下第 （1） 种方式进行交货：

（1）由出卖人将产品运达交货地点后，买卖双方共同在交货地点验货。

（2）由买受人到出卖人处上门收购，并在收购处进行验收。

第四条 验收标准、方式

1、产品验收标准：严格按本合同第一条约定的标准进行验收。

2、产品运至本合同约定交货地点后，买卖双方按以下 （1） 方式进行验收。

（1）数量及外观验收。由卖人所供产品运抵交货地点后，由买受人、出卖人代表共同对产品数量及外观进行验收。

（2）抽样验收。由买受人、出卖人按本合同第一条约定的质量要求对产品进行抽样验收。

第五条 违约责任

1、买受人无正当理由在合同履行中退货的，应按照退货部分货

3

款总值的 15 %向出卖人支付违约金，违约金不足以弥补出卖人损失的，买受人还应承担赔偿责任。

2、买受人无故拒收或未按合同约定收购农产品的，应向出卖人偿付被拒收或少收货物总值 20 %的违约金，违约金不足以弥补出卖人损失的，买受人还应承担赔偿责任。

3、出卖人无正当理由交货数量少于合同规定的，按少交数量价值的 10 %向买受人支付违约金。

4、如出卖人交售的农产品掺杂使假，以次充好，买受人有权拒收，且出卖人应按照该批农产品正常市场价值的 30 %向买受人支付违约金。

第六条 不可抗力

1、买卖双方的任何一方由于不可抗力的原因不能履行或不能完全履行合同时，应尽快向双方通报理由，在提供相应证明后，可根据情况部分或全部免予承担违约责任，出卖人如果由于不可抗力造成产品质量不符合同规定的，不承担违约责任。

2、如农产品因受气候影响早熟或晚熟的，交货期经双方协商可适当提前或推迟，如协商不成的，可按照不可抗力造成合同无法如期履行合同，双方可根据实际情况选择变更或解除合同。

第七条 其他约定事项：

1. 本合同未尽事宜，双方可协商签订补充协议，补充协议与本合同具有同等法律效力。
2. 本合同一式三份，买受人执两份，出卖人执一份。

4

-

买受人： 山西绿丰农业有限公司

法定代表人/授权代表：李强

2023 年 5 月 15 日

出卖人： 张丰收

授权代表：张丰收

2023 年 5 月 15 日

5

图 7-14 第一份合同

JF—2019—007　　　　编号：26731024

山西省家畜家禽养殖买卖合同

山西省市场监督管理局
山 西 省 农 业 农 村 厅

1

说　明

一、本合同是根据《中华人民共和国合同法》等有关规定制定的示范文本，适用于本省行政区域范围内家畜家禽养殖买卖行为。

二、本合同条款均为提示性条款，供双方当事人约定采用。合同中的未尽事宜，可由双方当事人协商一致后，订立补充条款予以明确。

三、本合同签订前，双方当事人应相互提交身份证复印件或营业执照复印件校验有关身份证明。

四、本合同中的部分条款内容为并列的选择内容，双方当事人可根据实际情况作出选择，不予选择的则不再适用。

五、本合同文本空格部位填写内容及其他需要删除或添加的内容，双方当事人应当协商确定后准确填写或对合同内容进行适当调整。

六、双方当事人可以根据实际情况决定本合同原件的份数，并在签订合同时认真核对，以确保各份合同内容一致；在任何情况下，出卖人和买受人都应当至少持有一份合同原件。

2

山西省家畜家禽养殖买卖合同

买受人：山西牧源食品有限公司，
证件号码：91140100MA87654321，
住所：山西省太原市迎泽区解放路 200 号，
联系电话：0351-76543210。

出卖人：王养殖，
证件号码：142301197502021234，
住所：山西省吕梁市文水县孝义镇王家村，
联系电话：13987654321。

根据《中华人民共和国合同法》的有关规定，为进一步加快农村经济发展，实现家畜家禽养殖生产的规范化、科学化和集约化，提高养殖生产的经济效益和社会效益，本着公平、公正、诚实信用和互惠互利的原则，经双方协商，订立本家畜家禽养殖买卖合同。

第一条　出卖人负责肉鸡的养殖生产管理。买受人负责养殖生产的技术指导和销售。养殖的技术标准为按照《无公害肉鸡养殖技术规范》执行，确保饲料无添加剂，养殖环境符合卫生标准。

第二条　出卖人承诺养殖的肉鸡为 5000 只（头），按照买受人提出的技术要求和质量标准进行养殖管理，并于约定日期 2023 年 9 月 30 日前足额向买受人交售符合质量标准和等级的 5000 只。

第三条　出卖人承诺在买受人未放弃收购权时，其养殖的肉鸡

3

不向他人出售。

第四条　出卖人养殖的肉鸡应当符合约定的质量标准和等级，买受人承诺负责包销。每只的收购价为 25 元。

第五条　买受人应做好养殖生产的信息和技术培训工作，指导出卖人科学养殖，预防畜禽疾病，提高养殖质量。

第六条　如果买受人需要统一向出卖人提供畜禽种苗及预防治疗用药的，应以当地的批发价格优惠供应，具体价格为种苗 5 元/只、预防治疗用药 10 元。

第七条　因买受人在出卖人养殖管理过程中，因其提供的技术指导出现失误，或因提供的畜禽种苗、畜禽用药等出现质量问题给出卖人造成损失的，买受人应当负责对出卖人的经济赔偿。

第八条　出卖人由于不按买受人提出的技术要求和标准进行养殖的，造成的损失，由出卖人自行承担。

第九条　买受人无正当理由拒绝收购出卖人养殖的家畜家禽的，应按照该批次家畜家禽市场价值的 25 %向出卖人支付违约金。

第十条　合同争议解决方式

本合同在履行过程中发生的争议，由双方当事人协商解决或申请有关部门调解，或按下列第（2）种方式解决。

1. 提交仲裁委员会仲裁。
2. 依法向山西省太原市迎泽区人民法院起诉。

第十一条　本合同自双方签字盖章（签字捺印）后生效；合同履行完毕后失效。

本合同一式三份，双方各执一份，具有同等法律效力。

第十二条　双方当事人需要约定的其他事项________

4

1. 买受人需在交货时一次性付清全部货款。
2. 出卖人需确保肉鸡在运输过程中存活率不低于 98%。

买受人：山西牧源食品有限公司

法定代表人/授权代表：赵明

2023 年 6 月 1 日

出卖人：王养殖

授权代表：王养殖

2023 年 6 月 1 日

5

图 7–15　第二份合同

应用 DeepSeek 辅助高效完成任务，操作步骤如下：

步骤一：预先制作“合同台账 .xlsx”模板。将财务人员需要的合同关键信息字段名称输入 Excel 空白工作表，制作出“合同台账 .xlsx”模板，便于下一步操作中 DeepSeek 直接提取识别的合同信息并填入对应表格（生成 Markdown 格式文件）。

步骤一结果：图 7–16 是设置好的“合同台账 .xlsx”类目，包含了财务人员需要的合同关键信息字段。

	A	B	C	D	E	F	G	H	I
1	合同编号	合同名称	买受人身份证号	买受人名称	出卖人名称	出卖人身份证号	合同日期	标的物	含税总价

表 7–16　“合同台账 .xlsx”类目

步骤二：将需要识别的合同与“合同台账 .xlsx”模板导入 DeepSeek，要求 DeepSeek 将自动识别的合同信息自动填入台账。

对 DeepSeek 发出指令：*识别上述两份合同，提取合同的信息。按照每个合同为一行，填入“合同台账”的表格中，并输出 Markdown 代码。*

这里，我们让 DeepSeek 使用 Markdown 格式来实现生成内容自动导入 Excel 表格。

步骤二结果： DeepSeek 理解了指令，并生成了 Markdown 格式的内容（见图 7–17）。

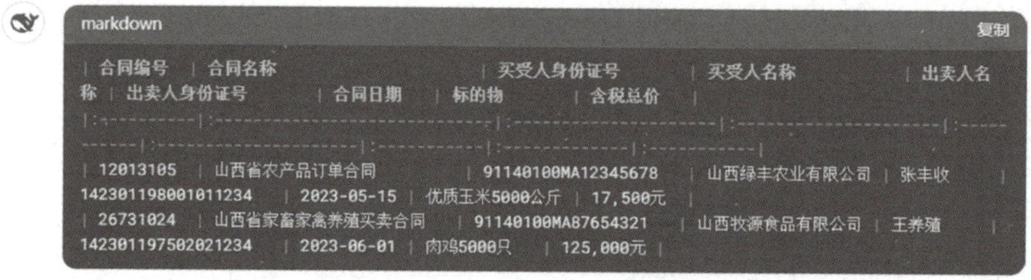

图 7–17　DeepSeek 生成的 Markdown 格式的合同内容

步骤三： 复制 DeepSeek 生成的 Markdown 格式内容，并新建一个空白 Excel 文件，将复制的文本粘贴进去。

步骤三结果： 粘贴生成内容后得到的 Excel 表格如图 7–18 所示，粘贴内容全部位于 A 列，并不符合“合同台账”模板的格式。也就是说，Markdown 格式内容粘贴到 Excel 之后，格式发生了变化，需要进行调整。

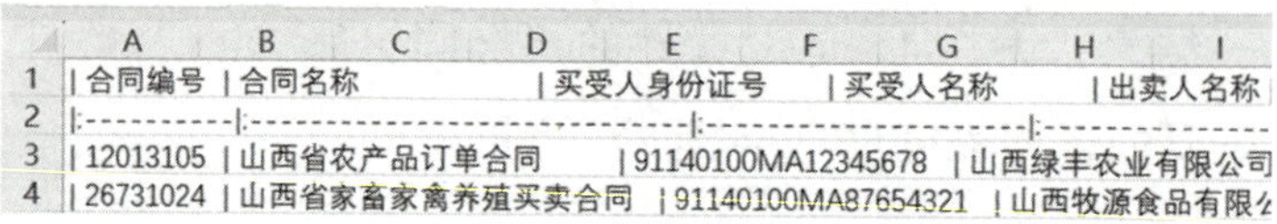

图 7–18　复制 Markdown 格式内容并粘贴到 Excel 中

步骤四： 使用 Excel 的“分列”功能调整格式。

首先，在 Excel 表格中选中需要调整的 A 列，在 Excel 功能区点击“数据”选项卡下的“分列”按钮（见图 7–19）。

图 7–19　点击“分列”按钮

然后在弹出的“文本分列向导 – 第 1 步，共 3 步”对话框中，选择“分隔符号”，点击“下一步”（见图 7–20）。

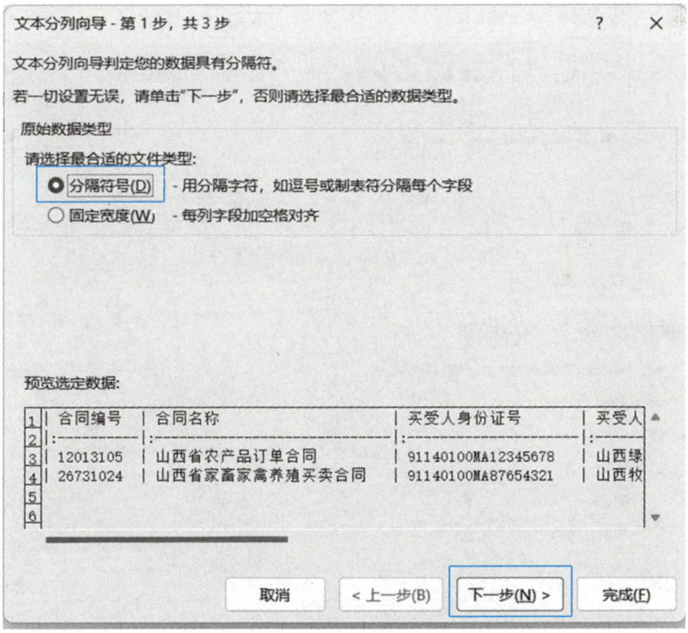

图 7–20　文本分列向导第 1 步

随后在弹出的对话框“文本分列向导 – 第 2 步，共 3 步”中，找到“分隔符号”栏目，选择最后一项“其他”，并填入“|”，即使用“|”当作分隔符进行分列，点击“下一步”（见图 7–21）。

在弹出的对话框“文本分列向导 – 第 3 步，共 3 步”中，没有需要改变的设置，直接点击“完成”（见图 7–22）。

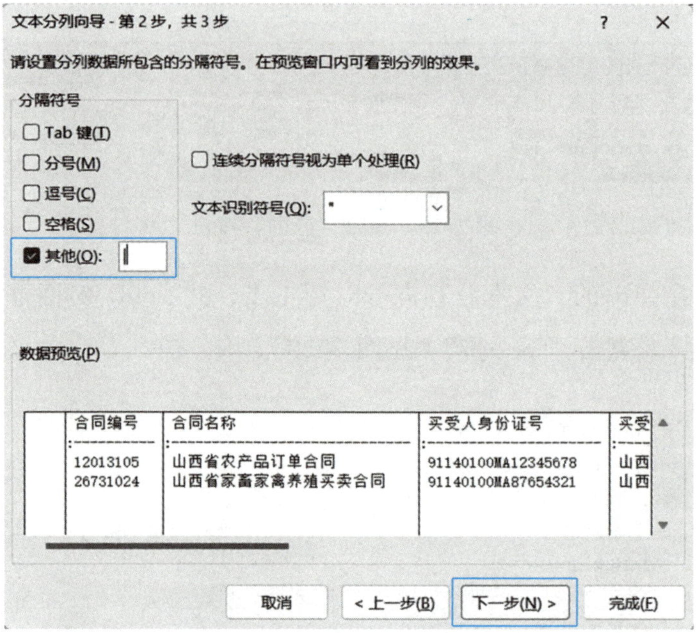

图 7–21　文本分列向导第 2 步

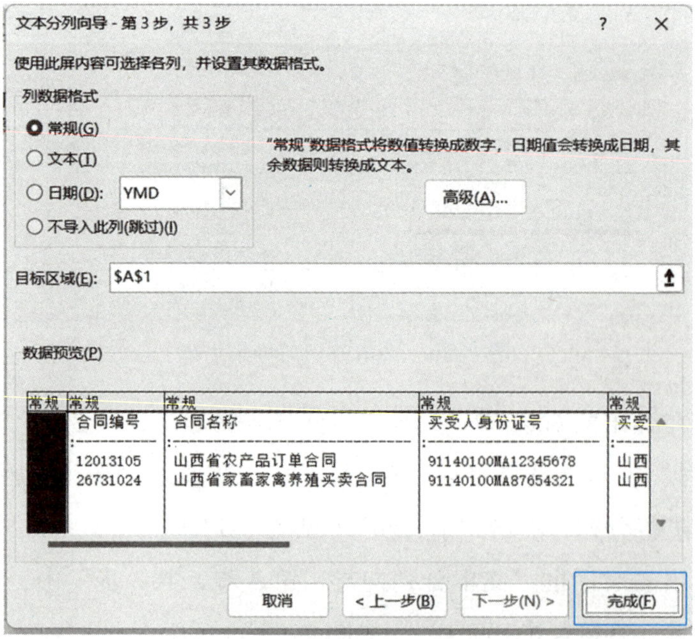

图 7–22　文本分列向导第 3 步

步骤四结果：分列操作后，Excel 表格的内容如图 7–23 所示。

B	C	D	E	F	G	H	I	J
合同编号	合同名称	买受人身份证	买受人名	出卖人名	出卖人身份证	合同日期	标的物	含税总价
:---------	:-------------------	:-----------	:--------	:--------	:-----------	:-----------	:---------	:-----------
12013105	山西省农产品订单合[	91140100MA1:	山西绿丰	张丰收	142301198001(	2023-05-15	优质玉米	17,500元
26731024	山西省家畜家禽养殖:	91140100MA8	山西牧源	王养殖	142301197502(	2023-06-01	肉鸡5000	125,000元

图 7–23　分列后的内容（部分）

步骤五：整理 Excel 表格格式。可以直接将步骤四结果的分割线（第二行）删掉，也可以将步骤四结果中的实质性内容粘贴到最初建好的“合同台账 .xlsx”中（见图 7–24）。不管使用什么方法，最终让“合同台账 .xlsx”呈现出我们想要的格式即可。

	A	B	C	D	E	F	G	H	I
1	合同编号	合同名称	买受人身份证号	买受人名称	出卖人名称	出卖人身份证号	合同日期	标的物	含税总价
2	12013105	山西省农产品订单合同	91140100MA12345678	西绿丰农业有限公	张丰收	142301198001011000	2023-05-15	优质玉米5000公斤	17,500元
3	26731024	山西省家畜家禽养殖买卖合同	91140100MA87654321	西牧源食品有限公	王养殖	142301197502021000	2023-06-01	肉鸡5000只	125,000元

图 7–24　最终版“合同台账 .xlsx”

作者点评

从本案例中可以看到，虽然合同比发票格式复杂，内容也更多，但应用 DeepSeek 依然可以轻松完成识别和填制合同台账任务。还可以看到，使用 Markdown 格式也可以实现将 DeepSeek 生成内容自动导入 Excel 表格，不过相比于使用 VBA 代码和使用 CSV 格式的方法，使用 Markdown 格式还需要手动调整格式，效率相对低。

7.4　本章总结

本章探讨了如何应用 DeepSeek 辅助财务附件识别，具体包括电子发票识别、纸质发票识别和合同识别三个典型应用场景。目前 AI 工具已经能够批量、高效、准确地进行发票、合同等财务附件的智能识别（实际上是驱动互联网上的智能识别工具完成任务），而且操作简单，财务人员很容易掌握。

通过三个案例操作，我们对比了使用 VBA 代码、CSV 格式和 Markdown 格式实现将 DeepSeek 生成内容自动导入 Excel 表格。使用 VBA 代码方法方便快捷，但有时 DeepSeek 会生成错误代码，此时可以将报错告诉 DeepSeek，让它继续调试改错，直至生成正确代码。使用 Markdown 格式需要手动再调整格式。相比之下，使用 CSV 格式错误率比较低，且内容输入 Excel 之后不用手动调整格式，属于推荐的方法。

实用技巧

- 在财务附件识别时，向 AI 工具明确提示所需数据字段的名称（如方便也可提示数据类型），以提高信息提取的准确性。
- 在生成数据处理代码或识别结果时，如果出现错误，要耐心引导 AI，详细描述报错后，让 AI 工具二次甚至多次调试和反馈迭代，最终输出正确结果。
- 灵活选择使用 VBA 代码、CSV 格式、Markdown 格式等方法，实现将 DeepSeek 生成内容自动导入 Excel 表格。三种方法各有优缺点，优先推荐 CSV 格式（出错率低且操作简便）。但是具体问题需要具体分析，出现错误时可尝试换一种方法。

下篇

应用 DeepSeek 辅助财务日常运营管理工作

除了前述各种财务基础工作，财务日常工作中还包括很多运营、管理性质的工作，包括制度建设、协议拟定、合规检查、疑难问题解决等。作为决策支持工具，财务分析及其可视化在现代财务工作中的重要性和必要性更是大大提升。

因此，本书从第 8 章开始，介绍如何应用 DeepSeek 高效辅助财务日常运营管理工作。其中，第 8 章介绍应用 DeepSeek 辅助财务制度建设；第 9 章介绍应用 DeepSeek 辅助合同拟定；第 10 章介绍应用 DeepSeek 辅助法律法规政策查询；第 11 章介绍应用 DeepSeek 辅助多场景账务处理；第 12 章介绍应用 DeepSeek 辅助财务 BP 进行可视化分析。

本书从第 8 章开始，采取给学习者分组布置任务的形式。通过对比普通组和优秀组在应用 DeepSeek 辅助完成任务过程中的不同操作并分别点评，总结应用 DeepSeek 的经验和技巧，对容易出现失误的地方进行“排雷”。所有任务都是在课堂或培训现场布置，要求各组在 60 分钟内完成。

第 8 章

应用 DeepSeek 辅助财务制度建设

财务制度建设是企业财务管理的重要职责之一，对于规范财务行为、防控风险和提升企业管理效率具有关键作用。通过为报销流程、成本费用控制、资金管理等制定清晰的制度，企业的财务运作能够更为合规、高效。财务制度建设工作通常由财务总监或财务经理牵头，由会计主管或内控专员等人员具体负责。

财务制度建设既强调合规性，要求遵守法规政策、符合行业惯例等；又强调结合企业实际，确保可执行、可落地；还因为涉及多部门利益且更新频繁，需要文字表达规范、明晰、易理解、无歧义。因此，财务制度建设是一项需要具备高度专业性和文案素质的工作。

一般来说，大型企业每隔一段时间（如两三年）会进行一次全面制度修订，也会根据实际情况进行年度微调。在外界环境、政策或自身组织结构、流程等发生重大变化时，企业也会及时修订制度。传统财务制度建设往往耗时较长，从产生意向到最终落地，少则几周，多则几月甚至更久。制度文本的不断打磨和修改令负责制度建设工作的财务人员心力交瘁。今天，企业外部环境变化频繁，企业自身组织结构、流程为适应竞争也经常快速调整，传统财务制度建设的“慢工”难以匹配这样的现实情况。

AI 的高速发展，给企业带来了提升财务制度建设效率的绝佳契机。财务人员要掌握利用 AI 快速搭建制度框架、反复打磨文本的能力，学会利用 AI 辅助快速进行合规性审查（特别是学会利用智能协同、交叉审核），更要把握财务制度建设工作中的正确人机互动关系。

应用 AI 辅助财务工作时，“懒人式 AI”“一键生成式 AI”“完全依赖 AI”“AI 全盘替代”的认识是错误的，部分自媒体类似“AI 5 分钟轻松搞定”的宣传是虚假的，不但不能提升财务人员的能力和工作效率，反而会造成大范围焦虑，也无法帮助企业产出具有可用性的工作成果。AI 无法代替财务人员进行制度建设的调研工作，无法代替管理者作决策，我们要学习的是如何让 AI 做能做的事情，把财务人员从制度建设繁重的文本工作中解放出来，如通过 AI 辅助实现高效合规性审查（一定含有人工审查成分）。

通过学习和训练与 AI 互动的技巧，掌握 AI 的属性，深刻理解它的优势和缺陷，扬长避短，财务人员就能切实大幅提高工作效率，高质高效产出优秀的工作成果，在为企业节省成本、创造价值的同时，构建自己的核心竞争力。

本章以“企业差旅费报销制度建设”为案例场景。差旅费报销制度是企业中非常常见、使用频率非常高的一项制度，几乎每个企业都有自己的差旅费报销制度。它看似简单，实则涉及很多细节，既要规范具体、详尽细致，还要可执行、便于操作。而且，随着外部环境的发展变化、企业内部结构或流程的变化调整，差旅费报销制度也需要快速响应修订。因此，企业的差旅费报销制度建设是一项长期、动态的任务，是财务工作中不可忽视的基础性环节。

本章分为三节，8.1 节以企业新建制度为场景，8.2 节以企业修订制度为场景，8.3 节为本章总结。

8.1 企业新建制度

任务场景描述

你是一家新成立的小型广告公司的财务人员，参与建设公司的差旅费报销制度。公司规模不大，人数在 100 人以下。你需要拟定完整的制度文本，然后报财务负责人审查报销流程、费用标准限额等，由财务负责人最终确定。公司虽然成立时间短且规模不大，但业务高端，发展迅速，公司领导希望制度建设完整、细致，强调合规性、合理性、可操作性。

8.1.1 普通组的操作与成果

1. 普通组操作步骤

步骤一： 上网搜索找到一份其他广告公司的差旅费报销制度文件。

步骤二： 将该 PDF 文件导入 DeepSeek，输入指令：*请根据 PDF 的内容生成一份通用的广告公司差旅费报销制度，要求尽量详尽。*

步骤三： 将生成的文字复制粘贴到 Word 文档中。

2. 普通组成果展示

××广告公司差旅费报销制度

第一章 总则

第一条 为规范公司差旅费报销流程，合理控制差旅费用，提高资金使用效率，特制定本制度。

第二条 本制度适用于公司全体员工因公出差发生的差旅费用报销。

第三条 差旅费报销应遵循“实事求是、勤俭节约、及时报销”的原则。

第二章 出差审批

第四条 员工出差前需填写《出差申请表》，明确出差目的、时间、地点、预算等，经部门负责人审批后方可出差。

第五条　部门负责人应根据工作需要合理安排出差，严格控制出差人数和天数。

第三章　费用标准

第六条　公司根据国家相关规定和公司实际情况，制定差旅费标准，包括交通费、住宿费、伙食补助费等。

第七条　交通费标准：

飞机：经济舱

火车：硬卧或二等座

轮船：三等舱

市内交通：公共交通为主，特殊情况可乘坐出租车

第八条　住宿费标准：

一线城市：××× 元 / 天

二线城市：××× 元 / 天

三线城市：××× 元 / 天

第九条　伙食补助费标准：

一线城市：××× 元 / 天

二线城市：××× 元 / 天

三线城市：××× 元 / 天

第十条　特殊情况需超标准报销的，需事先申请并经公司领导批准。

第四章　报销流程

第十一条　员工出差结束后，应及时整理差旅费用票据，填写《差旅费报销单》，并附上相关证明材料。

第十二条　部门负责人对报销单据进行审核，确认无误后签字确认。

第十三条　财务部门对报销单据进行复核，并根据公司规定进行报销。

第十四条　报销款项原则上通过银行转账方式支付。

第五章　附则

第十五条　本制度由公司财务部负责解释。

第十六条　本制度自发布之日起施行。

作者点评

从普通组的操作步骤来看，虽然能够初步使用 DeepSeek 生成差旅费报销制度，但整体流程过于简单，缺乏对 AI 模型运行机制与财务制度逻辑的深入理解。仅凭导入一份文件并使用“一句话指令”生成通用性制度，忽略了两个关键环节：一是对导入范本的评估与归纳，二是对模型输出结果的审核与优化。这种做法暴露出的问题是对 AI 应用的理解过于简单，实质上就是不理解人机协同关系，没有掌握应用 AI 反复打磨和交叉使用 AI 的能力，也不理解人工审核是不可或缺的，而且人的作用体现在引导 AI 辅助工作的每一步骤。

8.1.2　优秀组的操作与成果

1. 优秀组操作步骤

步骤一：向 DeepSeek 发出指令：*请生成一份企业的差旅费报销制度，要求如下：（1）公司所在行业：广告公司，新媒体行业；（2）公司规模：100 人以内；（3）请提供详尽的差旅费报销制度，要具备合规性、合理性和可操作性；（4）允许联网搜索，请按照最新的格式生成；（5）对于金额部分请参考行业标准。*

步骤一结果：DeepSeek 可以理解问题，但生成制度的详细程度有待提高，文字不到 1 000 字，涉及系列金额的部分没有制作表格；费用标准没有区分地区（如按照一线城市、二线城市、三线及以下城市进行区分）；此外，一些金额出现常识性错误（如普通员工和部门负责人及以上职级的每日住宿费上限分别达到 6 000 元和 8 000 元，如图 8–1 所示）。

> *第七条 住宿费*
> *普通员工每日上限 6000 元，部门负责人及以上职级每日上限 8000 元。*

图 8–1　步骤一结果中的常识性错误示例

步骤二：继续向 DeepSeek 发出指令：*在这份制度的基础上进行修改，内容要更加细化详尽，涉及系列金额的部分请制作表格，费用标准按照一线城市、二线城市、三线及以下城市进行区分。要检查所有的费用限额，对于明显偏高的进行合理化修改。*

步骤二结果：DeepSeek 能够理解问题，新生成的差旅费报销制度更加详尽，条款增加了 1/3，全文达到接近 2 000 字，使用了表格；费用标准按照要求进行了修改。原先明显不合理的费用限额也做了调整（如图 8–2 所示）；人工审查发现此次新生成的差旅费报销制度详尽给出了报销流程与时限（如图 8–3 所示），但是该流程与公司现有报销流程有出入——目前公司的报销流程是根据员工提交经部门领导批准的《出差申请单》和《差旅费报销单》进行报销，不再需要部门复核，全部流程已经实现通过办公软件完成；除此之外，人工审查没有再发现明显的错误。

第八条 住宿费

城市级别	普通员工标准（元/天）	部门负责人及以上标准（元/天）
一线城市	400	800
二线城市	300	600
三线及以下城市	200	500

图 8–2 步骤二生成的住宿费标准调整

第四章 报销流程与时限

步骤	具体操作要求	责任人	时限要求
1. 提交报销申请	员工填写《差旅费报销单》，并附上所有有效凭证（如机票、住宿发票、餐饮发票等）。	出差员工	出差结束后 7 个工作日内
2. 凭证审核	财务部门审核报销单及凭证，确保金额、票据、用途等信息准确无误。	财务部门	收到申请后 3 个工作日内
3. 部门复核	部门负责人复核报销单，确认出差目的、时间、费用合理性。	部门负责人	收到申请后 2 个工作日内
4. 财务审批	财务部门完成最终审批，确认报销金额无误后，安排支付。	财务部门	复核通过后 2 个工作日内
5. 报销支付	财务部门将报销款项支付至员工指定银行账户。	财务部门	审批通过后 3 个工作日内
6. 凭证归档	财务部门将报销单及凭证归档，保存至少 5 年以备审计。	财务部门	支付完成后 1 个工作日内

图 8–3 步骤二生成的“报销流程与时限”

步骤三： 继续向 DeepSeek 发出指令：*请将第四章报销流程与时限的步骤 1 修改为：员工提交《出差申请单》和《差旅费报销单》，并附上所有有效凭证（如机票、住宿发票、餐饮发票等）；删除步骤 3；调整步骤序号；其他部分不要改动。*

步骤三结果： DeepSeek 按照要求生成了新的差旅费报销制度。报销流程部分改动如图 8–4 所示。

第四章 报销流程与时限

步骤	具体操作要求	责任人	时限要求
1. 提交报销申请	员工在线提交经部门领导审批的《出差申请单》和《差旅费报销单》，并附所有有效凭证（如机票、住宿发票、餐饮发票等）。	出差员工	出差结束后 7 个工作日内
2. 凭证审核	财务部门审核报销单及凭证，确保金额、票据、用途等信息准确无误。	财务部门	收到申请后 3 个工作日内
3. 财务审批	财务部门完成最终审批，确认报销金额无误后，安排支付。	财务部门	复核通过后 2 个工作日内
4. 报销支付	财务部门将报销款项支付至员工指定银行账户。	财务部门	审批通过后 3 个工作日内
5. 凭证归档	财务部门将报销单及凭证归档，保存至少 5 年以备审计。	财务部门	支付完成后 1 个工作日内

图 8–4 步骤三结果中对报销流程的改动

步骤四： 应用其他 AI 大模型（如 Kimi）交叉提问。应用 Kimi 进一步确认步骤三结果的合理性、合规性。向 Kimi 发出指令：*假设你是公司法务，请根据你的现有数据库及使用联网检索，对这份广告公司差旅费报销制度的法律错误和常识错误进行评价，并给出修改建议。*

步骤四结果： Kimi 返回的结果如下所示：

以下是对这份差旅费文件的法律错误和常识错误的评价及改正建议：

法律错误

- **未明确提及员工权益保障：** 文件中未提及员工在出差期间的工伤认定、意外伤害赔偿等权益保障问题。根据《工伤保险条例》，员工因工作原因出差期间受到事故伤害或者患职业病的，应当认定为工伤，享受工伤保险待遇。公司应在制度中明确，员工出差期间如发生工伤，公司将依法协助员工进行工伤认定和赔偿申请。

- **未涉及劳动法律法规**：文件中未提及《中华人民共和国劳动法》《中华人民共和国劳动合同法》等相关法律法规。例如，员工出差期间的工作时间、加班工资支付等问题，应依据《中华人民共和国劳动法》相关规定执行。公司应在制度中明确，员工出差期间的工作时间应按照公司正常工作时间计算，如因工作需要延长工作时间的，应按照国家规定支付加班工资。
- **缺乏对员工隐私保护的说明**：文件中未提及员工出差期间的隐私保护问题。根据《中华人民共和国个人信息保护法》，公司在处理员工个人信息时，应遵循合法、正当、必要的原则，保障员工的隐私权益。公司应在制度中明确，员工出差期间的相关信息，如行程安排、住宿信息等，将严格保密，仅用于公司内部管理及差旅费报销等必要用途，不得泄露给无关第三方。

常识错误

- **住宿费限额设置不合理**：文件中规定的住宿费限额可能与实际市场情况不符。例如，一线城市（北京、上海、广州、深圳）的住宿费用较高，普通员工的住宿费限额 400 元 / 晚可能难以满足实际需求。公司应根据当地市场行情和公司财务状况，合理调整住宿费限额，确保员工在出差期间能够获得合适的住宿条件。
- **市内交通费补贴标准偏低**：文件中规定的市内交通费补贴标准为每人每天 50 元，可能无法满足员工在出差期间的实际交通需求。特别是在一些大城市，公共交通费用较高，且可能需要乘坐出租车前往较远的地方。公司可以考虑适当提高市内交通费补贴标准，或者根据城市级别和交通状况制定不同的补贴标准。
- **报销流程与时限规定不够灵活**：文件中规定报销流程与时限较为严格，如员工提交报销申请的时限为出差结束后 7 个工作日内，财务部门审批的时限为收到申请后 3 个工作日内等。在实际工作中，可能会出现一些特殊情况导致员工无法按时提交报销申请，或者财务部门无法按时完成审批。公司可以适当放宽报销流程与时限的规定，增加一些特殊情况的处理机制，以提高制度的灵活性和可操作性。

改正建议

- **增加员工权益保障条款**：在第一章“总则”中增加一条“员工权益保障”，明确公司在员工出差期间将依法保障员工的合法权益，包括工伤认定、意外伤害赔偿、劳动报酬支付等，并按照国家相关法律法规执行。

- **引用相关法律法规**：在文件开头增加“法律依据”部分，明确本制度依据《中华人民共和国劳动法》《中华人民共和国劳动合同法》《工伤保险条例》等法律法规制定，确保制度的合法性和权威性。
- **完善隐私保护说明**：在第三章“差旅费用标准”中增加一条“员工隐私保护”，明确公司在处理员工出差信息时将严格遵守《中华人民共和国个人信息保护法》等相关法律法规，保障员工的隐私权益，不得泄露员工个人信息。
- **调整住宿费限额和市内交通费补贴标准**：根据当地市场行情和公司财务状况，对住宿费限额和市内交通费补贴标准进行合理调整。例如，将一线城市普通员工的住宿费限额提高至 800 元 / 晚，将市内交通费补贴标准提高至每人每天 80 元，并根据城市级别和交通状况制定不同的补贴标准。
- **优化报销流程与时限规定**：适当放宽报销流程与时限的规定，增加特殊情况的处理机制。例如，将员工提交报销申请的时限延长至出差结束后 10 个工作日内，并规定如因特殊情况无法按时提交报销申请的，经部门负责人批准后可适当延长提交时限；财务部门审批的时限可根据实际情况适当延长，但最长不得超过 5 个工作日。

步骤五：将 Kimi 指出的问题和修改建议按照公司实际情况进行调整，如一线城市普通员工的住宿费限额按照公司惯例设为 600 元 / 晚，然后输入给 DeepSeek 进行修改。为了避免出现文件误读，将调整后的修改建议用文字的方式输入 DeepSeek，向 DeepSeek 发出指令：*以下是对前面差旅费报销制度的法律错误和常识错误的评价及修改建议，请据此继续修改制度：……*

步骤五结果：DeepSeek 能够理解修改建议，并进行相应修改：引用了相关法律法规，增加了员工权益保障条款，完善了隐私保护说明，调整了费用限额和补贴标准（住宿费限额部分如图 8–5 所示），放宽了部分报销时限要求（如图 8–6 所示）。同时，DeepSeek 还按照自己的理解优化了一些 Kimi 没有提出修改建议的地方（主要是在表达形式方面，内容没有实质性变化）。

第九条 住宿费限额

城市级别	普通员工（元/晚）	部门负责人及以上（元/晚）
一线城市（北京、上海、广州、深圳）	600	800
省会城市及二线发达城市	500	600
其他城市	400	500

图 8–5 步骤五结果中对住宿费限额的调整

第四章 报销流程

第十三条 报销流程与时限

步骤	具体操作要求	责任人	时限要求
1. 提交报销申请	员工填写《差旅费报销单》，并附上所有有效凭证（如机票、住宿发票、餐饮发票等）。	出差员工	出差结束后 10 个工作日内
2. 凭证审核	财务部门审核报销单及凭证，确保金额、票据、用途等信息准确无误。	财务部门	收到申请后 5 个工作日内
3. 财务审批	财务部门完成最终审批，确认报销金额无误后，安排支付。	财务部门	复核通过后 3 个工作日内
4. 报销支付	财务部门将报销款项支付至员工指定银行账户。	财务部门	审批通过后 3 个工作日内
5. 凭证归档	财务部门将报销单及凭证归档，保存至少 5 年以备审计。	财务部门	支付完成后 1 个工作日内

第十四条 特殊情况处理

1.如因特殊情况无法按时提交报销申请，经部门负责人批准后可适当延长提交时限，但最长不得超过出差结束后 1 个月。

2.财务部门如遇特殊情况无法按时完成审批，需及时通知报销人，并说明原因，审批时限最长不得超过 7 个工作日。

图 8–6 步骤五结果中对报销时限的调整

步骤六：对步骤五生成的结果进行人工审核，对一些字句和格式进行调整后，提交给财务负责人。

财务负责人建议细化费用标准的级别划分，将原有的“普通员工、部门负责人及以上”细化为“普通员工、部门负责人、副总经理和总经理及以上”，并直接给出了各级别的费用标准。同时，财务负责人认为可以放宽员工提交报销申请的时限要求，但不应放宽财务部凭证审核和财务审批的时限要求，并将二者的时限分别确定为 3 个工作日和 2 个工作日，如遇到特殊情况可以通知报销人并适当延长，但时限最长不得超过 10 个工作日。这样才能充分体现和发挥财务支持业务、服务业务的作用。

将上述修改要求输入给 DeepSeek，并要求不再改动已生成制度的其他部分。

步骤六结果：DeepSeek 生成了本任务的最终结果，经人工微调后，得出最终成果。

2. 优秀组成果展示

××广告公司差旅费报销制度

第一章 总则

第一条 目的

为加强公司差旅费管理，规范差旅费报销流程，合理控制费用支出，依据《中华人民共和国劳动法》《中华人民共和国劳动合同法》《工伤保险条例》《中华人民共和国个人信息保护法》等法律法规及公司实际情况，特制定本制度。

第二条 适用范围

本制度适用于公司全体员工因工作需要出差所产生的差旅费报销管理。

第三条 基本原则

1. 合规性：差旅费用报销需符合国家法律法规及公司财务制度。

2. 合理性：差旅费用支出应基于实际需要，避免浪费。

3. 透明性：报销流程公开透明，确保公平公正。

4. 员工权益保障：公司依法保障员工出差期间的合法权益，包括工伤认定、意外伤害赔偿、劳动报酬支付等。

第四条 法律依据

本制度依据《中华人民共和国劳动法》《中华人民共和国劳动合同法》《工伤保险条例》《中华人民共和国个人信息保护法》等法律法规制定，确保制度的合法性和权威性。

第二章 审批流程

第五条 出差申请

1. 员工出差前需填写《出差申请单》，详细注明出差事由、行程安排（包括出发地、目的地、预计出发和返回时间）、预计费用等信息。若出差涉及会议或培训，需附上相关通知文件。

2.《出差申请单》按以下权限依次审批：

普通员工出差：部门负责人审核，分管领导批准。

部门负责人出差：分管领导审核，总经理批准。

公司高层领导出差：总经理批准。

3. 审批通过后，员工方可出差。

第六条 行程变更

出差期间如因特殊情况需变更行程，应及时填写《出差行程变更申请单》，说明变更原因及调整后的行程安排，按原审批流程重新审批。

第七条 审批责任

1. 各级审批人员应严格审核出差申请，确保出差的必要性与合理性。

2. 审批人员应重点关注出差事由是否与工作相关、行程安排是否紧凑合理、预计费用是否在合理范围内等。

3. 若因审核不严导致违规出差，审批人员需承担相应责任。

第三章 差旅费用标准

第八条 交通工具乘坐标准

职级	交通工具标准
总经理及以上级别	飞机头等舱、高铁 / 动车商务座、轮船一等舱，其他交通工具实报实销。
副总经理级别	飞机经济舱（全价票及以下）、高铁 / 动车一等座、轮船二等舱。
部门负责人级别	飞机经济舱（折扣票优先）、高铁 / 动车二等座、轮船三等舱。
普通员工	火车硬席（硬座、硬卧）、高铁 / 动车二等座、轮船四等舱。长途出行（6 小时以上）无座，经部门负责人批准，可购买同级别其他交通工具车票。

第九条　住宿费限额

城市级别	总经理及以上（元 / 晚）	副总经理（元 / 晚）	部门负责人（元 / 晚）	普通员工（元 / 晚）
一线城市（北京、上海、广州、深圳）	1500	1200	800	600
省会城市及二线发达城市	1200	1000	600	500
其他城市	1000	800	500	400

第十条　伙食补助费

1. 国内出差：每人每天伙食补助费标准为 80 元，实行定额包干，不再报销餐饮发票。

2. 如因工作需要参加会议、培训等，主办方统一安排餐饮的，按实际天数扣除相应伙食补助费。

第十一条　市内交通费

每人每天市内交通费标准为 80 元，优先选择公共交通工具。如因工作需要乘坐出租车，需注明事由、起止地点等信息，凭发票报销，但报销金额不得超过标准。

第十二条　员工隐私保护

公司严格遵守《中华人民共和国个人信息保护法》，员工出差期间的行程安排、住宿信息等将严格保密，仅用于公司内部管理及差旅费报销等必要用途，不得泄露给无关第三方。

第四章　报销程序

第十三条　报销流程与时限

步骤	具体操作要求	责任人	时限要求
1. 提交报销申请	员工在线提交经部门领导审批的《出差申请单》和《差旅费报销单》，并附所有有效凭证（如机票、住宿发票、餐饮发票等）。	出差员工	出差结束后 10 个工作日内
2. 凭证审核	财务部门审核报销单及凭证，确保金额、票据、用途等信息准确无误。	财务部门	收到申请后 3 个工作日内
3. 财务审批	财务部门完成最终审批，确认报销金额无误后，安排支付。	财务部门	复核通过后 2 个工作日内
4. 报销支付	财务部门将报销款项支付至员工指定银行账户。	财务部门	审批通过后 3 个工作日内
5. 凭证归档	财务部门将报销单及凭证归档，保存至少 5 年以备审计。	财务部门	支付完成后 1 个工作日内

第十四条 特殊情况处理

1. 如因特殊情况无法按时提交报销申请，经部门负责人批准后可适当延长提交时限，但最长不得超过出差结束后 1 个月。

2. 财务部门如遇特殊情况无法按时完成凭证审核和财务审批，需及时通知报销人，并说明原因，但时限最长不得超过 10 个工作日。

第五章 特殊情况处理

第十五条 超标准报销

1. 适用范围：因特殊情况（如会议地点偏远、酒店价格异常上涨等）导致费用超出标准。

审批流程：

员工填写《超标准报销申请表》，详细说明超标准原因及金额。

部门负责人审核后，提交分管领导审批。

分管领导审批通过后，财务部门方可报销超标准部分。

2. 审批时限：超标准报销申请需在提交报销申请时一并提交，审批流程不得超过 5 个工作日。

第十六条 退票与改签

因公司原因导致的退票、改签费用由公司承担；因个人原因导致的费用由员工自行承担。

第十七条 延期与变更

出差时间延长或行程变更需及时报备，相关费用需重新审批。

第六章 票据管理

第十八条 票据要求

1. 差旅费报销必须提供真实、合法、有效的票据。

2. 住宿费发票应开具公司名称，注明住宿日期、入住人数、单价、金额等详细信息。

3. 交通票据应包括飞机票、火车票、汽车票、出租车票等，票面信息应清晰完整，与出差行程一致。

第十九条 票据审核

1. 财务人员对报销票据进行严格审核，通过发票查验平台等工具核实发票真伪。

2. 对于票据不齐全、内容不清晰或与出差行程不符的，财务部门有权要求报销人补充说明或提供其他证明材料。

第二十条 特殊情况处理

1. 若因特殊情况无法取得住宿费发票，需填写《无住宿费发票情况说明》，经部门负责人批准后，可报销城市间交通费、伙食补助费和市内交通费，但不得报销住宿费。

第七章 禁止行为

第二十一条 禁止行为

1. 严禁超标准、超范围报销差旅费。
2. 禁止虚报出差人数和天数，不得变相发放补助。
3. 杜绝以出差名义进行变相旅游或擅自更改行程。
4. 严禁利用差旅费报销套取资金。

第八章 监督与处罚

第二十二条 监督机制

公司成立监督小组，定期对差旅费管理与使用情况进行检查评估。

第二十三条 处罚措施

1. 对违反本制度的行为，视情节轻重给予相应处罚。
2. 情节较轻的，给予警告、通报批评；情节严重的，除追回违规所得外，给予罚款、降职、解除劳动合同等处罚；涉及违法犯罪的，移交司法机关处理。

第九章 附则

第二十四条 制度修订

本制度由公司财务部负责解释与修订。

第二十五条 生效日期

本制度自发布之日起施行，如有与本制度相抵触的规定，以本制度为准。

附件

《出差申请单》

《出差行程变更申请单》

《差旅费报销单》

《超标准报销申请表》

《无住宿费发票情况说明》

作者点评

优秀组以“智能协同＋人工审阅”的方式，反复打磨制度文本，取得了较为理想的结果。优秀组的操作亮点包括：首先，很好地利用了 DeepSeek 强大的逻辑构建能力与格式清晰性；其次，较好发挥了应用其他大模型交叉审核的智能协同作用，没有让 Kimi 直接在 DeepSeek 生成结果的基础上生成新的结果，而是要求 Kimi 做评价和给出修改建议，并且也没有直接全盘采纳修改建议，而是先进行人工审核，再与 DeepSeek 互动；最后，对 AI 生成结果的每一步都进行了人工审核，发挥了 AI“结构框架构建者”和“底稿生成器”的作用，再辅以人工审查和调整，这样既可充分利用 AI 的效率优势又能确保最终成果可用。

8.2 企业修订制度

任务场景描述

你是一家小型制造业企业的财务人员，需要修订公司的差旅费报销制度。由于物价变动，公司原来的报销标准无法满足出差需求，需要调整。同时，企业现在应用的 OA 办公自动化系统内置报销模块，目前出差申请、报销申请等流程已经全部上线，与早期的报销流程不同。此外，公司一年前停止了差旅费预支，员工出差均采用先垫支、再报销的方式。最后，公司正在进行制度体系完善工作，领导希望此次差旅费报销制度的修订能够对原来比较简单，不够细致，合规性、合理性有所欠缺的制度文本进行细化完善，提高完整性和可操作性，同时要采用公司新制度体系的统一格式。

公司原有差旅费报销制度如下：

××公司差旅费报销制度

目的：

为规范员工差旅费用的报销流程，确保费用合理、透明，特制定本制度。

适用范围：

本制度适用于公司所有因公出差的员工。

报销范围：

1. 交通费：包括机票、火车票、出租车费、公共交通费等。优先选择经济舱或二等座，特殊情况需提前申请。
2. 住宿费：根据出差地标准，选择经济型酒店，标准为每晚不超过 200 元。
3. 餐饮费：按出差天数补贴，标准为每天 50 元，凭发票报销。
4. 其他费用：如通讯费、办公用品等，需提供合理说明及发票。

报销流程：

1. 预支申请：出差前可申请预支费用，填写《差旅预支申请表》，经部门负责人审批后领取。
2. 费用报销：出差结束后 7 个工作日内，填写《差旅费用报销单》，附上所有发票及凭证，提交部门负责人审核。
3. 审核与支付：财务部审核无误后，于 5 个工作日内完成报销支付。

注意事项：

1. 所有报销需提供正规发票，发票内容与实际支出一致。
2. 超出标准的费用需提前申请，未经批准的超支部分自行承担。

3. 虚报、假报费用者，一经查实，将追究责任。

本制度自发布之日起生效。

经财务负责人上报公司领导后决定，新的差旅费报销标准、流程和相关要求如下：

1. 费用报销范围和金额

（1）交通费：①员工优先选择经济舱和二等座；②部门经理优先选择经济舱和一等座及以下；③副总经理及以上优先选择商务舱及以下和商务座及以下。

（2）住宿费：①员工一线城市（北京、上海、广州）每晚不超过 500 元，其他城市不超过 300 元；②部门经理级别，一线城市每晚不超过 800 元，其他城市不超过 500 元；③副总经理及以上职级，一线城市每晚不超过 1 000 元，其他城市不超过 800 元。

（3）餐费补助：一线城市一天 100 元，其他城市一天 80 元。

（4）市内交通：实报实销，优先选择公共交通，乘坐出租车或网约车需说明事由和提供起止地点等信息。

2. 差旅报销流程：

不再使用预支申请，员工自行垫付差旅费报销费用。出差前，员工应先通过公司 OA 系统提交《出差申请单》，在系统中填写出差事由、起止地点、时间等相关内容，在系统中推送给审批领导进行审批；出差回来后在系统中提交差旅费申请单和电子发票，提交给上级领导审批；审批通过后，提交给财务部门审批；财务部门审批通过后，支付报销费用。

3. 审批权限：

员工出差，由部门经理审批；部门经理出差，由副总经理审批；副总经理及以上职级出差，由总经理审批。

4. 注意事项：

住宿费发票需要提供增值税专用发票，其他发票提供增值税普通发票即可。

8.2.1　普通组的操作与成果

1. 普通组操作步骤

将公司原有差旅费报销制度以 Word 文档形式上传给 DeepSeek，并对 DeepSeek 发出指令，如图 8-7 所示。

原有差旅费报销制度.docx
DOCX 15.94KB

我是一家小型制造业企业的财务人员，现在需要修订公司的差旅费报销制度。请阅读我们公司领导班子提出的新差旅费报销要求，按照新的差旅费报销要求，为我出具一份新的差旅费报销制度。新差旅费报销制度要求如下：

经财务负责人上报公司领导决定，新的差旅费报销标准、流程和相关要求为：

费用报销范围和金额：（1）交通费：①员工优选经济舱和二等座；②部门经理优选经济舱和一等座及以下；③副总经理及以上优选商务舱及以下和商务座及以下。

（2）住宿费：①员工一线城市（北上广）每晚不超过500元，其他城市不超过300元；②部门经理级别，一线城市每晚不超过800元，其他城市不超过500元；③副总经理及以上职级，一线城市每晚不超过1000元，其他城市不超过800元。

（3）餐费补助：一线城市一天100元，其他城市一天80天。

（4）市内交通：实报实销，优先选择公共交通，乘坐出租车或网约车需说明事由和提供起止地点等信息。

差旅报销流程：不再使用预支申请，员工自行垫付差旅报销费用。出差前，员工应先通过公司OA系统提交《出差申请单》，在系统中填写出差事由、起止地点、时间等相关内容，在系统中推送给审批领导进行审批；出差回来，在系统中提交差旅费申请单和电子发票，推送上级领导审批；审批通过后，推送财务部门审批；财务部门审批通过后，支付报销费用。

审批权限：员工出差，由部门经理审批；部门经理出差，由副总经理审批；副总经理及以上出差，由总经理审批。

注意事项：住宿费发票需要提供增值税专用发票，其他发票提供增值税普通发票即可。

图 8–7　普通组操作步骤

2. 普通组成果展示

× × 公司差旅费报销制度（修订版）

目的

为规范员工差旅费用的报销流程，确保费用合理、透明，同时适应公司发展需求，特修订本制度。

适用范围

本制度适用于公司所有因公出差的员工。

一、报销标准

1. 交通费
   - 员工：优先选择经济舱（飞机）或二等座（火车）。
   - 部门经理：优先选择经济舱（飞机）或一等座及以下（火车）。
   - 副总经理及以上：可选择商务舱及以下（飞机）或商务座及以下（火车）。
2. 住宿费
   - 员工：
     - 一线城市（北京、上海、广州）：每晚不超过 500 元。
     - 其他城市：每晚不超过 300 元。
   - 部门经理：
     - 一线城市：每晚不超过 800 元。
     - 其他城市：每晚不超过 500 元。
   - 副总经理及以上：
     - 一线城市：每晚不超过 1000 元。
     - 其他城市：每晚不超过 800 元。

注：住宿费需提供增值税专用发票。

3. 餐费补助
   - 一线城市：每天 100 元。
   - 其他城市：每天 80 元。

   注：餐费补助无需发票，按出差天数计算。
4. 市内交通费
   - 优先选择公共交通，实报实销。
   - 乘坐出租车或网约车需说明事由，并提供起止地点等信息。

   注：需提供增值税普通发票。
5. 其他费用

如通信费、办公用品等，需提供合理说明及增值税普通发票。

二、报销流程

出差前：

- 员工通过公司 OA 系统提交《出差申请单》，填写出差事由、起止地点、时间等信息。
- 推送至审批领导：
  - 员工出差：由部门经理审批。
  - 部门经理出差：由副总经理审批。
  - 副总经理及以上出差：由总经理审批。

出差结束后：

- 员工在 OA 系统中提交《差旅费用报销单》，并上传电子发票及相关凭证。
- 推送至上级领导审批，审批通过后提交财务部门审核。

财务审核与支付：

- 财务部门审核无误后，于 5 个工作日内完成报销支付。

三、注意事项

- 所有报销需提供正规发票，发票内容与实际支出一致。
- 超出标准的费用需提前申请，未经批准的超支部分自行承担。
- 虚报、假报费用者，一经查实，将追究责任。
- 住宿费必须提供增值税专用发票，其他费用提供增值税普通发票即可。

本制度自发布之日起生效，原有制度同时废止。

××公司财务部

日期：2025 年 3 月 24 日

附：

- 本制度解释权归公司财务部所有。
- 如有疑问，请联系财务部相关人员。

作者点评

本节普通组的操作思路与 8.1 节中普通组的操作思路相似（实际上也是大多数不懂得 AI 操作方法和技巧的使用者的思路），就是简单直白，希望一键生成所需内容。这样操作，如果运气好，生成的文本没有大错，但显然达不到预期标准；如果运气不好，生成的文本问题比较多，无法直接使用，需要人工进行大量修改。不能正确使用 AI，不能利用人机协同，就无法利用 AI 辅助实现工作效率大幅提高。

8.2.2 优秀组的操作与成果

1. 优秀组操作步骤

步骤一： 将公司原有差旅费报销制度和新差旅费报销要求以 Word 文档形式上传至 DeepSeek，并向 DeepSeek 发出指令：*我是一家小型制造业企业的财务人员，现在需要修订公司的差旅费报销制度。请阅读我上传的原有差旅费报销制度和新差旅费报销要求，按照新的差旅费报销要求，拟定公司新的差旅费报销制度。要求尽量详尽完整，具备合规性、合理性、可操作性，并要求各种费用标准尽量采用表格形式。*

步骤一结果： DeepSeek 理解了指令，生成了如下所示的新的差旅费报销制度。新制度将公司的新差旅费报销要求都纳入其中，并且各种费用标准都采用了表格形式。

××公司差旅费报销制度（修订版）

一、目的

为规范员工差旅费用的报销流程，确保费用合理、透明，特制定本制度。

二、适用范围

本制度适用于公司所有因公出差的员工。

三、职级划分

公司职级分为三级：

- **员工**
- **部门经理**
- **副总经理及以上**

四、报销范围与标准

1. 交通费

职级	交通工具标准
员工	优先选择经济舱（飞机）或二等座（火车）
部门经理	优先选择经济舱（飞机）或一等座及以下（火车）
副总经理及以上	优先选择商务舱及以下（飞机）或商务座及以下（火车）

- **市内交通**：实报实销，优先选择公共交通。乘坐出租车或网约车需说明事由，并提供起止地点等信息。

2. 住宿费

职级	一线城市（北京、上海、广州）	其他城市
员工	每晚不超过 500 元	每晚不超过 300 元
部门经理	每晚不超过 800 元	每晚不超过 500 元
副总经理及以上	每晚不超过 1000 元	每晚不超过 800 元

- **发票要求**：住宿费需提供增值税专用发票（专票）。

3. 餐饮费

城市级别	餐费标准
一线城市（北京、上海、广州）	每天 100 元
其他城市	每天 80 元

- 餐饮费需凭发票报销，无发票部分不予支付。

4. 其他费用

- **通信费、办公用品**：需提供合理说明及发票。
- **客户招待费用**：需单独填写《客户招待费用报销单》，注明客户姓名、招待事由，并附发票。
- **培训 / 会议费用**：参加外部培训或会议，需提前提交通知文件，经部门经理审批后方可报销。

五、报销流程

1. 出差申请

- 员工需通过 OA 系统提交《出差申请单》，填写出差事由、起止地点、时间、预算等内容。
- **审批权限**：
  - 员工出差：部门经理审批。
  - 部门经理出差：副总经理审批。
  - 副总经理及以上出差：总经理审批。

2. 费用报销

- 员工需在出差结束后 **7 个工作日内**通过 OA 系统提交《差旅费报销单》，并上传电子发票及证明材料（如交通票据、住宿发票等）。
- **审批流程**：
  - 部门经理审核费用合理性及标准符合性。
  - 财务部复核发票真实性及报销金额，并于 **5 个工作日内**完成支付。

六、发票要求

- **发票类型**：
  - 住宿费：必须开具增值税专用发票（专票）。
  - 其他费用：普通发票（普票）即可。
- **发票信息**：
  - 发票抬头需与公司全称一致，税号、金额、开票日期等信息完整无误。

- 财务部有权通过国家税务总局发票查验平台核实发票真伪。

七、生效日期

本制度自发布之日起执行，原有制度同时废止。

×× 公司

日期：×××× 年 ×× 月 ×× 日

附件

1. 《出差申请单》（OA 系统模板）
2. 《差旅费报销单》（OA 系统模板）
3. 《客户招待费用报销单》（OA 系统模板）

步骤二： 为了进一步完善上述生成的新制度，要求 DeepSeek 进行自查和自我完善。首先，让 DeepSeek 自我学习和整理出建设企业差旅费报销制度的关键要点，并就这个问题进行自我强化学习。向 DeepSeek 发出指令：*公司建设差旅费报销制度的核心要点有哪些。*

步骤二结果： DeepSeek 给出了公司建设差旅费报销制度的十个核心要点，如下所示：

一、明确制度目的与适用范围

- **目的**：
  - 规范差旅费用报销流程，确保费用合理、透明。
  - 控制差旅成本，提高资金使用效率。
  - 保障员工出差期间的合法权益。
- **适用范围**：
  - 明确制度适用于所有因公出差的员工，包括全职、兼职及外派人员。

二、职级划分与费用标准

- **职级划分**：
  - 根据公司组织架构，明确不同职级的差旅费报销标准（如员工、部门经理、副总经理及以上）。
- **费用标准**：
  - **交通费**：按职级规定交通工具标准（如经济舱、商务舱、一等座、二等座等）。
  - **住宿费**：按职级和城市级别设定住宿标准（如一线城市、二线城市等）。
  - **餐饮费**：按城市级别设定每日餐费补贴标准。
  - **其他费用**：如通讯费、办公用品等，需明确报销范围和标准。
- **用标准表格化**：
  - 使用表格清晰展示不同职级、不同城市的费用标准，便于员工查阅和执行。

三、报销流程与审批权限

- **报销流程**：
  - **出差申请**：员工需提前提交出差申请，注明出差事由、时间、地点及预算。
  - **费用报销**：出差结束后，员工需在规定时间内提交报销申请，并附上相关发票和凭证。
  - **审批流程**：明确各级审批权限（如员工出差由部门经理审批，部门经理出差由副总经理审批等）。
- **电子化流程**：
  - 通过 OA 系统或财务软件实现差旅申请、报销、审批的全流程电子化，提高效率。

四、发票与凭证要求

- **发票类型**：
  - 明确住宿费需开具增值税专用发票（专票），其他费用可开具普通发票（普票）。
- **电子发票**：
  - 要求所有报销均提供电子发票，避免纸质发票丢失或损坏。

- **发票信息**：
  - 发票抬头、税号、金额等信息需完整无误，且与实际支出一致。
- **凭证要求**：
  - 提供交通票据、住宿发票、餐饮发票等原始凭证，确保报销真实合规。

五、特殊情况处理

- **特殊情况范围**：
  - 包括航班延误、酒店满房、突发疾病等不可抗力因素导致的费用超支。
- **处理流程**：
  - 员工需在特殊情况发生后及时报备，并在报销时提供相关证明文件（如航班延误证明、医院诊断证明等）。

六、预算控制与成本管理

- **预算控制**：
  - 各部门需提前提交差旅费预算，财务部根据预算进行费用控制。
- **超预算处理**：
  - 超预算部分需提交书面说明，并经上级领导批准后方可报销。

七、违规处理与责任追究

- **违规行为**：
  - 包括虚报、假报费用，重复报销，超标准报销等。
- **处理措施**：
  - 第一次违规：警告并追回违规报销金额。
  - 第二次违规：扣除当月绩效奖金。
  - 第三次违规：解除劳动合同。

八、制度宣导与培训

- **制度宣导**：
  - 通过公司内部通知、培训会议等方式，向全体员工宣导差旅费报销制度。

- **新员工培训**：
  - 在新员工入职培训中，加入差旅费报销制度的学习内容。

九、制度修订与更新

- **定期修订**：
  - 根据公司业务发展、国家政策变化及员工反馈，定期修订差旅费报销制度。
- **员工反馈机制**：
  - 建立员工反馈渠道，收集对差旅费报销制度的意见和建议。

十、附件与模板

- **附件**：
  - 包括《出差申请单》、《差旅费报销单》、《客户招待费用报销单》等模板。
- **模板标准化**：
  - 提供标准化的表格模板，确保报销材料格式统一、内容完整。

总结

建设差旅费报销制度的核心要点包括：明确目的与适用范围、设定职级与费用标准、规范报销流程与审批权限、细化发票与凭证要求、处理特殊情况、控制预算与成本、追究违规责任、宣导与培训、定期修订制度以及提供标准化附件模板。通过完善这些要点，企业可以建立一套合规、合理、可操作的差旅费报销制度，有效控制成本，提高管理效率。

步骤三：在 DeepSeek 自我强化学习的基础上，向 DeepSeek 发出指令：*请基于公司建设差旅费报销制度的核心要点，对前面生成的差旅费报销制度（修订版）进行审查，指出存在的不足，并给出修改意见。*

步骤三结果：DeepSeek 给出了对差旅费报销制度（修订版）的审查意见，指出了九个方面的不足，并分别给出了修改建议如下：

一、制度目的与适用范围

- **不足：**
  - 制度目的部分较为简略，未提及控制成本、提高资金使用效率等核心目标。
  - 适用范围未明确是否包括兼职、外派人员等特殊情况。
- **修改建议：**
  - 在“目的”部分增加：“控制差旅成本，提高资金使用效率，保障员工出差期间的合法权益。”
  - 在“适用范围”部分增加：“本制度适用于公司所有因公出差的员工，包括全职、兼职及外派人员。”

二、制度的合规性

- **不足：**
  - 制度建设未提及应当遵循的法律法规。
- **修改建议：**
  - 增加一条制度适用法律法规：“本制度根据《中央和国家机关差旅费管理办法》等相关法律法规，结合公司实际情况制定。”

三、职级划分与费用标准

- **不足：**
  - 职级划分部分未明确职级的具体定义（如部门经理是否包括副经理、高级经理等）。
- **修改建议：**
  - 在“职级划分”部分，明确职级的具体定义，例如：
    - **员工：** 普通员工、助理等。
    - **部门经理：** 包括部门经理、副经理、高级经理等。
    - **副总经理及以上：** 包括副总经理、总经理、CEO 等。

四、报销流程与审批权限

- **不足**：
  - 报销流程中未明确预算控制及超预算处理流程。
  - 未提及电子化流程的具体操作细节（如 OA 系统操作步骤）。
- **修改建议**：
  - 在“报销流程”部分，增加以下内容：
    - **预算控制**：财务部根据预算进行费用控制。超预算部分需提交书面说明，并经副总经理批准后方可报销。
  - 在“报销流程”部分，增加电子化流程的操作细节，例如：
    - 报销时需在 OA 系统中上传电子发票及证明材料，确保文件格式（PDF/JPG/PNG）及大小（不超过 5MB）符合要求。

五、发票与凭证要求

- **不足**：
  - 未明确电子发票的上传格式及大小限制。
  - 未提及发票查验的具体要求（如通过国家税务总局发票查验平台核实发票真伪）。
- **修改建议**：
  - 在“发票要求”部分，增加以下内容：
    - 电子发票需上传至 OA 系统，格式为 PDF 或图片（JPG/PNG），且文件大小不超过 5MB。
    - 财务部有权通过国家税务总局发票查验平台核实发票真伪，确保发票真实有效。

六、特殊情况处理

- **不足**：
  - 制度中未提及特殊情况的处理流程（如航班延误、酒店满房等）。
- **修改建议**：
  - 新增“特殊情况处理”部分，内容如下：

- **特殊情况范围**：包括航班延误、酒店满房、突发疾病等不可抗力因素导致的费用超支。
- **处理流程**：员工需在特殊情况发生后 24 小时内向部门经理报备，并在报销时提供相关证明文件（如航班延误证明、酒店满房记录等）。

七、违规处理与责任追究

- **不足**：
  - 制度中未明确违规行为的处理措施（如虚报、假报费用等）。
- **修改建议**：
  - 新增“违规处理”部分，内容如下：
    - **违规行为**：包括虚报、假报费用，重复报销，超标准报销等。
    - **处理措施**：
      - 第一次违规：警告并追回违规报销金额。
      - 第二次违规：扣除当月绩效奖金。
      - 第三次违规：解除劳动合同。

八、制度宣导与培训

- **不足**：
  - 制度中未提及宣导与培训的具体安排。
- **修改建议**：
  - 新增“制度宣导与培训”部分，内容如下：
    - **制度宣导**：通过公司内部通知、培训会议等方式，向全体员工宣导差旅费报销制度。
    - **新员工培训**：在新员工入职培训中，加入差旅费报销制度的学习内容。

九、制度修订与更新

- **不足**：
  - 制度中未提及定期修订及员工反馈机制。

- **修改建议**：
  - 新增“制度修订与更新”部分，内容如下：
    - **定期修订**：根据公司业务发展、国家政策变化及员工反馈，定期修订差旅费报销制度。
    - **员工反馈机制**：建立员工反馈渠道，收集对差旅费报销制度的意见和建议。

对这些意见进行人工审核，发现：（1）第二条修改建议中出现错误，《中央和国家机关差旅费管理办法》并不适用于企业；（2）第四条修改建议中，在“报销流程”部分增加电子化流程，具体内容与第五条修改建议雷同，人工判断这一内容放在第五条比较好。除此之外，DeepSeek 给出的其他各条建议均可采纳。

步骤四： 对于 DeepSeek 给出的九条审查意见，删除第二条和第四条中在“报销流程”部分增加电子化流程的内容，其他修改建议均输入 DeepSeek，并请它生成 ×× 公司差旅费报销制度（第二次修订版），同时要求不再修改已生成制度的其他部分。

步骤四结果： DeepSeek 生成了 ×× 公司差旅费报销制度（第二次修订版），对前述修改建议逐一进行了对应修改。限于篇幅，此处不再展示生成结果。

步骤五： 使用其他 AI 大模型（豆包）进行交叉审核。上传“×× 公司差旅费报销制度（第二次修订版）.docx”给豆包，并向它发出指令：*阅读我发出的制度文本，指出其中的不足，并给出修改建议。*

步骤五结果： 豆包以表格形式指出了八项不足并给出了修改建议，如表 8–1 所示。对这些修改建议进行人工审核，认为第 3 条、第 4 条和第 7 条过于细致，暂时不予考虑，其他各条修改建议可以采纳。

表 8–1　豆包生成的修改建议

序号	不足	修改建议
1	部分标准缺乏灵活性	对于交通工具选择，若因特殊业务需求（如携带大量设备、紧急商务洽谈等）需要选择更高等级座位或舱位，可规定提前申请并经特定领导审批后允许报销。例如，员工因携带公司重要设备，经济舱行李额度不够，可申请乘坐商务舱，经部门经理和副总经理审批通过后，按实际费用报销。
2	市内交通报销规定较模糊	明确实报实销的上限标准，如每日市内交通报销不超过［ × ］元。对于乘坐出租车或网约车频繁的岗位（如销售岗位），可以制定特殊的额度标准或审批流程。同时，规范乘坐网约车的报销凭证要求，除行程信息外，还需提供电子发票。
3	餐饮费标准未考虑特殊情况	对于出差期间有业务宴请客户的情况，明确餐饮费标准的特殊处理方式。如规定在完成宴请报备流程（填写宴请对象、事由、预计费用等）后，宴请费用可单独报销，不占用每日餐饮费标准额度。
4	预算控制部分不够细致	明确每月差旅费预算的编制依据和详细内容，如按照部门业务量、出差频率等因素进行编制。建立预算调整机制，当部门业务发生重大变化（如新增大型项目导致出差频繁增加）时，可申请调整预算，规定调整的申请流程和审批权限。
5	特殊情况处理未明确责任界定	对于因不可抗力导致的费用超支，明确公司和员工各自承担的责任比例。例如，航班延误导致额外住宿费用，若延误时间在［ × ］小时以上，公司承担［ × ］%，员工承担［ × ］%；若因员工自身原因（如未提前规划好行程导致错过航班）造成的费用增加，全部由员工自行承担。
6	违规处理缺乏量化标准	对于虚报、假报费用的行为，根据虚报金额占应报销金额的比例进行不同程度的处罚。如虚报金额占应报销金额 10% 以下的，给予警告；占 10%～30% 的，扣除当月绩效奖金；占 30% 以上的，解除劳动合同。
7	制度宣导与培训缺乏效果评估	在制度宣导和培训后，通过问卷调查、知识测试等方式评估员工对制度的理解和掌握程度。根据评估结果，对制度宣导和培训内容、方式进行优化调整。
8	制度修订与更新未明确时间周期	规定差旅费报销制度每［ × ］年进行一次全面修订，在修订期间，若国家政策有重大变化或公司业务有重大调整，及时启动临时修订程序。同时，明确员工反馈意见的处理时限，如在收到反馈后的［ × ］个工作日内给予答复。

步骤六：将豆包给出的修改建议中的第 1 条、第 2 条、第 5 条、第 6 条和第 8 条，输入给 DeepSeek 并要求它进行针对性修改，生成 ×× 公司差旅费报销制度（最终修订版），同时要求不再修改制度的其他部分。

步骤六结果：DeepSeek 按照要求生成了“×× 公司差旅费报销制度（最终修订版）”。

步骤七：最后，按照公司正在建设的新制度体系的统一格式要求，向 DeepSeek 提供一份公司按照新制度格式要求制定的预算管理制度 Word 文档，并对 DeepSeek 发出指令：*请根据我发出的预算管理制度，调整上述差旅费报销最终版的格式，并重新生成一版最终修订版*。

步骤七结果：DeepSeek 按照要求修改了“×× 公司差旅费报销制度（最终修订版）”的格式，见“优秀组成果展示”。

2. 优秀组成果展示

×× 公司差旅费报销管理制度（最终修订版）

第一章 总则

第一条 目的

为加强公司差旅费管理，规范差旅费报销流程，合理控制费用支出，依据《中华人民共和国劳动法》《中华人民共和国劳动合同法》《工伤保险条例》《中华人民共和国个人信息保护法》等法律法规及公司实际情况，特制定本制度。

第二条 适用范围

本制度适用于公司全体员工因工作需要出差所产生的差旅费报销管理。

第三条 基本原则

1. **合规性**：差旅费用报销需符合国家法律法规及公司财务制度。
2. **合理性**：差旅费用支出应基于实际需要，避免浪费。
3. **透明性**：报销流程公开透明，确保公平公正。
4. **员工权益保障**：公司依法保障员工出差期间的合法权益。

第四条 法律依据

本制度依据《中华人民共和国劳动法》《中华人民共和国劳动合同法》《工伤保险条例》《中华人民共和国个人信息保护法》等法律法规制定。

第二章　审批流程

第五条　出差申请

- 员工出差前需通过 OA 系统提交《出差申请单》，注明出差事由、行程安排（包括出发地、目的地、预计出发和返回时间）、预计费用等信息。
- 审批权限：
    - 员工出差：部门负责人审批。
    - 部门负责人出差：分管领导审批。
    - 副总经理及以上出差：总经理审批。
- 审批通过后，员工方可出差。

第六条 行程变更

出差期间如因特殊情况需变更行程，应及时提交《出差行程变更申请单》，按原审批流程重新审批。

第七条 审批责任

1. 各级审批人员应严格审核出差申请，确保出差的必要性与合理性。
2. 若因审核不严导致违规出差，审批人员需承担相应责任。

第三章 差旅费用标准

第八条 交通工具乘坐标准

职级	交通工具标准
副总经理及以上	优先选择商务舱及以下（飞机）或商务座及以下（火车）
部门经理	优先选择经济舱（飞机）或一等座及以下（火车）
员工	优先选择经济舱（飞机）或二等座（火车）

特殊情形：

因特殊业务需求需选择更高等级座位或舱位，需提前填写《特殊交通工具申请表》，经部门经理和副总经理审批。

第九条 住宿费限额

城市级别	副总经理及以上	部门经理	员工
一线城市	1000 元 / 晚	800 元 / 晚	500 元 / 晚
其他城市	800 元 / 晚	500 元 / 晚	300 元 / 晚

第十条 伙食补助费

1. 一线城市：每天 100 元。

2. 其他城市：每天 50 元。

3. 主办方统一安排餐饮的，按实际天数扣除相应伙食补助费。

第十一条 市内交通费

1. 每日限额 200 元，优先选择公共交通工具。

2. 销售岗位等特殊岗位人员，经审批后可提高至每日 300 元。

3. 乘坐出租车或网约车需提供行程信息和电子发票。

第十二条 员工隐私保护

公司严格遵守《中华人民共和国个人信息保护法》，对员工出差期间的行程安排、住宿信息等严格保密。

第四章 报销程序

第十三条 报销流程与时限

步骤	操作要求	责任人	时限要求
提交报销申请	员工在线提交《差旅费报销单》及所有有效凭证	出差员工	出差结束后 7 个工作日内
凭证审核	财务部门审核报销单及凭证	财务部门	收到申请后 3 个工作日内
财务审批	财务部门完成最终审批	财务部门	复核通过后 2 个工作日内
报销支付	财务部门将报销款项支付至员工指定银行账户	财务部门	审批通过后 3 个工作日内
凭证归档	财务部门将报销单及凭证归档	财务部门	支付完成后 1 个工作日内

第十四条 特殊情况处理

- 因不可抗力导致的费用超支：
  - 延误 4 小时以上：公司承担 100%
  - 延误 2–4 小时：公司承担 80%

    ○ 延误 2 小时以内：公司承担 50%
  ○ 因个人原因导致的费用增加，由员工自行承担。

第五章 票据管理

第十五条 票据要求

1. 必须提供真实、合法、有效的电子发票。
2. 住宿费需开具增值税专用发票。
3. 交通票据信息需与出差行程一致。

第十六条 票据审核

财务部门通过发票查验平台核实发票真伪，对不符要求的票据有权要求补充说明。

第六章 监督与处罚

第十七条 禁止行为

1. 严禁超标准、超范围报销。
2. 禁止虚报出差人数和天数。

第十八条 处罚措施

1. 虚报金额 10% 以下：警告并追回金额
2. 虚报金额 10%-30%：扣除当月绩效奖金
3. 虚报金额 30% 以上：解除劳动合同

第七章 附则

第十九条 制度修订

本制度由公司财务部负责解释与修订，每 2 年全面修订一次。

第二十条 生效日期

本制度自发布之日起施行。

附件

1.《出差申请单》

2.《出差行程变更申请单》

3.《差旅费报销单》

4.《特殊交通工具申请表》

5.《超标准报销申请表》

作者点评

优秀组充分发挥了 DeepSeek 的认知能力和逻辑推演能力。

首先，他们在 DeepSeek 给出了第一版修订版之后，继续让 DeepSeek 进行自查和完善。而且，他们不是简单地提出模糊要求，而是先让 DeepSeek 梳理制度建设的核心要点，再以此为标准，针对性地检验第一版修订版存在的不足之处，确保后续修订工作具备明确的目标。

其次，优秀组应用其他 AI 工具对 DeepSeek 生成的报销制度修订结果进行交叉审核，以保证 DeepSeek 输出结果的客观性、稳健性、完整性。这种将多模型反馈的修改建议重新输入 DeepSeek 进行进一步迭代优化的方法是非常值得提倡的。

最后，优秀组深刻理解了应用 AI 的人机协同，在利用 AI 工作成果的每个步骤中都结合了人工审核，从而确保 AI 的多步骤操作不跑偏、不受 AI 幻觉的影响。这种“人机协同—多模型反馈—人工把关”的精细化流程，不仅有效提升了制度修订的效率和质量，更为企业开展智能化制度建设提供了清晰的实施路径和可复制的实操方法。

8.3 本章总结

本章探讨了如何借助 DeepSeek，通过人机协同的方式优化企业财务制度建设流程。在企业新建制度和企业修订制度两种场景下，通过对比普通组和优秀组的操作可以发现：

首先，有效提示词和层层递进的分步式提问，比起过于简洁的提示词和“一步到位式”提问，在应用 AI 生成内容的准确性、完整性和实用性方面显著提高。

其次，在应用 DeepSeek 辅助财务制度建设的同时，引入 Kimi、豆包等其他 AI 工具进行多模型交叉审核，能进一步增强生成结果的稳健性与适应性，提高制度文本的合规性、合理性、完整性和可操作性等。

最后，对于财务制度建设这样的专业、复杂任务，人机协同是应用 AI 辅助工作的制胜法宝。单纯寄希望于 AI 的想法是不切实际的，人工审核和独立思考应该体现在应用 AI 辅助工作的每一步，这样才能够引领 AI 在正确的方向上做好我们希望它做的事情，从而大幅提升个人工作效率。

总而言之，使用详细、结构清晰的有效提示词和分步式层层递进的提问方法，辅以人工检查判断和使用其他大模型交叉审核，构建起“人机协同 + 多模型反馈修正”的机制，在财务制度框架搭建和文本草拟、制度条款逻辑优化、合规性检查和风险点提示等方面，均表现出较高的智能化辅助能力，不仅能大幅提高财务制度建设的工作效率，也能增强制度合规性和可落地性。

实用技巧

- 在与 AI 交互前，设计好结构清晰的有效提示词。
- 使用分步式提问，逐步构建内容。
- 可以先让 AI 学习和总结完成任务的核心要点，在此基础上强化任务目标和标准，提高 AI 完成任务的针对性和准确性。
- 通过“修改建议 + 内容再生成”的迭代方式逐步优化制度内容，充分利用 AI 在语义理解与结构调整方面的能力。
- 使用多个大模型交叉审核，不同模型各有所长，有助于提升制度建设的全面性。

- 可将同一制度的初稿分别输入给若干大模型进行重写或优化，再由人工筛选出最佳结构或内容点，融合形成最终版本。
- 人工审核和独立思考在应用 AI 的每一步都不可或缺，人机协同才是王道。

第 9 章

应用 DeepSeek 辅助合同拟定

合同拟定是将商业交易中的权利义务、履行方式等关键要素以书面形式明确固定，从而形成一份具有法律约束力的正式文件。在企业财务管理领域，合同不仅是重要的法律保障工具，更是财务核算、资金管理、税务合规计划以及风险控制等核心环节的关键依据。

企业的合同拟定不完全是财务人员的专属职责，但财务人员通常需要参与其中（如审核财务条款，确保资金安全、税务合规），具体分工取决于企业规模、组织架构和合同类型。涉及融资协议、对赌协议、外汇对冲协议、融资租赁合同、财务担保合同等专业领域的合同拟定，一般由财务部门主导。对于没有专门法务部门的中小型企业，一般由财务人员兼负合同审核，甚至很多合同也都由财务人员起草。合同的拟定是挑战性较大的财务工作，对专业背景和法律素养要求比较高。

随着 AI 的迅猛发展，财务人员在拟定合同时应用 DeepSeek 等 AI 大模型辅助工作能够大幅提升工作效率。在 AI 相关理论中，这是应用了一种嵌入知识的专家代理（knowledge-embedded expert agents），即将法律和财务等相关专业领域的知识系统整合到 AI 代理中的技术和方法。这是未来在法律、财务等领域应用 AI 技术辅助工作的趋势。

本章以财务合同拟定为案例场景，探索财务人员如何更好地发挥 AI

在其中的作用。本章分为三节，9.1 节以企业无过往合同模板为场景，9.2 节以企业有合同模板待调整为场景，9.3 节为本章总结。

9.1 企业无过往合同模板

任务场景描述

你是一名刚毕业的大学生，入职一家中小型制造业公司，担任会计专员，目前对一些业务的处理还处于摸索阶段。今年公司要扩产，计划向 B 公司租赁一台大型生产设备，租赁期限为 10 年，总租金高达 100 万元，分 10 期支付，每年年初支付 10 万元现金。财务经理让你先起草一份融资租赁合同。你查找公司档案发现无过往类似业务合同可供参考，从头草拟合同也全无头绪，因此你打算求助于 DeepSeek。

9.1.1 普通组的操作与成果

1. 普通组操作步骤

步骤： 向 DeepSeek 发出指令：*我是一家制造公司会计，公司想要租赁一台生产设备过滤机，为期 10 年，租金 100 万元，每年年初支付 10 万元现金，领导要求我草拟一份融资租赁合同，请根据有关法规草拟上述融资租赁合同。*

结果： DeepSeek 生成了一份融资租赁合同模板，将该模板复制粘贴到 Word 文档中，完整成果见后文的“一般组成果展示”。

2. 普通组成果展示

融资租赁合同

合同编号：__________

签订地点：__________

签订日期：__________

甲方（出租人）：

名称：＿＿＿＿＿＿

地址：＿＿＿＿＿＿

法定代表人：＿＿＿＿＿＿

联系方式：＿＿＿＿＿＿

乙方（承租人）：

名称：＿＿＿＿＿＿

地址：＿＿＿＿＿＿

法定代表人：＿＿＿＿＿＿

联系方式：＿＿＿＿＿＿

第一条 租赁物

1.1 甲方根据乙方要求，购买 / 租赁并出租以下设备：

- 设备名称：**（型号：）**过滤机
- 数量：＿＿＿＿＿＿台
- 生产厂商：＿＿＿＿＿＿
- 设备总价：人民币 100 万元（含增值税）

1.2 租赁物质量、技术标准及售后服务由乙方确认，甲方不承担瑕疵担保责任。

第二条 租赁期限

2.1 租赁期：10 年，自＿＿＿年＿＿＿月＿＿＿日起至＿＿＿年＿＿＿月＿＿＿日止。

2.2 租赁期满后，乙方可选择：

□ 以名义价格（1 元）留购租赁物

□ 续租（租金另行协商）

□ 返还租赁物

第三条 租金及支付方式

3.1 租金总额：人民币 100 万元（含税）。

3.2 支付方式：每年年初支付 10 万元，分 10 期付清。

3.3 乙方须于每年 1 月 5 日前将租金汇至甲方指定账户：________。

第四条 所有权与风险承担

4.1 租赁期间，甲方保留租赁物所有权；乙方享有使用权。

4.2 租赁物灭失、毁损风险由乙方承担，乙方应负责维修并承担费用。

第五条 保险

5.1 乙方须为租赁物投保财产一切险，甲方为第一受益人。

第六条 违约责任

6.1 乙方逾期支付租金，每日按未付金额的 0.05% 支付违约金。

6.2 乙方擅自处分租赁物，甲方有权解除合同并要求赔偿损失。

第七条 争议解决

因本合同引起的争议，双方协商解决；协商不成，提交________人民法院诉讼。

甲方（盖章）：乙方（盖章）：

法定代表人 / 授权代表：________法定代表人 / 授权代表：________

作者点评

普通组完成了合同模板的生成任务，但暴露出“机械式操作”“一句话指令”的问题。其操作既没有分解任务，也没有追问、自查、交互等流程，更没有针对性引导 DeepSeek 学习和总结相关知识。对 AI 生成的内容未经任何加工即复制粘贴使用，在人机协同方面暴露出较严重的 AI 依赖性和 AI 应用主动性不足的问题。

9.1.2　优秀组的操作与成果

1. 优秀组操作步骤

步骤一： 向 DeepSeek 发出指令：*我是一家制造业公司的会计，公司想要租赁一台大型生产设备，领导要求我草拟一份融资租赁合同，请根据有关法律法规输出 5 份融资租赁合同模板。*

步骤一结果： DeepSeek 生成了 5 份涵盖常见融资租赁业务不同需求的合同模板，并分别给这 5 份模板命名："融资租赁合同模板一：标准版""融资租赁合同模板二：留购选择版""融资租赁合同模板三：分期支付版""融资租赁合同模板四：保证金版""融资租赁合同模板五：提前终止版"。

5 份模板均包含了租赁物描述、租赁期限、租金及支付方式、违约责任、合同生效与终止等基本条款，但各有侧重：标准版较为全面，留购选择版突出了租赁期满时的留购选择权，分期支付版明确了每期租金支付时间及乙方维护责任，保证金版增加了保证金相关规定，提前终止版对乙方提前终止合同的条件进行了约定。

经过对 5 份合同内容的细致比对以及同公司实际情况的匹配，最终决定选用"融资租赁合同模板三：分期支付版"。该合同模板不仅契合业务需求，而且清晰明了，便于双方理解和执行，如图 9–1 所示。

步骤二： 由于目前对融资租赁合同内容的掌握还不够全面，且合同仅以模板形式呈现，在细节和专业性上可能存在不足之处。于是向 DeepSeek 再次发出指令：*请帮我联网搜索融资租赁的要点以及融资租赁合同需注意的要点。*

步骤二结果： 借助联网搜索功能，DeepSeek 梳理并清晰呈现了融资租赁的要点以及融资租赁合同的核心点，部分结果如图 9–2 所示。

融资租赁合同模板三：分期支付版

合同编号： [编号]
签订地点： [地点]
签订日期： [日期]

甲方（出租人）：
名称：[公司名称]
地址：[公司地址]
法定代表人：[姓名]

乙方（承租人）：
名称：[公司名称]
地址：[公司地址]
法定代表人：[姓名]

第一条 租赁物
1.1 甲方根据乙方的要求，购买以下设备并出租给乙方使用：
设备名称：[设备名称]
规格型号：[规格型号]
数量：[数量]
总价值：[金额]

第二条 租赁期限
2.1 租赁期限为 [年/月]，自 [起租日期] 起至 [结束日期] 止。

第三条 租金及支付方式
3.1 租金总额为 [金额]，分 [期] 支付，每期租金为 [金额]。
3.2 每期租金支付时间为 [具体日期]。

图 9–1 步骤一生成的“融资租赁合同模板三：分期支付版”（部分）

一、融资租赁合同的核心点

1. **合同当事人信息**
   - 明确出租人、承租人及担保人（如有）的基本信息，包括名称、法定代表人、注册地址、联系方式等 [2] [4]。
2. **租赁物信息**
   - 详细描述租赁物的名称、型号、规格、数量、价值、品牌、产地、生产日期等，确保租赁物符合融资租赁的标的物要求 [2] [5]。
3. **租赁期限与租金**
   - 明确租赁期限的起止时间，租金总额、支付方式（如分期支付）、支付周期及逾期罚则。租金通常包括租赁成本、利息及其他费用 [2] [4] [5]。
4. **租赁物的交付与验收**
   - 规定租赁物的交付时间、地点及验收标准。承租人应在收到租赁物后及时验收并签署验收单 [2] [5]
   。
5. **租赁物的使用与保管**
   - 明确租赁物的使用范围、保管责任及保险义务。承租人通常负责租赁物的日常维护和保养，并承担相关费用 [2] [4]。

图 9–2 DeepSeek 联网搜索生成的融资租赁合同的核心点（部分）

步骤三： 基于步骤二的结果再次向 DeepSeek 发出指令：*我需要租一台生产设备，请基于融资租赁的要点和融资租赁合同的核心点优化“融资租赁合同模板三：分期支付版”。*

步骤三结果： DeepSeek 重新生成了“融资租赁合同（优化版）”。相比于之前的版本，优化版有以下改进：（1）增加了租赁物的详细描述和验收的条款，确保租赁物的交付和验收有据可依；（2）明确了租金的构成、支付周期及逾期罚则的条款，避免因支付问题产生纠纷；（3）增加了保证金的支付、使用和退还的条款，进一步保障出租人的权益；（4）明确了租赁物的保险责任和维修保养责任的条款，确保租赁物在租赁期内的安全和使用；（5）细化了违约情形及争议解决方式，增强了合同的可执行性；（6）增加了设备安装调试的条款，确保设备能够正常投入使用；（7）针对生产设备的特点，增加了技术支持和培训的条款，确保乙方能够熟练操作设备；（8）明确了设备折旧和残值的计算方式，便于租赁期满后处理设备。部分结果如图 9–3 所示。

第五条 保证金

5.1 乙方应在合同签订后 [天数] 内向甲方支付保证金 [金额]。

5.2 保证金用于抵扣乙方未支付的租金或违约金，租赁期满且乙方履行完毕合同义务后，甲方无息退还保证金。

第六条 设备的使用与维护

6.1 乙方应按照设备的使用说明合理操作，不得超负荷使用或擅自改装设备。
6.2 乙方负责设备的日常维护和保养，并承担相关费用。
6.3 设备在租赁期内发生故障，乙方应立即通知甲方，甲方应安排专业人员进行维修，维修费用由 [甲方/乙方] 承担。

第七条 保险

7.1 乙方应在设备交付后 [天数] 内为设备投保财产保险，保险金额不得低于设备的实际价值。
7.2 保险单应注明甲方为第一受益人，并将保险单正本交予甲方。

图 9–3　步骤三重新生成的融资租赁合同（优化版）（部分）

步骤四： 为了丰富对比样本，提升文本的合规性和完备性，分别应用 Kimi 和豆包，提出要求让它们生成融资租赁分期付款合同模板。

步骤四结果：Kimi 和豆包分别生成了融资租赁分期付款合同（部分结果如图 9–4、图 9–5 所示）。对 Kimi 和豆包生成的合同模板进行人工检验，发现：Kimi 生成的合同模板条款清晰，易于理解和操作，但较为基础，适合简单融资租赁场景下合同的快速起草和签订；豆包生成的合同模板内容丰富，涉及较多的手续和流程，如报关、商检等，而且合同条款非常详细，尤其是租赁物购买、交付、验收等环节，适用于对租赁物采购和交付流程有严格要求的场景。

Kimi 生成的合同模板

豆包生成的合同模板

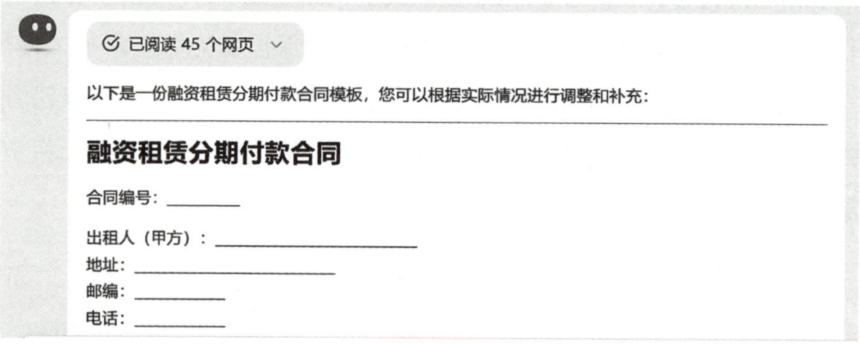

图 9–4　Kimi 生成的合同模板（部分）

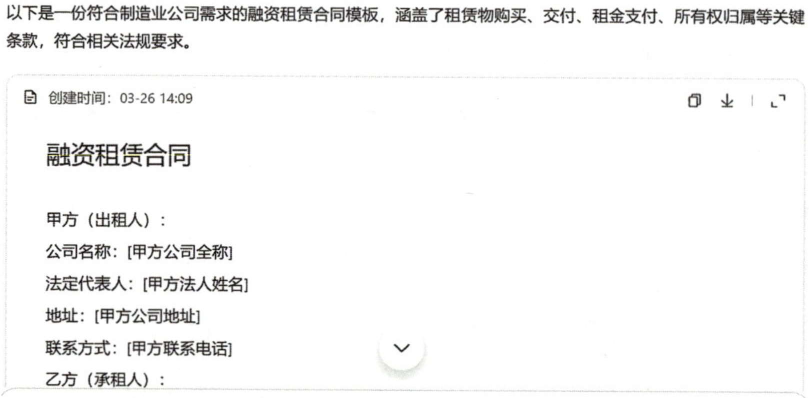

图 9–5　豆包生成的合同模板（部分）

步骤五： 将 Kimi 和豆包生成的合同模板上传给 DeepSeek。向 DeepSeek 发出指令：*这两份文件里的合同模板相比于“融资租赁合同（优化版）”有什么值得借鉴的地方。*

步骤五结果： DeepSeek 总结出了这两个模板可以借鉴的地方（见图 9–6），并总结出以下优化方向：（1）细化租赁物的技术参数和用途；（2）明确租赁物购买和交付的责任划分；（3）补充租金构成和调整机制；（4）完善保险责任和保险金处置条款；（4）细化租赁期满后的处理方式；（5）强化违约责任与争议解决条款；（6）提供具体的附件表格（如租金支付计划表）。

2. 租赁物购买与交付流程

- **借鉴点：**
  - “kimi.docx”和“豆包.docx”均明确了乙方在购买租赁物中的责任（如选定设备、供应商、技术条款等），以及甲方的义务（如资金筹措、支付货款等）。
  - “豆包.docx”还详细规定了交付后的责任划分（如报关、提货、商检等），并明确了免责情形。
- **建议：**
  - “优化版”可以补充乙方在设备选型和供应商选择中的责任，以及交付后的具体流程（如报关、商检等）。
  - 明确因非甲方原因导致的延迟交货或不能交货的免责条款。

---

3. 租金构成与调整机制

- **借鉴点：**
  - “豆包.docx”明确租金由“购买成本+租赁费”构成，并规定了租金随中国人民银行利率调整的机制。
  - “优化版”仅提到租金总额和分期支付，未说明租金的具体构成和调整方式。
- **建议：**
  - 在“优化版”中补充租金的构成（如设备成本、利息、其他费用），并增加租金随市场利率调整的条

图 9–6　DeepSeek 总结的借鉴点和建议（部分）

步骤六： 基于以上分析成果，继续向 DeepSeek 发出指令：*请基于以上优化方向的建议对“融资租赁合同（优化版）”进行改进。*

步骤六结果： 经过多次引导和智能协同，DeepSeek 已经可以提供一份详细的融资租赁

步骤六生成的融资租赁合同（生产设备分期支付版）

合同模板。相比于之前的版本，现在的版本在清晰程度、可操作性、风险防范等方面均有显著提升。

步骤七： 向 DeepSeek 提供详尽的合同信息，让它能够填充合同模板并生成合同成品。向 DeepSeek 发出指令：

请基于以上合同模板，帮我拟一份完整的融资租赁合同，合同编号为 C1SCSB20250001，签订日期为 2025 年 1 月 1 日，合同内容为：本公司（A）想要向 B 公司租赁 1 台型号为 X-D2011，生产日期为 2024 年 12 月 1 日，且由 W 厂商生产的生产设备过滤机，为期 10 年，租金 100 万元，每年年初支付 10 万元租金，付款方式为现金，双方约定在 2025 年 2 月 1 日交付，交付地点为北京，货物的验收期为 10 天，租赁开始日为 2025 年 3 月 1 日，租赁期于 2035 年 3 月 1 日结束，本公司预计 10 年后该生产设备的市场价值为 10 万元，故打算 10 年后购买该设备，但需要在租赁期满前 30 天通知对方，另外在签署合同 10 天内需要向对方支付 50 万元的保证金。A 公司注册地址在北京，法人为张华，联系电话为 010-8875，邮箱为 beijingA2022@163.com；B 公司注册地址在山西，法人为李明，联系电话为 020-6645，邮箱为 shanxiB2021@163.com。

步骤七结果： DeepSeek 根据指令，对合同内容进行了填充，还完善了更多的细节。DeepSeek 还根据自己的理解后附了详细的附件，如图 9–7 所示。

步骤八： 让 DeepSeek 对生成的合同进行最后的自查。向 DeepSeek 发出指令：*请基于上述合同帮我联网检验合同内容是否符合相关法律法规，并基于查找内容指出合同要修改的部分。*

步骤八结果： 通过联网搜索，DeepSeek 精准地指出了合同存在的不足与漏洞。例如，合同中应增加租赁物的质量保证条款，明确租金是否含税及发票开具要求，以及法律适用和争议解决地等相关内容。DeepSeek 还针对合同的具体内容详细指出了需要修改的部分（如图 9–8 所示），从而有效提升了合同的完整性和合规性。

附件一：设备清单

设备名称	型号	数量	制造商	出厂日期	设备总价值
过滤机	X-D2011	1台	W厂商	2024年12月1日	100万元

附件二：租金支付计划表

期数	支付日期	支付金额（万元）
1	2025年1月1日	10
2	2026年1月1日	10
...	...	...
10	2034年1月1日	10

图 9–7　DeepSeek 添加的附件

1. **增加质量保证条款**
   - 在合同中明确租赁物（过滤机）的质量标准，例如符合国家或行业标准（如GB/T标准）。
   - 增加条款：若设备在验收或使用过程中发现质量问题，甲方应负责修复或更换，乙方有权要求赔偿损失。

   修改建议：

   复制

   ```
   1.4 甲方保证租赁物符合国家及行业相关质量标准，若设备在验收或使用过程中发现质量问题，甲方应在 [天数] 内负责修复或更换，乙方有权要求赔偿损失。
   ```

二、租金及支付方式

1. **明确租金是否含税**
   - 在合同中明确租金是否包含增值税或其他税费，并约定发票开具的具体要求。

   修改建议：

   复制

   ```
   4.4 本合同租金为含税/不含税金额，甲方应在收到每期租金后 [天数] 内向乙方开具合法有效的增值税专用发票。
   ```

2. **滞纳金比例调整**

图 9–8　DeepSeek 给出的修改建议（部分）

步骤九： 向 DeepSeek 发出最后指令：*请根据以上修改内容，在已输出的融资租赁合同基础上进行完善，不要再改动已生成合同的其他部分。*

步骤九结果： 在 DeepSeek 生成成果的基础上，经过人工审查、微调字句和格式，最终完成了本任务，成果参见“优秀组成果展示”。

2. 优秀组成果展示

融资租赁合同

合同编号： C1SCSB20250001

签订地点： 北京

签订日期： 2025 年 1 月 1 日

甲方（出租人）：

名称：B 公司

地址：山西

法定代表人：李明

联系电话：020-6645

电子邮箱：shanxiB2021@163.com

乙方（承租人）：

名称：A 公司

地址：北京

法定代表人：张华

联系电话：010-8875

电子邮箱：beijingA2022@163.com

第一条 租赁物

1.1 租赁物为生产设备，具体信息如下：

设备名称：过滤机

型号：X-D2011

数量：1 台

制造商：W 厂商

出厂日期：2024 年 12 月 1 日

设备总价值：100 万元

1.2 租赁物由甲方根据乙方的选择购买，所有权归甲方所有，乙方在租赁期内享有使用权。

1.3 租赁物的交付时间为 **2025 年 2 月 1 日**，交付地点为 **北京**。乙方应在收到租赁物后 **10 天** 内完成验收，并签署验收单。

1.4 甲方保证租赁物符合国家及行业相关质量标准，若设备在验收或使用过程中发现质量问题，甲方应在 **15 天** 内负责修复或更换，乙方有权要求赔偿损失。

第二条 设备安装与调试

2.1 甲方负责将租赁物运输至乙方指定地点，并承担运输费用。

2.2 甲方应安排专业人员对设备进行安装和调试，确保设备能够正常运行。安装调试应在设备交付后 **10 天** 内完成。

2.3 设备安装调试完成后，双方应共同签署《设备安装调试确认书》。

第三条 租赁期限

3.1 租赁期限为 **10** 年，自 **2025 年 3 月 1 日** 起至 **2035 年 3 月 1 日** 止。

3.2 租赁期满后，乙方可选择以 **10 万元** 的价格留购设备。设备残值计算依据为设备总价值 **100 万元** 减去按年折旧率 **10%** 计算的折旧费用。

3.3 乙方需在租赁期满前 **30 天** 内书面通知甲方是否留购设备。

第四条 租金及支付方式

4.1 租金总额为 **100 万元**，分 **10 期** 支付，每期租金为 **10 万元**。

4.2 租金支付方式为 **现金**，支付时间为每年 **1 月 1 日**。

4.3 本合同租金为 **含税金额**，甲方应在收到每期租金后 **7 天** 内向乙方开具合法有效的增值税专用发票。

4.4 若乙方逾期支付租金，需按每日 **0.03%** 支付滞纳金。

第五条 保证金

5.1 乙方应在合同签订后 **10 天** 内向甲方支付保证金 **50 万元**。

5.2 保证金用于抵扣乙方未支付的租金或违约金，租赁期满且乙方履行完毕合同义务后，甲方应在 **30 天** 内无息退还保证金。

第六条 设备的使用与维护

6.1 乙方应按照设备的使用说明合理操作，不得超负荷使用或擅自改装设备。

6.2 乙方负责设备的日常维护和保养，并承担相关费用。

6.3 设备在租赁期内发生故障，乙方应立即通知甲方，甲方应安排专业人员进行维修，维修费用由 **甲方** 承担。

第七条 保险

7.1 乙方应在设备交付后 **10 天** 内为设备投保财产保险，保险金额不得低于设备的实际价值。

7.2 保险单应注明甲方为第一受益人，并将保险单正本交予甲方。

第八条 技术支持与培训

8.1 甲方应为乙方提供设备操作培训，确保乙方能够熟练使用设备。

8.2 在租赁期内，甲方应提供必要的技术支持，协助乙方解决设备使用中的问题。

第九条 设备折旧与残值

9.1 租赁期满后，若乙方选择留购设备，设备残值为 **10 万**元。

9.2 若乙方选择返还设备，设备应保持正常使用状态，折旧由甲方承担。

第十条 违约责任

10.1 若乙方未按时支付租金或违反合同其他条款，甲方有权解除合同并要求乙方支付违约金 **10 万**元。

10.2 若甲方未按时交付设备或提供的设备不符合约定，乙方有权要求甲方支付违约金 **10 万**元。

第十一条　争议解决

11.1 因履行本合同发生的争议，双方应友好协商解决；协商不成的，任何一方均可向 **北京市仲裁委员会** 提起仲裁，仲裁地点为 **北京市**。

11.2 争议解决期间，除争议事项外，本合同其他条款应继续履行。

第十二条　合同生效与终止

12.1 本合同自双方签字盖章之日起生效。

12.2 合同终止条件包括：

　　租赁期满且双方未续租；

　　双方协商一致解除合同；

　　一方严重违约导致合同解除。

第十三条　其他约定

13.1 本合同未尽事宜，双方可另行签订补充协议，补充协议与本合同具有同等法律效力。

13.2 本合同附件包括：

　　附件一：设备清单

　　附件二：租金支付计划表

　　附件三：设备安装调试确认书

　　附件四：其他相关文件

13.3 本合同的订立、效力、解释、履行及争议解决均适用中华人民共和国法律。

13.4 因不可抗力事件导致合同无法履行的，双方应及时协商解决。不可抗力事件包括但不限于自然灾害、战争、政府行为等。

13.5 双方应对本合同内容及履行过程中知悉的对方商业秘密予以保密，未经对方书面同意不得向第三方披露。

甲方（盖章）：

法定代表人（签字）：

日期：2025 年 1 月 1 日

乙方（盖章）:

法定代表人（签字）:

日期：2025 年 1 月 1 日

附件一：设备清单

设备名称	型号	数量	制造商	出厂日期	设备总价值
过滤机	X-D2011	1 台	W 厂商	2024.12.01	100 万元

附件二：租金支付计划表

期数	支付日期	支付金额（万元）
1	2025 年 1 月 1 日	10
2	2026 年 1 月 1 日	10
…	…	…
10	2034 年 1 月 1 日	10

作者点评

优秀组展现出极强的任务导向和执行能力，从需求识别、指令细化到成果比对，形成了完整的“信息—分析—输出—验证”闭环。尤其值得表扬的是，优秀组在人机协同和 AI 模型交叉使用方面表现很好，通过多流程逐步改进。

在企业无过往合同模板的场景下，优秀组先让 DeepSeek 生成了若干模板以供筛选，再对 DeepSeek 进行知识学习引导，在此基础上让 DeepSeek 自查，再利用 Kimi 和豆包生成的成果进行交叉检验，才生成了最终模板，在模板的基础上填充细节生成合同成品，最后再一次让 DeepSeek 自查。

优秀组的做法反映出其具备批判性思维与精细化操作能力。还需要说明的是，优秀组采用的是让 DeepSeek 和 Kimi、豆包生成内容进行交叉检验的方式，实践中还可以使用其他 AI 大模型进行交互，都能达到很好的效果。

9.2　企业有合同模板待调整

任务场景描述

你是一名刚毕业不久的大学生，刚加入一家制造业公司，担任会计一职，目前仍在逐步熟悉部分业务流程。今年，公司经营状况良好，盈利可观，因此决定扩大生产规模，计划向一家同行业制造业公司租赁一台型号为 X-D2011 的大型生产设备。租赁期限为 10 年，总租金高达 100 万元，分 10 期支付，每年年初支付 10 万元现金。双方约定在 2025 年 3 月 31 日交付，交付地点为北京，货物的验收期为 10 天，租赁开始于 2025 年 4 月 1 日，于 2035 年 4 月 1 日结束。我方公司预计 10 年后该生产设备的市场价值为 10 万元，故打算 10 年后购买该设备，但需要在租赁期满前 30 天通知对方，另外在签署合同 10 天内需要向对方支付 50 万元的保证金。

领导将草拟融资租赁合同的任务交给了你，让你起草后交给她复核、修改。你在查阅公司以往合同时，发现公司没有融资租赁合同，但有常用的固定资产租赁合同模板，因此你想在该模板的基础上进行调整，得出一份融资租赁合同。时间紧，任务重，第一次接受这样的任务你也非常紧张，于是想借助 DeepSeek 完成任务。公司常用的固定资产租赁合同模板如图 9–9 所示。

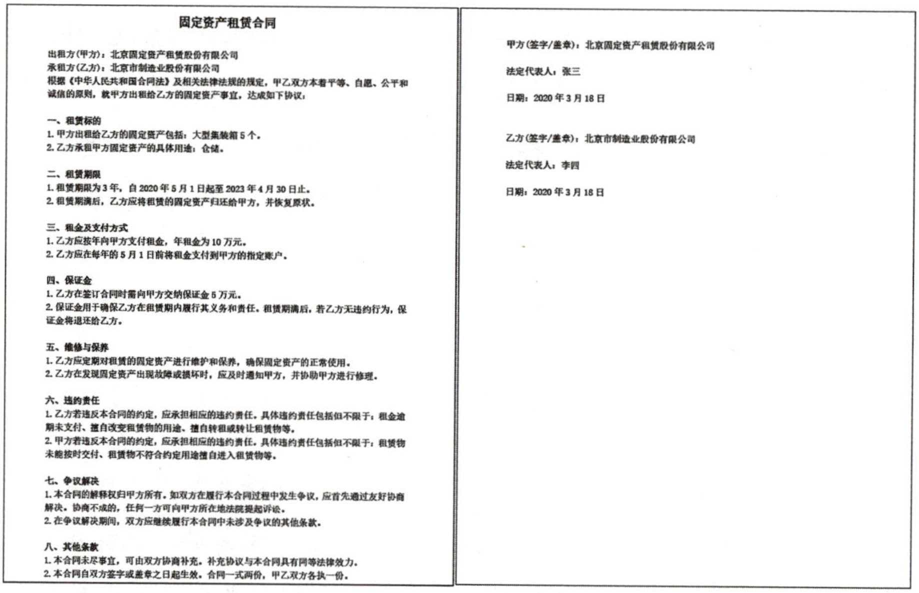

固定资产租赁合同

出租方(甲方)：北京固定资产租赁股份有限公司
承租方(乙方)：北京市制造业股份有限公司
根据《中华人民共和国合同法》及相关法律法规的规定，甲乙双方本着平等、自愿、公平和诚信的原则，就甲方出租给乙方的固定资产事宜，达成如下协议：

一、租赁标的
1. 甲方出租给乙方的固定资产包括：大型集装箱 5 个。
2. 乙方承租甲方固定资产的具体用途：仓储。

二、租赁期限
1. 租赁期限为 3 年，自 2020 年 5 月 1 日起至 2023 年 4 月 30 日止。
2. 租赁期满后，乙方应将租赁的固定资产归还给甲方，并恢复原状。

三、租金及支付方式
1. 乙方应按年向甲方支付租金，年租金为 10 万元。
2. 乙方应在每年的 5 月 1 日前将租金支付到甲方的指定账户。

四、保证金
1. 乙方在签订合同时需向甲方交纳保证金 5 万元。
2. 保证金用于确保乙方在租赁期内履行其义务和责任。租赁期满后，若乙方无违约行为，保证金将退还给乙方。

五、维修与保养
1. 乙方应定期对租赁的固定资产进行维护和保养，确保固定资产的正常使用。
2. 乙方在发现固定资产出现故障或损坏时，应及时通知甲方，并协助甲方进行修理。

六、违约责任
1. 乙方若违反本合同的约定，应承担相应的违约责任。具体违约责任包括但不限于：租金逾期未支付、擅自改变租赁物的用途、擅自转租或转让租赁物等。
2. 甲方若违反本合同的约定，应承担相应的违约责任。具体违约责任包括但不限于：租赁物未能按时交付、租赁物不符合约定用途擅自进入租赁物等。

七、争议解决
1. 本合同的解释权归甲方所有。如双方在履行本合同过程中发生争议，应首先通过友好协商解决。协商不成的，任何一方可向甲方所在地法院提起诉讼。
2. 在争议解决期间，双方应继续履行本合同中未涉及争议的其他条款。

八、其他条款
1. 本合同未尽事宜，可由双方协商补充。补充协议与本合同具有同等法律效力。
2. 本合同自双方签字或盖章之日起生效。合同一式两份，甲乙双方各执一份。

甲方(签字/盖章)：北京固定资产租赁股份有限公司

法定代表人：张三

日期：2020 年 3 月 18 日

乙方(签字/盖章)：北京市制造业股份有限公司

法定代表人：李四

日期：2020 年 3 月 18 日

图 9–9　固定资产租赁合同模板

9.2.1　普通组的操作与成果

1. 普通组操作步骤

步骤：向 DeepSeek 发出指令：*我是一名制造业公司的会计。目前仍在逐步熟悉业务流程。今年，公司经营状况良好，盈利可观，因此决定扩大生产规模，计划向一家同行业制造公司租赁 1 台型号为 X-D2011 的大型生产设备。租赁期限为 10 年，总租金高达 100 万元，分 10 期支付，每年年初支付 10 万元现金。双方约定在 2025 年 3 月 31 日交付，交付地点为北京，货物的验收期为 10 天，租赁开始日为 2025 年 4 月 1 日，租赁期于 2035 年 4 月 1 日结束，我方公司预计 10 年后该生产设备的市场价值为 10 万元，故打算 10 年后购买该设备，但需要在租赁期满前 30 天通知对方，另外在签署合同 10 天内需要向对方支付 50 万元的保证金。请参照我上传的附件，为我按照上述内容生成一份融资租赁合同。*

结果： DeepSeek 完全按照上传的固定资产租赁合同模板，替换所提供的融资租赁信息后生成了一版和原有合同相吻合的新合同模板，具体成果见“普通组成果展示”。

2. 普通组成果展示

融资租赁合同

出租方（甲方）：[同行业制造业公司名称]

承租方（乙方）：[您的制造业公司名称]

根据《中华人民共和国合同法》及相关法律法规的规定，甲乙双方本着平等、自愿、公平和诚信的原则，就甲方出租给乙方的生产设备事宜，达成如下协议：

一、租赁标的

1. 甲方出租给乙方的生产设备包括：型号为 X-D2011 的大型生产设备 1 台。
2. 乙方承租甲方生产设备的具体用途：扩大生产规模，用于制造业生产。

二、租赁期限

1. 租赁期限为 10 年，自 2025 年 4 月 1 日起至 2035 年 4 月 1 日止。
2. 租赁期满后，乙方有权以 10 万元的价格购买该设备，但需在租赁期满前 30 天书面通知甲方。

三、租金及支付方式

1. 总租金为 100 万元，分 10 期支付，每期 10 万元。
2. 乙方应在每年 4 月 1 日前将当期租金支付至甲方的指定账户。

四、保证金

1. 乙方应在合同签订后 10 日内向甲方支付保证金 50 万元。
2. 保证金用于确保乙方在租赁期内履行其义务和责任。租赁期满后，若乙方无违约行为，保证金将用于抵扣设备购买款或退还给乙方。

五、交付与验收

1. 甲方应于 2025 年 3 月 31 日将生产设备交付至乙方指定的北京地点。
2. 乙方应在设备交付后 10 天内完成验收，并将验收结果书面通知甲方。

六、维修与保养

1. 乙方应定期对租赁的生产设备进行维护和保养，确保设备的正常使用。
2. 乙方在发现设备出现故障或损坏时，应及时通知甲方，并协助甲方进行修理。

七、所有权与购买权

1. 租赁期间，设备的所有权归甲方所有。
2. 租赁期满后，乙方有权以 10 万元的价格购买该设备，购买款项应从保证金中扣除，不足部分由乙方补足。

八、违约责任

1. 乙方若违反本合同的约定（如租金逾期未支付、擅自改变设备用途、擅自转租或转让设备等），应承担相应的违约责任。
2. 甲方若违反本合同的约定（如设备未能按时交付、设备不符合约定用途等），应承担相应的违约责任。

九、争议解决

1. 本合同的解释权归双方共同所有。如双方在履行本合同过程中发生争议，应首先通过友好协商解决。协商不成的，任何一方可向甲方所在地法院提起诉讼。
2. 在争议解决期间，双方应继续履行本合同中未涉及争议的其他条款。

十、其他条款

1. 本合同未尽事宜，可由双方协商补充。补充协议与本合同具有同等法律效力。
2. 本合同自双方签字或盖章之日起生效。合同一式两份，甲乙双方各执一份。

甲方（签字 / 盖章）：[同行业制造业公司名称]

法定代表人：[姓名]

日期：[签署日期]

乙方（签字 / 盖章）：[您的制造业公司名称]

法定代表人：[姓名]

日期：[签署日期]

作者点评

普通组虽然生成了合同模板，但更多停留在信息替换的层面，未对原有固定资产合同模板的内容作结构性分析与条款再设计，导致内容虽已更换为融资租赁业务信息，但仍明显带有原合同模板的痕迹。普通组的操作缺乏对 AI 输出内容的再优化流程，没有识别和增加留购权、不可抗力处理等融资租赁特有风险的控制条款，合同模板的严谨性和专业性有待提高。

9.2.2　优秀组的操作与成果

1. 优秀组操作步骤

步骤一： 将公司常用的固定资产合同模板上传给 DeepSeek，向 DeepSeek 发出指令：*请参考上传的“固定资产租赁合同”，在此基础上，将合同对应条款调整为“融资租赁合同”条款，并生成一份正式的融资租赁合同模板。其中，乙方不变，甲方改为河北省制造业有限责任公司。合同主要内容为：甲方向乙方出租 1 台型号为 X-D2011 的大型生产设备。租赁期限为 10 年，总租金高达 100 万元，分 10 期支付，每年年初支付 10 万元现金。双方约定在 2025 年 3 月 31 日交付，交付地点为北京，货物的验收期为 10 天，租赁开始日为 2025 年 4 月 1 日，租赁期于 2035 年 4 月 1 日结束，乙方预计 10 年后该生产设备的市场价值为 10 万元，故打算 10 年后购买该设备，但需要在租赁期满前 30 天通知甲方，*

另外在签署合同 10 天内需要向甲方支付 50 万元的保证金。除此之外，新生成的融资租赁合同继续沿用固定资产租赁合同中的“七、争议解决”和“八、其他条款”。

步骤一结果：DeepSeek 根据已有的固定资产租赁合同生成了一份新的融资租赁合同模板，根据指令，将融资租赁的所有信息进行了填充，但并没有在此基础上增加更多内容，如图 9–10 所示。

融资租赁合同

出租方(甲方)：河北省制造业有限责任公司
承租方(乙方)：北京市制造业股份有限公司

根据《中华人民共和国合同法》及相关法律法规的规定，甲乙双方本着平等、自愿、公平和诚信的原则，就甲方出租给乙方的生产设备事宜，达成如下协议：

一、租赁标的

1. 甲方出租给乙方的生产设备为：1台型号为X-D2011的大型生产设备。
2. 乙方承租甲方生产设备的具体用途：生产制造。

二、租赁期限

1. 租赁期限为10年，自2025年4月1日起至2035年4月1日止。
2. 租赁期满后，乙方有权选择购买该设备，但需在租赁期满前30天书面通知甲方。

三、租金及支付方式

1. 乙方应按年向甲方支付租金，总租金为100万元，分10期支付，每期10万元。
2. 乙方应在每年的4月1日前将租金支付到甲方的指定账户。

四、保证金

1. 乙方在签订合同后10天内需向甲方交纳保证金50万元。
2. 保证金用于确保乙方在租赁期内履行其义务和责任。租赁期满后，若乙方无违约行为，保证金将退还给乙方。

五、设备交付与验收

1. 甲方应于2025年3月31日将设备交付至乙方指定的地点：北京。
2. 乙方应在设备交付后10天内完成验收，并将验收结果书面通知甲方。

六、购买选择权

1. 租赁期满时，乙方有权以10万元的市场价值购买该设备。
2. 乙方需在租赁期满前30天书面通知甲方是否行使购买选择权。

七、维修与保养

1. 乙方应定期对租赁的生产设备进行维护和保养，确保设备的正常使用。
2. 乙方在发现设备出现故障或损坏时，应及时通知甲方，并协助甲方进行修理。

八、违约责任

1. 乙方若违反本合同的约定，应承担相应的违约责任。具体违约责任包括但不限于：租金逾期未支付、擅自改变设备的用途、擅自转租或转让设备等。
2. 甲方若违反本合同的约定，应承担相应的违约责任。具体违约责任包括但不限于：设备未能按时交付、设备不符合约定用途等。

九、争议解决

1. 本合同的解释权归甲方所有。如双方在履行本合同过程中发生争议，应首先通过友好协商解决。协商不成的，任何一方可向甲方所在地法院提起诉讼。
2. 在争议解决期间，双方应继续履行本合同中未涉及争议的其他条款。

十、其他条款

1. 本合同未尽事宜，可由双方协商补充。补充协议与本合同具有同等法律效力。
2. 本合同自双方签字或盖章之日起生效。合同一式两份，甲乙双方各执一份。

甲方(签字/盖章)：河北省制造业有限责任公司
法定代表人：______
日期：______

乙方(签字/盖章)：北京市制造业股份有限公司
法定代表人：______
日期：______

图 9–10　DeepSeek 根据指令初步生成的融资租赁合同模板

步骤二： 对步骤一生成的合同模板进行合规性和完整性验证。向 DeepSeek 发出指令：*请联网帮我校验一下此合同模板的规范性以及完整性，并指出修改意见。*

步骤二结果： DeepSeek 依托联网搜索功能，对生成的合同模板进行了合规性和完整性校验，并提出了对应的法律依据、修改建议和补充条款（如图 9–11 所示）。经人工审阅，这些修改建议能够提高合同模板的合规性及完整性。

步骤三： 再次向 DeepSeek 发出指令：*请按照上述修改意见，修改并完善刚刚生成的融资租赁合同模板。*

二、完整性校验

1. **所有权归属条款**
   - 融资租赁的核心是"所有权与使用权分离"，需明确租赁期间设备所有权归甲方，乙方仅有使用权。
   - **补充条款：**

     > 租赁期间，设备所有权归甲方所有；乙方不得擅自抵押、转让或设定其他权利负担。

2. **保险义务**
   - 通常融资租赁合同中，甲方或乙方需为设备投保，应明确责任方及保险范围。
   - **补充条款：**

     > 乙方应自租赁期开始之日起为设备投保财产一切险，保险金额不得低于设备价值，并将甲方列为第一受益人。

3. **留购价款支付方式**
   - 原合同未明确留购价款的支付时间和方式。
   - **补充条款：**

     > 乙方行使购买权时，应于租赁期满前30日内一次性支付留购价款10万元至甲方指定账户。

4. **保证金利息处理**

图 9–11　DeepSeek 完整性校验（部分）

步骤三结果：DeepSeek 重新生成了一版较为完整的融资租赁合同模板，添加了租赁标的、所有权与使用限制、留购权等内容，合同结尾还增加了后附的附件名称，但附件只有名称，没有具体内容。部分结果如图 9–12、图 9–13 所示。

第一条 租赁标的

1. **设备描述**
   - 名称：X-D2011大型生产设备
   - 制造商：_______
   - 型号：X-D2011
   - 技术参数：_______（如功率、尺寸等）
   - 数量：1台
   - 设备序列号：_______
   - 附属文件：出厂合格证、操作手册、保修文件（如有）。
2. **租赁用途**：乙方承租设备用于生产制造，未经甲方书面同意，不得改变用途。

第二条 租赁期限

1. **租赁期**：10年，自**2025年4月1日**起至**2035年4月1日**止。
2. **交付与验收**
   - 甲方应于**2025年3月31日**前将设备交付至乙方指定地点（北京）。
   - 乙方应在交付后**10天**内完成验收。若设备不符合约定，乙方有权要求甲方更换或修复；逾期未提出

图 9–12　DeepSeek 生成的新增内容（部分）

附件

1. 设备技术参数清单
2. 设备验收标准
3. 甲方指定账户信息

图 9–13　DeepSeek 新增的结尾附件

步骤四： 继续向 DeepSeek 发出指令：*请将附件中的三个内容的具体详情和细节展示出来，好用于附件制作。*

步骤四结果： DeepSeek 列出了三个附件的详细内容示例，有助于完整合同的填列和制作，并在最后给出了附件制作建议。由此，将合同正文部分和附件部分进行合并，即可生成完整的融资租赁合同模板，再经人工审阅和手动调整细节与格式，即可使用。具体成果见“优秀组成果展示”。

2. 优秀组成果展示

融资租赁合同

合同编号： ____________

出租方（甲方）：河北省制造业有限责任公司

统一社会信用代码：____________

地址：____________

法定代表人：____________

联系人及电话：____________

承租方（乙方）：北京市制造业股份有限公司

统一社会信用代码：____________

地址：____________

法定代表人：____________

联系人及电话：____________

根据《中华人民共和国民法典》及相关法律法规的规定，甲乙双方本着平等、自愿、公平和诚信的原则，就甲方出租给乙方的大型生产设备事宜，达成如下协议：

第一条 租赁标的

- **设备描述**
  - 名称：X-D2011 大型生产设备
  - 制造商：____________
  - 型号：X-D2011
  - 技术参数：____________（如功率、尺寸等）
  - 数量：1 台
  - 设备序列号：____________
  - 附属文件：出厂合格证、操作手册、保修文件（如有）。
- **租赁用途**：乙方承租设备用于生产制造，未经甲方书面同意，不得改变用途。

第二条 租赁期限

- **租赁期**：10 年，自 **2025 年 4 月 1 日**起至 **2035 年 4 月 1 日**止。
- **交付与验收**
  - 甲方应于 **2025 年 3 月 31 日**前将设备交付至乙方指定地点（北京）。
  - 乙方应在交付后 **10 天**内完成验收。若设备不符合约定，乙方有权要求甲方更换或修复；逾期未提出异议视为验收合格。

第三条 租金及支付方式

1. **总租金**：100 万元（人民币壹佰万元整），分 10 期支付，每期 10 万元。
2. **支付时间**：每年 **4 月 1 日**前支付当期租金至甲方指定账户。
3. **租金调整**：如中国人民银行贷款基准利率调整超过 5%，双方可协商重新核定租金。

第四条 保证金

1. **金额**：50 万元（人民币伍拾万元整）。
2. **支付时间**：乙方应于合同签署后 **10 日**内支付至甲方账户。
3. **用途**：用于担保乙方履行合同义务。租赁期满或乙方行使购买权后，扣除应付款项后无息退还。

第五条 所有权与使用限制

1. **所有权**：租赁期间，设备所有权归甲方所有；乙方不得抵押、转让、转租或设定其他权利负担。
2. **保险**：乙方应自租赁期开始之日起为设备投保**财产一切险**，保险金额不低于设备价值，并将甲方列为第一受益人。

第六条 维修与保养

1. **乙方义务**：负责设备的日常维护、保养，并承担费用。
2. **故障处理**：设备出现故障时，乙方应立即通知甲方，并协助甲方修理。

第七条 留购权

1. **留购价格**：10 万元（人民币拾万元整）。
2. **行使条件**：乙方应于租赁期满前 **30 日**书面通知甲方，并一次性支付留购价款。
3. **所有权转移**：留购价款付清后，设备所有权自动转移至乙方。

第八条 违约责任

- **乙方违约**：
    - 逾期支付租金：每逾期一日，按应付租金的 0.05% 支付违约金；连续两期未支付的，甲方有权解除合同并收回设备。
    - 擅自处置设备：甲方有权要求乙方按设备价值的 150% 赔偿。
- **甲方违约**：
    - 未按时交付设备：每逾期一日，按已付租金的 0.05% 支付违约金。

第九条 不可抗力

因不可抗力导致合同无法履行的，受影响方应及时通知对方，并提供证明。双方可协商延期履行或解除合同。

第十条 争议解决

1. 本合同争议应首先协商解决；协商不成的，向**甲方所在地人民法院**提起诉讼。
2. 争议期间，双方应继续履行未争议条款。

第十一条 其他条款

1. **税务**：甲方应开具符合规定的**融资租赁增值税专用发票**。
2. **合同生效**：自双方签字盖章之日起生效，一式**两份**，甲乙双方各执一份。
3. **补充协议**：未尽事宜由双方另行签订补充协议，与本合同具有同等效力。

甲方（盖章）：河北省制造业有限责任公司

法定代表人 / 授权代表：____________

日期：____________

乙方（盖章）：北京市制造业股份有限公司

法定代表人 / 授权代表：____________

日期：____________

附件

1. 设备技术参数清单
2. 设备验收标准
3. 甲方指定账户信息

附件 1：设备技术参数清单

设备名称：X-D2011 大型生产设备

制造商：**（填写制造商名称，如“上海重工机械有限公司”）**

出厂日期：（如“2024 年 1 月”）

技术参数：

- **尺寸**：长 × 宽 × 高（如“5m×2.5m×3m”）
- **重量**：____________（如“8 吨”）

- **功率：** ____________（如“220kW”）
- **工作电压：** ____________（如“380V/50Hz”）
- **生产能力：** ____________（如“每小时处理 2000 件”）
- **控制系统：** ____________（如“PLC 自动控制系统，型号：XXX”）
- **其他关键参数：**
  - 精度等级：____________
  - 能耗标准：____________
  - 环保认证：____________（如“CE 认证”“GB 标准”）

附属设备 / 配件清单：

1. 主控台 1 套
2. 专用工具包（含扳手、校准仪等）
3. 备用零部件清单：____________（列明名称及数量）

附件 2：设备验收标准

一、验收流程

- **外观检查：**
  - 设备无运输导致的变形、锈蚀或破损。
  - 铭牌信息（型号、序列号）与合同一致。
- **文件核对：**
  - 出厂合格证、保修卡、操作手册齐全。
- **功能测试：**
  - 空载运行 30 分钟，确认无异常噪音或振动。
  - 负载测试：按设计产能运行 1 小时，确认生产效率达标。

二、验收文件签署

1. 乙方填写《设备验收单》，双方代表签字确认。
2. 验收异议期：10 日内提出书面异议，逾期视为合格。

三、不合格处理

1. 甲方需在收到异议后 5 日内修复或更换设备。

2. 若无法修复，乙方有权拒收并要求退还已支付费用。

附件 3：甲方指定账户信息

账户名称：河北省制造业有限责任公司

开户银行：（如“中国工商银行河北省分行营业部”）

银行账号：

联行号：____________（如需）

税务信息：

- 纳税人识别号：____________
- 地址及电话：____________（与合同甲方信息一致）

特别说明：

1. 乙方付款时需备注“合同编号 + 租金 / 保证金”。
2. 账户变更：甲方需提前 15 日书面通知乙方。

作者点评

优秀组基于公司原有合同模板进行适配调整，体现出一定的迁移学习能力和逻辑条理，充分展现了 AI 协同下的智能再设计能力。需要说明的是，由于是以企业已有相关合同模板为场景，因此优秀组没有再应用其他 AI 大模型进行成果融合或者交叉检验。实践中如有需要，可以参考 9.1 节中优秀组的操作，耐心地逐步生成一份更完美的合同。

9.3 本章总结

本章通过两个典型场景，系统展示了借助 DeepSeek 等 AI 工具完成合同拟定任务的全流程。普通组暴露出在任务理解、操作路径、成果打磨等方面存在短板。优秀组体现出高效的指令输入、条款优化、内容补充、成果验证等多维度的 AI 协作能力。AI 的应用不能想当然地“直接拿来”，AI 也不是“万能工具箱”。要想真正使 AI 协作成果有应用价值，人机协同至关重要。其中“人”的作用不仅仅指人工审查，还包括“人”对于“机”的分步式引导、流程设计等。

实用技巧

- 在无参考模板的场景下，可以先让 DeepSeek 生成多个模板，供人工判断挑选。
- 引导 DeepSeek 学习总结合同拟定的要点，再让它更好地完成任务。
- 验证环节不可少，生成结果后应通过“请联网校验合法性”“指出修改建议”等指令确保合规性和完整性。
- 应用其他 AI 大模型生成成果，人工审查后进行成果融合。各个 AI 大模型各有所长，成果融合有利于提高完整性。
- 应用其他 AI 大模型对 DeepSeek 的生成结果进行交叉检验和给出修改建议，能达到更好的效果。
- 附件也是合同的重要组成部分，可以应用 DeepSeek 辅助生成。

第 10 章

应用 DeepSeek 辅助法律法规政策查询

法律法规政策查询是企业合规管理的重要工作。法律法规政策查询工作的重要性在于确保企业的经营活动遵守相关法律法规，保障企业的合法权益。其工作要求包括及时性、准确性和全面性，确保企业能够及时获取最新的法律法规政策信息并准确理解和应用。法律法规政策查询的工作要点包括定期更新法律法规政策数据库、建立高效的查询机制、培训员工的法律意识等。

财务人员最常面对的法律法规政策包括经济类和税务类。经济类法律法规政策主要涉及会计法、会计准则、公司法、民法典、劳动法等领域，税务类法律法规政策主要涉及企业所得税、增值税、个人所得税等税种的具体规定和优惠政策。这两类法律法规政策在查询时都需要关注最新变化，并结合企业的实际情况进行正确解读和应用。

对于财务人员而言，法律法规政策查询的难点在于法律法规政策的复杂性和多变性。经济类和税务类法律法规政策的频繁更新和差异解释，要求财务人员具备较高的法律素养和持续学习的能力，而这可能加重财务人员的认知负荷，降低信息理解和加工的效率。

小贴士

认知负荷理论

认知负荷理论（cognitive load theory，CLT）是由澳大利亚心理学家约翰·斯威勒（John Sweller）于 1988 年首先提出的，主要用于解释人类在学习和处理信息过程中的认知资源分配方式。该理论认为，人类的短期记忆（工作记忆）容量有限，当信息处理需求超过容量时，学习效率会显著下降。今天，我们应用 AI 辅助工作，AI 能够通过自动化、个性化和优化信息处理，显著降低人工理解的外在和内在认知负荷，从而提高工作中的信息理解和加工效率。

传统的信息查询工具主要是各种搜索引擎（如百度、搜狗等）。借助搜索引擎，财务人员能够快速获取大量的法律法规政策信息，但信息的准确性和权威性需要人工进一步验证。

今天，DeepSeek 等 AI 大模型能够为财务人员筛选和提供更为权威和精准的法律法规政策信息。DeepSeek 的数据库更新更及时，且能够凭借推理能力对最新的法律法规政策进行梳理和汇总，为使用者进行有效的展示。因此，DeepSeek 能够帮助使用者简化鉴别和筛选海量信息的过程。此外，DeepSeek 还能提供法律法规政策的解读和案例分析，有助于财务人员更好地理解和应用。

本章以企业日常法律法规政策查询为案例场景，分为三节。10.1 节以企业经济类法律法规政策查询为场景，10.2 节以企业税务类法律法规政策查询为场景，10.3 节为本章总结。

10.1 企业经济类法律法规政策查询

任务场景描述

你是一名大学毕业生，今年新入职一家智能制造业企业做会计。你的领导最近找到你，说老板想出资注册一家新企业（AI 技术开发有限责任公司），让你查询一下《公司法》对于设立企业注册资本金的实缴规定是什么。领导说他上网搜索得到的答案有点乱，让你弄清楚后提交给他。

10.1.1 普通组的操作与成果

1. 普通组操作步骤

步骤：没有开启联网搜索，直接向 DeepSeek 发出指令：*根据《公司法》，设立企业注册资本金的实缴规定是什么？*

结果：DeepSeek 根据要求列出了《公司法》有关设立企业注册资本金的实缴规定，但依据的是 2018 年修正版的《公司法》，完整结果见“普通组成果展示”。

2. 普通组成果展示

根据中国《公司法》（2018 年修正）及相关最新修订内容，关于注册资本实缴的规定主要如下：

1. 认缴制为主

- **有限责任公司**：注册资本为在公司登记机关登记的全体股东认缴的出资额，无需在公司设立时一次性缴足（《公司法》第二十六条）。

- **股份有限公司**：采取发起设立方式的，注册资本为登记的全体发起人认购的股本总额；募集设立方式的，需实收全部股本（《公司法》第八十条）。

2. 实缴要求（例外情形）

法律、行政法规或国务院决定对特定行业（如银行、保险、证券等）另有规定的，需实缴注册资本。例如：

- 《商业银行法》要求商业银行注册资本需实缴。
- 《保险法》规定保险公司注册资本必须实缴。

3. 实缴期限

- 股东需按公司章程约定的期限缴纳出资（《公司法》第二十八条）。若未按期缴纳，除补足外，还需对其他已按期缴纳的股东承担违约责任。
- **取消最低实缴期限**：2014 年修订后，股东可自主约定缴纳期限（无最长限制），但需在公司存续期内完成。

4. 验资要求

- 除法律、行政法规另有规定（如前述特殊行业），一般企业设立无需提交验资报告。

5. 股东责任

- 股东以认缴出资为限对公司承担责任。若公司破产或债务无法清偿，股东可能被要求提前实缴出资以清偿债务（《企业破产法》第三十五条）。

2023 年《公司法》修订草案（尚未生效）

2023 年 12 月公布的修订草案（需待全国人大通过）拟对**有限责任公司**引入 **5 年内实缴**的要求，但截至 2024 年 7 月，该修订尚未正式生效。若通过，新规将适用于新设公司及存量公司（过渡期可能另行规定）。

总结

目前，除特殊行业外，企业注册资本以认缴制为主，无强制实缴期限。但需注意：

- 股东应按章程约定履行出资义务；
- 虚假出资或抽逃资金可能承担民事、行政甚至刑事责任；
- 未来修订案若实施，实缴规则可能调整。

建议根据具体行业和最新政策咨询专业机构。

作者点评

从普通组的操作和最终成果来看，可以总结出两点：第一，“一句话指令”是很多财务人员在应用 AI 时的通病，归根结底是不理解应用 AI 辅助工作的模式和本质；第二，很多刚开始使用 DeepSeek 的财务人员都忽视了联网搜索，在应用 DeepSeek 进行法律法规政策查询工作的时候，一定要开启联网搜索。如果普通组开启了联网搜索，即使使用了“一句话指令”，那么虽然操作上不够科学严谨，但也能得到基本正确的结果。所以务必养成应用 DeepSeek 查询政策法规时开启联网搜索的良好工作习惯。

10.1.2 优秀组的操作与成果

1. 优秀组操作步骤

步骤一： 对 DeepSeek 发出指令：*根据《公司法》，设立企业注册资本金的实缴规定是什么？要求进行联网搜索，保证结果的合规性。*

步骤一结果： DeepSeek 根据要求列出了《公司法》关于企业注册资本金的实缴规定，并提供了依据与官方渠道，如图 10–1 所示。

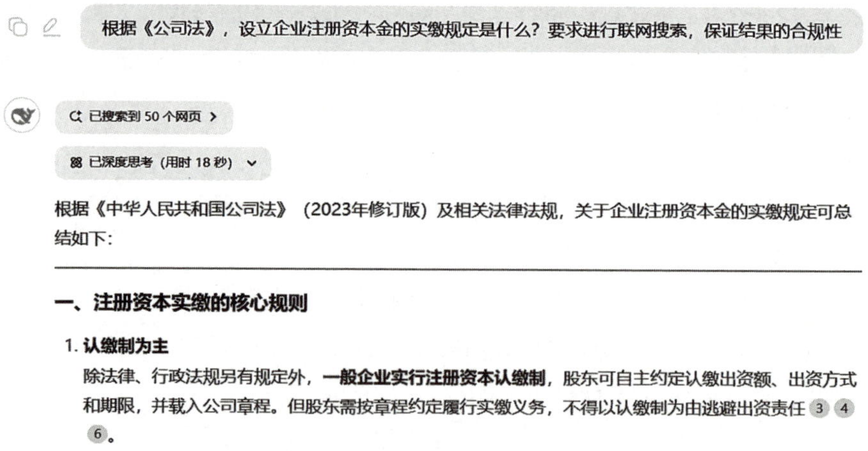

图 10–1　DeepSeek 联网搜索企业注册资本实缴的规定

步骤二： 为了验证 DeepSeek 生成的结果是否符合最新的法规政策，向 DeepSeek 输入指令：*上述结果是否符合最新的法规政策？*

步骤二结果： 在联网搜索的情况下 DeepSeek 输出的结果是最新的法规政策，符合要求，如图 10–2 所示。

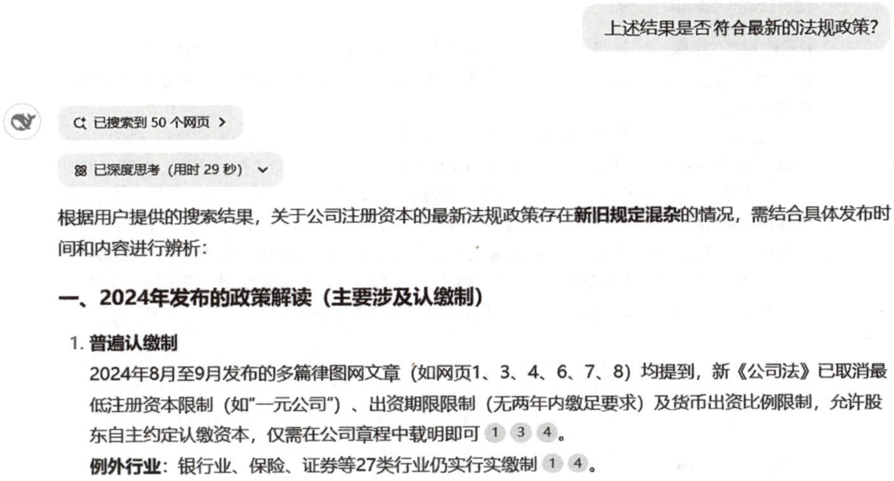

图 10–2　验证 DeepSeek 生成结果是否符合最新法规政策

步骤三： 应用其他多个 AI 大模型（Kimi、豆包、文心一言）进行交叉检验。为了验证 DeepSeek 在联网搜索情况下得出结果的准确性及合规性，将 DeepSeek 生成的结果复制粘贴到 Word 文档中，然后将 Word 文档作为附件分别上传至各个 AI 大模型中。

向 AI 大模型发出指令：*这是一份根据《公司法》得到的关于设立企业注册资本金的实缴规定的文件，请联网搜索，并验证这份文件中相关规定是否正确、合规，如有出现错误的地方，请指出并改正。*

步骤三结果： 豆包和文心一言认为该文件中的内容正确、合规，与现行《中华人民共和国公司法》（2023 年修订版）及相关法律法规相符。而 Kimi 指出该文件中关于企业注册资本金的实缴规定存在一些错误和不准确的地方，并提供了改进建议。

人工审查 Kimi 指出的错误，发现并不正确，且 Kimi 在联网搜索情况下依据的并非最新的《中华人民共和国公司法》。这导致了 Kimi 与其他 AI 大模型得出了不同结果，如图 10–3、图 10–4、图 10–5 所示。

这份文件中关于设立企业注册资本金实缴的规定存在多处错误和不准确的地方，以下是详细的分析和改正：

一、注册资本实缴的核心规则

- **认缴制为主**：正确。现行《公司法》规定，除法律、行政法规以及国务院决定另有规定外，有限责任公司的注册资本实行认缴制，股东可自主约定认缴出资额、出资方式和期限，并载入公司章程。
- **实缴期限限制**：
  - **有限责任公司**：文件中提到"全体股东认缴的出资额应自公司成立之日起5年内缴足（2023年修订新增）"是错误的。现行《公司法》（2013年修订）并未规定有限责任公司股东必须在5年内完成实缴，而是由股东自行约定出资期限，并在公司章程中载明。
  - **股份有限公司**：文件中提到"发起设立的公司，发起人需在公司成立前全额缴纳认购股份；募集设立的公司，注册资本为实收股本总额"基本正确，但不够全面。对于发起设立的股份有限公司，发起人应当按照公司章程的规定认购股份，并缴纳出资；对于募集设立的股份有限公司，注册资本为实收股本总额，需按照《公司法》及证券监管要求进行实缴。

图 10–3　步骤三 Kimi 的验证结果（部分）

三、总结

原文内容与《公司法》及国务院规定高度一致，表述准确，无实质性错误。建议企业关注国务院及市场监管总局的最新细则，特别是特殊行业实缴要求及公示义务，确保合规操作。

图 10–4　步骤三豆包的验证结果（部分）

结论

经过验证，您提供的《设立企业注册资本金的实缴规定.docx》文件内容正确、合规，与现行《中华人民共和国公司法》（2023年修订版）及相关法律法规相符。无需进行指正或修改。

图 10–5　步骤三文心一言的验证结果（部分）

2. 优秀组成果展示

根据《中华人民共和国公司法》（2023 年修订版）及相关法律法规，关于企业注册资本金的实缴规定可总结如下：

一、注册资本实缴的核心规则

- **认缴制为主**

  除法律、行政法规另有规定外，**一般企业实行注册资本认缴制**，股东可自主约定认缴出资额、出资方式和期限，并载入公司章程。但股东需按章程约定履行实缴义务，不得以认缴制为由逃避出资责任。

- **实缴期限限制**
  - **有限责任公司**：全体股东认缴的出资额应自公司成立之日起 **5 年内缴足**（2023 年修订新增）。
  - **股份有限公司**：发起设立的公司，发起人需在公司成立前全额缴纳认购股份；募集设立的公司，注册资本为实收股本总额。
  - **过渡期安排**：2024 年 7 月 1 日前已设立的公司，若原出资期限超过 5 年，需在 **2027 年 6 月 30 日前调整至 5 年内**，并最晚于 **2032 年 6 月 30 日前完成实缴**。

- **特殊行业实缴要求**

  银行、保险、证券、劳务派遣等**特殊行业**需遵循单行法规定，实行注册资本实缴制，并满足最低限额要求。例如：
  - **商业银行**：注册资本最低限额为 10 亿元且需实缴（《商业银行法》第十三条）。
  - **保险公司**：注册资本需为实缴货币资本（《保险法》第六十九条）。

二、实缴方式与认定标准

- **合法出资形式**
  - **货币出资**：直接存入公司账户并标注“投资款”。
  - **非货币出资**：包括实物、知识产权、土地使用权、股权、债权等，需经专业评估并办理权属转移手续。
  - **知识产权实缴**：允许专利、商标、著作权等作价出资，最高比例可达 100%。
- **实缴的认定标准**
  - 货币出资需提供银行入账凭证；非货币出资需提交评估报告及权属转移证明。
  - 未实缴的股东不享有对应比例的股东权利（如分红权、优先认购权），除非全体股东另有约定。

三、法律责任与风险

- **未按期实缴的后果**
  - **对内责任**：股东需补足出资，并向已实缴股东承担违约责任；公司可催缴并发出失权通知，未缴股东可能丧失股权。
  - **对外责任**：若公司无法清偿债务，债权人可要求未实缴股东在未缴范围内承担补充赔偿责任。
  - **行政处罚**：企业未公示实缴信息或虚假公示的，可能被列入经营异常名录，甚至吊销营业执照。
- **虚假出资与抽逃出资**
  - 股东可能面临民事赔偿，相关董事、高管需承担连带责任；构成犯罪的，依法追究刑事责任。

四、合规建议

1. **一般企业**：根据章程约定分期实缴，确保 5 年内完成，并通过国家企业信用信息公示系统公示。
2. **特殊行业**：严格遵循行业法规的实缴要求，确保注册资本最低限额及实缴形式合法。
3. **存量企业**：及时调整出资期限，避免过渡期后因逾期面临法律风险。
4. **专业服务**：涉及复杂出资（如知识产权）或行业监管的企业，建议咨询专业机构确保合规。

五、法律依据

- **《公司法》第四十七条**：明确有限责任公司 5 年实缴期限。
- **《公司法》第四十九条**：股东未按期实缴的补足及违约责任。
- **《企业信息公示暂行条例》**：要求公示注册资本实缴情况。

综上，企业需结合自身行业及设立时间，严格遵守《公司法》及相关单行法的实缴规定，防范法律风险。

作者点评

优秀组通过分阶段递进验证（获取信息→时效性确认→多模型交叉检验→人工审查），构建了完整的合规性校验链条。这种“漏斗式”筛选机制有效过滤了信息噪声，尤其是对于动态调整的法律法规政策，提升了结论可靠性。引入多模型对比测试并关注其底层数据源差异，发现了 Kimi 因依据旧版法规导致结果差错。另外，优秀组果断采用人工审查，结合官方文件，成功定位了 Kimi 的错误根源。这种人机协同既发挥了 AI 的高效性，又发挥了人的专业判断能力，是企业数字化转型下的最佳实践。这种实践为处理其他法律法规政策查询问题提供了可复用的框架。

10.2　企业税务类法律法规政策查询

任务场景描述

你是一家位于北京市的小型微利企业的财务经理，企业主要从事环保科技开发，以前成功申报为高新技术企业，今年能否申报成为高新技术企业还不确定。你现在想先知道今年小型微利企业的企业所得税优惠政策是什么。在此基础上，你想了解是不是高新技术企业对于小型微利企业在企业所得税税收优惠方面有何区别。

10.2.1　普通组的操作与成果

1. 普通组操作步骤

步骤：未开启联网搜索，直接向 DeepSeek 发出指令：*今年小型微利企业的企业所得税优惠政策是什么？今年不是高新技术企业和是高新技术企业的小型微利企业在企业所得税税收优惠方面有何区别？*

结果： DeepSeek 在给出的回复中认为“今年”是 2024 年。在此基础上，假设 2024 年延续了 2023 年的相关税收政策，给出了小型微利企业和高新技术企业的对比分析，完整结果见“普通组成果展示”。

2. 普通组成果展示

2024 年，中国小型微利企业的企业所得税优惠政策以及高新技术企业与小型微利企业政策的区别如下：

一、2024 年小型微利企业所得税优惠政策

根据现行政策（假设 2024 年延续 2023 年政策），小型微利企业的企业所得税优惠如下：

1. 应纳税所得额减免

- 年应纳税所得额 ≤ **300 万元** 的部分，按 **5%** 税率征收企业所得税（实际税负 5%）。

  （注：300 万元是 2023 年政策，需以 2024 年最新文件为准，但大概率延续。）

2. 其他条件

- 需同时满足小型微利企业标准：
  - 从事国家非限制 / 禁止行业；
  - 年度应纳税所得额≤ 300 万元；
  - 从业人数≤ 300 人；
  - 资产总额≤ 5000 万元。

二、高新技术企业与小型微利企业政策区别

1. 非高新技术企业的小型微利企业

- 适用上述 **5%** 优惠税率（300 万元以内）。
- 超过 300 万元的部分，按 **25%** 全额缴纳企业所得税。

2. 高新技术企业的小型微利企业

- **需注意政策重叠问题：**
  - 高新技术企业通常适用 **15%** 税率，但若同时符合小型微利企业条件，企业可自主选择更优惠的政策：
    - **选择 1：** 按小型微利企业 **5%** 税率（300 万元以内）。
    - **选择 2：** 按高新技术企业 **15%** 税率（无所得额限制，但税负可能更高）。

作者点评

首先，本案例场景中普通组与 10.1 节中普通组犯的错误相同，都是未开启联网搜索，导致 DeepSeek 的输出结果是以 2023 年的政策为依据的。特别是，税务类法律法规政策的修订频率通常比经济类更高，查询税法相关法规政策时尤其需要注意联网搜索。其次，普通组的指令不详尽、不严谨，采用了模糊的时间表述“今年”，未明确指定具体年份（2025 年），导致 DeepSeek 的输出结果均假设“今年”为 2024 年。这两个错误造成输出结果出现了很不合理的“假设 2024 年延续 2023 年政策”。最后，普通组仅通过“一句话指令”得出结果，既没有分步提问，也没有应用其他 AI 大模型进行交叉检验，导致输出结果在合规性、稳健性、全面性方面存在问题。

10.2.2　优秀组的操作与成果

1. 优秀组操作步骤

步骤一：在开启联网搜索的情况下，向 DeepSeek 发出指令：*2025 年北京市小型微利企业的企业所得税优惠政策是什么？请根据最新的官方政策回复。注意：我需要最新的政策规定，一定要保证相关政策的合规性。*

步骤一结果：DeepSeek 根据要求列出了 2025 年北京市小型微利企业的企业所得税优惠政策，并提供了政策依据与官方渠道，如图 10–6 所示。

步骤二：应用其他多个 AI 大模型（Kimi、豆包、文心一言）进行交叉检验。为了验证 DeepSeek 在联网搜索情况下生成结果的准确性及合规性，将 DeepSeek 生成结果复制粘贴到 Word 文档中，然后将 Word 文档作为附件分别上传至各个 AI 大模型中。

已搜索到 47 个网页 >

根据**2025年最新政策**，北京市小型微利企业的企业所得税优惠政策如下（截至2025年3月28日）：

1. 优惠政策内容

对符合条件的小型微利企业：

- **年应纳税所得额不超过300万元的部分，减按25%计入应纳税所得额，按20%的税率**缴纳企业所得税。
  - **实际税负**：5%（25%×20%） 6 16。

2. 小型微利企业的认定标准

企业需同时满足以下条件：

图 10–6　DeepSeek 列出的 2025 年北京市小型微利企业的企业所得税优惠政策（部分）

向 AI 大模型发出指令：*这是一份关于 2025 年北京市小型微利企业的企业所得税优惠政策的文件，请联网搜索，并验证这份文件中的优惠政策是否正确、合规，如有错误，请指出并改正。*

步骤二结果： 其他 AI 大模型给出的结果一致（见图 10–7、图 10–8 和图 10–9），由此可认为 DeepSeek 在联网搜索情况下给出的关于 2025 年北京市小型微利企业的企业所得税优惠政策的相关内容是准确且合规的。

总结

总体而言，这份文件对2025年北京市小型微利企业的企业所得税优惠政策的描述是准确的，涵盖了政策的核心内容和关键细节。文件不仅详细说明了税率、应纳税所得额的计算方法和适用条件，还提供了政策的执行期限、申报方式以及相关的配套支持措施。同时，文件也贴心地为企业提供了注意事项和风险提示，以及权威的政策依据和官方核实途径，有助于企业全面、准确地理解和享受税收优惠政策。不过，企业仍需根据自身的实际情况，严格对照政策要求，确保合规享受优惠，避免因不符合条件而产生税务风险。

图 10–7　步骤二 Kimi 的验证结果（部分）

四、最终结论

您提供的政策文件主体内容正确，但存在排版错误及表述不严谨之处。修正后，政策符合国家及北京市最新规定，企业可按文件指引合规享受优惠。建议通过北京市税务局官网（http://beijing.chinatax.gov.cn）或 12366 热线核实细节。

图 10–8　步骤二文心一言的验证结果（部分）

最终结论

该文件内容**完全正确且合规**，无需任何修改。建议企业按照文件指引，合规享受税收优惠，并持续跟踪政策动态以确保长期受益。

图 10–9　步骤二豆包的验证结果（部分）

步骤三：进一步细化问题。向 DeepSeek 发出指令：*基于上述指令，我还想知道不是高新技术企业和是高新技术企业的小型微利企业在企业所得税税收优惠方面的区别。如果是高新技术企业，现需了解 2025 年北京市针对小型微利企业的企业所得税优惠政策（包括税率减免、免税额度等），尤其需要知道是否有特殊行业政策（如：科技、环保）。如果存在小微企业和高新技术企业的优惠政策的交叉，怎样选择才能使我所在的公司享受的优惠政策力度最大。请结合联网查询的官方文件、历史政策延续性，以及与其他税收优惠的交叉影响（如所得税减免）进行说明。*

步骤三结果：DeepSeek 根据要求列出了 2025 年北京市现行政策及交叉优惠选择策略，并提供了政策依据与官方渠道，部分结果如图 10–10 所示。

已搜索到 50 个网页 >

已深度思考（用时 26 秒）

根据您的需求，结合北京市2025年政策及现行税收优惠规定，以下是关于小型微利企业与高新技术企业在企业所得税优惠方面的差异、政策交叉选择及行业特殊政策的详细分析：

一、小型微利企业与高新技术企业的税收优惠差异

1. 小型微利企业

- **税率及优惠条件**

  根据2023年延续至2027年的政策，小型微利企业需同时满足以下条件：
  - 从事国家非限制和禁止行业；
  - 年度应纳税所得额≤300万元；
  - 从业人数≤300人；
  - 资产总额≤5000万元 6 8 9。

  优惠税率：对年应纳税所得额≤300万元的部分，减按25%计入应纳税所得额，再按20%税率缴纳，实际税负率5% 6 8。

图 10–10　DeepSeek 列出的 2025 年北京市现行税收政策及税收优惠差异（部分）

步骤四：应用其他多个 AI 大模型（Kimi、豆包、文心一言）再次进行交叉检验。为了验证 DeepSeek 在增加了细节的情况下结果的准确性及合规性，将 DeepSeek 生成的结果复制粘贴到 Word 文档中，然后将 Word 文档作为附件分别上传至各个 AI 大模型中。

对其他 AI 大模型发出指令：*这是一份关于 2025 年北京市高新技术型小型微利企业的企业所得税优惠政策的文件，请根据你现有的数据并联网搜索，验证这份文件内容是否正确、合规，如果有错误，请指出并改正，如果有需要补充的地方请补充。关于文件中政策交叉选择与优化策略部分是否有错误或需要补充的地方，如果有，请给出修改建议或补充。*

步骤四结果：其他 AI 大模型均认为 DeepSeek 给出的关于 2025 年北京市高新技术型小型微利企业的企业所得税优惠政策的相关内容总体上是准确且合规的，同时指出了一些需要调整和补充的地方。

Kimi 就“政策交叉选择与优化策略”以及“行业特殊政策适用性”部分提出了一些细化和补充的建议，如图 10–11 所示。

三、政策交叉选择与优化策略

- **优惠叠加规则**：文件描述正确。
- **选择建议**：
  - 文件建议正确，但可以进一步细化：
    - 若年应纳税所得额≤300万元，优先选择小型微利企业优惠（5%税负率），但需注意高新技术企业资格的有效期（通常为3年），提前规划以确保长期享受优惠。
    - 若年应纳税所得额＞300万元，建议申请高新技术企业以享受15%税率，同时关注高新技术企业资格的复审要求。
    - 研发投入较高时，建议企业同时享受研发费用加计扣除和小型微利企业优惠，以最大化税收优惠。

四、行业特殊政策适用性

- **科技行业**：文件描述正确，但可以补充说明软件开发企业可享受的其他税收优惠，如软件产品增值税即征即退政策。
- **环保行业**：文件描述正确，但可以补充说明环保企业可能享受的其他税收优惠，如环保设备投资抵免企业所得税政策。

图 10–11 步骤四 Kimi 给出的建议（部分）

对于豆包给出的建议，经人工审查发现其中关于“研发费用加计扣除比例为 75%（未形成无形资产）或 175%（形成无形资产）”部分存在错误。同时豆包指出“文档未提及高新技术企业可延长亏损结转年限至 10 年”（原政策为 5 年），并给出修正建议，如图 10–12（a）所示。豆包也就优化策略方面提供了一些补充与修正的建议，相关内容如图 10–12（b）所示。

1. 高新技术企业亏损结转年限

- **原文遗漏**：未提及高新技术企业可延长亏损结转年限至 10 年。
- **修正建议**：
  - **补充内容**：
    - **政策内容**：自 2018 年 1 月 1 日起，当年具备高新技术企业资格的企业，其资格年度前 5 个年度的亏损可结转至以后 10 年弥补。
    - **依据**：财税〔2018〕76 号及北京市科委 2024 年 8 月政策解读。
  - **示例**：若企业 2025 年取得资格，其 2020-2024 年的亏损可结转至 2025-2034 年弥补。

（a）

二、优化策略的补充与修正

1. 政策组合优化建议

- **原文遗漏**：未明确不同生命周期阶段的策略选择。
- **补充建议**：
  - **初创期**：优先选择小型微利企业5%税率，叠加研发费用加计扣除（如制造业100%），快速降低税负。
  - **成长期**：若规模接近小型微利企业标准上限（如资产总额接近5000万元），可提前布局高新技术企业认定，为未来适用15%税率及10年亏损结转做准备。
  - **成熟期**：若企业收入超过小型微利企业标准，可通过**拆分业务**（如分设子公司）维持小型微利企业资格，同时保留高新技术企业资质以享受其他优惠（如研发费用加计扣除）。

2. 地方性补贴政策的叠加效应

- **原文遗漏**：未提及北京市地方性奖励。
- **补充建议**：
  - **政策内容**：
    - **认定奖励**：北京市对首次认定的高新技术企业给予**一次性30万元奖励**（北京经济技术开发区2023年政策）。
    - **研发费用补贴**：国家专精特新“小巨人”企业研发费用增长超过目标值的部分，按20%给予最高300万元补贴（北京经济技术开发区2023年政策）。
  - **示例**：某企业同时享受小型微利企业5%税率、制造业研发费用100%加计扣除及地方性30万元认定奖励，综合节税效果显著。

（b）

图 10–12　步骤四豆包给出的建议（部分）

文心一言就“政策交叉选择与优化策略”部分提供了一些补充策略，相关内容如图 10–13 所示。

1. **若年应纳税所得额≤100万元：**
   - 小型微利企业优惠更加显著，实际税负率为5%，应优先选择。
2. **若年应纳税所得额在100万元至300万元之间：**
   - 仍可享受小型微利企业优惠，但需关注应纳税所得额接近300万元时的税务规划。
3. **若年应纳税所得额>300万元：**
   - 应积极申请高新技术企业认定，以享受15%的税率优惠。
4. **研发投入较高时：**
   - 即使选择小型微利企业优惠，也可叠加享受研发费用加计扣除政策，进一步降低税基。
5. **动态评估与规划：**
   - 企业应定期评估自身规模和发展潜力，若未来利润可能超过300万元，应提前规划高新技术企业认定。
   - 同时，企业应妥善留存研发凭证，确保研发费用归集合规，以享受加计扣除等优惠政策。
6. **关注政策变化：**
   - 企业应密切关注政策动态，以便及时调整税务策略，确保始终享受最优税收方案。

图 10–13 步骤四文心一言给出的建议（部分）

步骤五：将步骤四中 Kimi、豆包和文心一言给出的补充以及优化建议整合到一个 Word 文档里上传至 DeepSeek，并向其发出指令：*该文档是其他 AI 大模型就上一步骤得出结果给出的补充及优化建议，请你检查该文档中的内容是否正确合规，并将你认为有用且可靠的信息融合到上一步骤所生成的内容中。*

步骤五结果：DeepSeek 根据其他 AI 大模型给出的补充及优化建议进行了适当调整，使文件内容更加准确和规范。具体结果见“优秀组成果展示”。

2. 优秀组成果展示

根据您的需求，结合北京市 2025 年政策及现行税收优惠规定，以下是关于小型微利企业与高新技术企业在企业所得税优惠方面的差异、政策交叉选择及行业特殊政策的详细分析：

一、小型微利企业与高新技术企业的税收优惠差异

1. 小型微利企业

- **税率及优惠条件**

根据 2023 年延续至 2027 年的政策，小型微利企业需同时满足以下条件：

- ○ 从事国家非限制和禁止行业；
- ○ 年度应纳税所得额≤ 300 万元；
- ○ 从业人数≤ 300 人；
- ○ 资产总额≤ 5000 万元。

优惠税率：对年应纳税所得额≤ 300 万元的部分，减按 25% 计入应纳税所得额，再按 20% 税率缴纳，实际税负率 5%。

2. 高新技术企业

- **税率及优惠条件**
  - 需满足核心自主知识产权、研发费用占比、科技人员比例等多项认定标准；
  - **优惠税率**：减按 15% 税率缴纳企业所得税。
  - 亏损结转：自 2018 年 1 月 1 日起，当年具备高新技术企业资格的企业，其具备资格年度之前 5 个年度发生的尚未弥补完的亏损，准予结转至以后年度弥补，最长结转年限由 5 年延长至 10 年。

3. 差异对比

项目	小型微利企业	高新技术企业
税率（应纳税所得额≤ 300 万）	5%（实际税负率）	15%
适用门槛	较低（规模限制）	较高（技术、研发投入要求）
政策稳定性	延续至 2027 年	长期有效，但需定期复审

二、2025 年北京市小型微利企业优惠政策

1. 核心政策

- **税率优惠**：应纳税所得额≤ 300 万元部分，实际税负率 5%（25%×20%）。
- **行业特殊政策**：
  - **科技行业**：
    - 研发费用加计扣除比例提升至 100%（未形成无形资产）或 200%（形成无形资产）；
    - **软件企业增值税即征即退**：实际税负超过 3% 部分即征即退（依据财税［2011］100 号）。

- **环保行业**：
    - 符合条件的企业购置并实际使用《环境保护专用设备企业所得税优惠目录》规定的设备，可按投资额的 10% 抵免企业所得税（《中华人民共和国企业所得税法实施条例》第一百条）。

2. 地方性叠加优惠

- **高新技术企业认定奖励**：北京市经济技术开发区对首次认定的高新技术企业给予一次性 30 万元奖励（2023 年政策）。
- **研发费用补贴**：“专精特新”企业研发费用增长部分按 20% 给予最高 300 万元补贴。

三、政策交叉选择与优化策略

1. 优惠叠加规则

- **税率不可叠加**：高新技术企业 15% 税率与小型微利企业 5% 税率需二选一。
- **其他优惠可叠加**：
    - 研发费用加计扣除、加速折旧、地方补贴等可与税率优惠叠加使用。

2. 分阶段选择策略

- **初创期**（应纳税所得额 ≤ 100 万元）：优先选择小型微利企业 5% 税率，叠加研发加计扣除。
- **成长期**（100 万元 < 所得额 ≤ 300 万元）：
    - 继续适用小型微利优惠，若接近 300 万元上限，提前布局高新技术企业认定。
- **成熟期**（所得额 > 300 万元）：
    - 转为高新技术企业适用 15% 税率，或通过业务拆分（合法合规前提下）保留小型微利资格。

3. 跨境业务风险提示

- 境外分支机构亏损不得抵减境内盈利（国家税务总局公告 2018 年第 45 号）。
- 跨境电商可享受出口退运商品免税政策（财政部等 2023 年第 34 号公告）。

四、行业特殊政策适用性

1. 科技行业

- **软件企业**：叠加增值税即征即退、研发费用加计扣除及地方奖励，综合税负率可低于 3%。

- **先进制造业**：增值税进项税额加计 5% 抵减（财政部 税务总局公告 2023 年第 43 号）。

2. 环保行业

- 环保设备投资抵免企业所得税（最高抵免额不超过当年应纳税额的 30%）。
- 技术转让所得 500 万元以内免税，超出部分减半征收。

五、实操建议与合规性管理

- **动态评估与规划**
    - 定期测算应纳税所得额，若接近 300 万元，提前 1–2 年启动高新技术企业认定（有效期 3 年）。
    - 留存研发活动证明材料（立项报告、费用归集表等），确保加计扣除合规。
- **地方政策利用**
    - 关注北京市经济技术开发区等区域政策，如研发补贴、认定奖励等，直接降低经营成本。
- **跨境税务协同**
    - 境外业务单独核算亏损，避免与境内盈利混淆；利用跨境电商出口退运免税政策优化供应链。
- **政策延续性跟踪**
    - 小型微利优惠有效期至 2027 年底（财政部 税务总局公告 2023 年第 12 号），高新技术企业需每三年复审，关注认定条件调整。

六、总结：最大化优惠的策略路径

企业类型	最优选择
非高新技术企业	适用 5% 税率，叠加地方补贴、增值税加计抵减。
高新技术企业	所得额≤ 375 万元：选择小型微利 5%； 所得额＞ 375 万元：适用 15% 税率。
科技 / 环保企业	叠加行业专属优惠（如设备抵免、即征即退）及研发加计扣除，综合税负最低可至 2%。

合规依据：所有政策均标注文件号，确保与财政部、国家税务总局及北京市地方政策一致。建议通过电子税务局“政策速递”模块或 12366 热线获取实时更新。

作者点评

首先，优秀组的每次指令都表述得非常清晰、详尽，这是应用 AI 辅助财务工作的基本功。其次，完成任务的步骤清晰，层层递进，从初步查询到交叉检验，再到细化问题和二次检验，整个流程设计合理，逻辑严密，确保了信息的全面性和准确性。再次，通过联网搜索获取最新政策，避免了政策变动导致的信息滞后问题。最后，通过应用多个 AI 大模型（Kimi、豆包、文心一言）进行交叉检验，验证了 DeepSeek 提供信息的准确性和合规性，降低单一信息来源的误差风险。其他 AI 大模型还提供了进一步补充，DeepSeek 融合建议后得出的结果更合规、全面、完整。

10.3 本章总结

本章通过经济类与税务类法律法规政策查询的实操案例，讲解了在法律法规政策高频迭代的监管环境下，应用 AI 辅助财务人员进行法律法规政策查询的高效优化路径与风险控制方法。优秀组与普通组的对比实践表明：精准且详细的指令、开启联网搜索、结构化检验流程与人机协同机制，是应用 AI 工具提升法律法规政策查询效率和效果的关键。

第一，指令设计的专业化是屏蔽信息噪声的关键。优秀组通过“场景限定 + 政策时效 + 地域属性”的复合式指令（如“2025 年北京市小型微利企业所得税政策”），引导 AI 生成更准确的结果。

第二，联网搜索是财务人员应用 AI 辅助法律法规政策查询所必需的。通过优秀组和普通组的操作对比，我们能看到无论是 DeepSeek 还是其他 AI 大模型，自身的训练数据在某一特定领域都有一定的滞后可能性。通过联网搜索链接依据来源，能够提升数据源的权威性和输出结果的稳健性。

第三，结构化检验流程与人机协同机制是核心要点。通过二次追问“是不是最新政策”以及引入其他 AI 大模型交叉检验等能够有效提高结果的合规性。我们学习如何应用 AI 工具的更深层价值在于人机协同能力的边界重构：AI 擅长海量信息抓取与结构化输出（如迅速生成企业注册资本金实缴规定总结），而财务人员在政策裁量（如优惠税率选择）、风险预判（如抽逃出资后果评估）等场景发挥不可替代的作用。通过“精准指令 + 智能交叉检验 + 人类洞察”，法律法规政策查询从“被动应对”转为“主动风控、主动筹划”，为企业在合规和税务合规计划等方面赢得战略先机。这不仅是工具升级，更是财务人从“信息搬运工”向“智能合规师”“智能筹划师”等角色的转型和认知革命。

实用技巧

- 开启联网搜索。
- 使用复合式提问，明确标注年份（如 2025 年）、地域（如北京市）、行业（如环保科技行业）、公司规模（如小型微利企业）等，限定场景。此外还要尽量详尽地发出指令，引导 AI 工具精准回答。
- 复杂问题应分步提问。例如，先问小型微利企业所得税优惠政策，再问高新技术企业税收优惠与小型微利企业税收优惠的交叉决策。
- 尽量执行结构化检验流程。
- 构建人机协同机制，发挥财务人员对企业具体环境和内在需求的把握能力，做好政策裁量和风险预判。

第 11 章

应用 DeepSeek 辅助多场景账务处理

财务人员在日常工作中常常会遇到一些非常重要但又很复杂的交易事项。这些交易事项的会计记录和账务处理，不仅可能涉及多项法规和会计准则，还需要结合实际情况进行灵活判断，难度较大，许多财务人员在做这类账务处理时经常感到困难和无助。随着 AI 的高速发展，越来越多的财务人员希望借助 AI 技术解决账务处理疑难问题，快速获得正确的账务处理方法。然而，AI 对账务处理疑难问题的回答，可能因对问题的理解有误、知识库更新不及时等原因而给出错误答案，这反而增加了财务人员的工作难度。那么，到底能不能应用 AI 辅助账务处理，怎样确保答案正确呢？

本章分为三个部分：第一部分是针对以上问题，在 11.1 节至 11.4 节设计了四个交易事项场景（交易性金融资产、委托加工物资、租赁、非货币职工福利的财务处理），分别应用 DeepSeek、文心一言、Kimi 和豆包，结合实际案例详细分析复杂交易场景下多个 AI 大模型如何辅助账务处理，以及在生成结果不同时应该如何判断谁对谁错。通过详细讲解操作，力图让财务人员掌握应用 AI 辅助账务处理的方法和技巧，了解 AI 可能出现的错误，从而“避坑”。第二部分是 11.5 节，设计了一个固定资产分期付款利息摊销的场景，以展示应用 DeepSeek 进行账务处理及计算核对的快捷和便利。第三部分是 11.6 节，为本章总结。

总之，构建多模型知识整合机制和专业知识库，应用 AI 辅助账务处理，能够帮助财务人员在处理复杂交易时更加从容，大幅提升工作效率和准确性。

11.1　AI 结果一致——以交易性金融资产账务处理为场景

任务场景描述

你是一名制造业公司的会计，公司 3 月 5 日以银行存款购入一家上市公司已宣告但尚未分派现金股利的股票 100 000 股，作为以公允价值计量且其变动计入当期损益的金融资产，每股成交价 19.6 元，其中 0.4 元为已宣告但尚未分派的现金股利，股权登记日为 3 月 10 日，另支付相关税费等交易费用 8 000 元。你希望借助 AI 制作会计分录。

11.1.1　应用 DeepSeek 辅助账务处理

步骤：向 DeepSeek 发出指令：*我是一名制造业公司的会计，公司 3 月 5 日以银行存款购入一家上市公司已宣告但尚未分派现金股利的股票 100000 股，作为以公允价值计量且其变动计入当期损益的金融资产，每股成交价 19.6 元，其中 0.4 元为已宣告但尚未分派的现金股利，股权登记日为 3 月 10 日，另支付相关税费等交易费用 8000 元。请针对上述交易帮我制作会计分录。*

结果：DeepSeek 将支付的相关税费等交易费用 8 000 元作为投资收益确认，已宣告但尚未分派的现金股利 40 000 元作为应收股利确认，剩余购买价款 1 960 000 元计入交易性金融资产成本，如图 11–1 所示。

在购入上市公司股票作为以公允价值计量且其变动计入当期损益的金融资产时，需将交易费用计入当期损益，已宣告但尚未分派的现金股利作为应收股利处理。以下是具体的会计分录：

1. 购入股票

购入股票时，需将股票的公允价值和应收股利分别入账：

- **借：交易性金融资产——成本**
  金额为股票的公允价值，即（19.6元 - 0.4元） × 100,000股 = 1,920,000元。
- **借：应收股利**
  金额为已宣告但尚未分派的现金股利，即0.4元 × 100,000股 = 40,000元。
- **贷：银行存款**
  金额为实际支付的款项，即19.6元 × 100,000股 = 1,960,000元。

2. 支付相关税费等交易费用

支付交易费用时，需将交易费用计入当期损益：

- **借：投资收益**
  金额为交易费用，即8,000元。
- **贷：银行存款**
  8,000元。

总结

购入股票时的会计分录为：

- **借：交易性金融资产——成本** 1,920,000元
- **借：应收股利** 40,000元
- **贷：银行存款** 1,960,000元

支付交易费用时的会计分录为：

- **借：投资收益** 8,000元
- **贷：银行存款** 8,000元

这些分录反映了购入股票和相关交易费用的会计处理。

图 11-1 DeepSeek 输出的结果（交易性金融资产账务处理）

11.1.2 应用文心一言辅助账务处理

步骤：向文心一言发出指令（指令同 DeepSeek）。

结果：文心一言输出的会计分录与 DeepSeek 的一致，并且提供了具体的思考和行动过程、计算逻辑与说明以及后续提醒，包括现金

股利到账及公允价值科目核算的相关事项，内容非常丰富，如图 11–2 所示。

思考和行动过程 ^

你作为公司的会计人员，需要处理以银行存款购入上市公司股票作为以公允价值计量且其变动计入当期损益的金融资产（即交易性金融资产）的会计分录。题目中提供了详细的交易信息，包括购买日期、股票数量、成交价、已宣告但尚未分派的现金股利、股权登记日以及交易费用。我需要根据这些信息，结合会计准则，正确地进行会计分录。

首先，我需要回顾相关的会计准则。对于交易性金融资产的初始计量，其成本应包括购买价款（扣除已宣告但尚未发放的现金股利）以及直接相关的交易费用。然而，根据《企业会计准则》，交易性金融资产的交易费用应当直接计入当期损益（即投资收益的借方），而不计入资产的成本。这一点需要特别注意，因为有时容易将交易费用计入成本，但准则规定不同。

题目中的每股成交价19.6元，其中0.4元是已宣告但尚未分派的现金股利。因此，购买价款中的现金股利部分应单独作为应收股利处理，剩余部分作为交易性金融资产的成本。同时，支付的交易费用8000元应计入投资收益的借方。

接下来，我需要计算各个部分的金额：

1. 股票数量：100,000股
2. 每股成交价：19.6元，其中0.4元为应收股利，19.2元为交易性金融资产的成本部分。
3. 交易费用：8,000元

计算各部分总额：

- 应收股利总额 = 100,000股 × 0.4元/股 = 40,000元
- 交易性金融资产成本 = 100,000股 × (19.6元/股 - 0.4元/股) = 100,000 × 19.2 = 1,920,000元
- 交易费用 = 8,000元

根据准则，交易性金融资产的初始确认金额为1,920,000元，交易费用8,000元计入投资收益借方，应收股利40,000元单独列示。

因此，会计分录应为：

借：交易性金融资产——成本 1,920,000
应收股利 40,000
投资收益 8,000
贷：银行存款 1,968,000

需要确认的是，银行存款的总额是否正确。购买价款总额为100,000股 × 19.6元/股 = 1,960,000元，加上交易费用8,000元，总共支付1,968,000元，与分录中的贷方一致。

另外，股权登记日为3月10日，但购买日期为3月5日，因此企业有权在股权登记日之后收到现金股利，所以应收股利的确认是正确的。

总结，正确的分录应包含交易性金融资产的成本、应收股利的部分以及交易费用的处理。

思考完成：准备输出结果

根据《企业会计准则》对交易性金融资产的核算要求，您的会计分录应如下处理：

会计分录

1. **初始确认交易性金融资产**

   借：交易性金融资产——成本 1,920,000元

   借：应收股利 40,000元

   借：投资收益 8,000元

   贷：银行存款 1,968,000元

计算逻辑与说明

1. **交易性金融资产成本**

   - **每股公允价值** = 成交价19.6元 - 应收股利0.4元 = 19.2元
   - **总成本** = 19.2元/股 × 100,000股 = **1,920,000元**

     (已宣告但尚未分派的现金股利需单独计入"应收股利"，不计入资产成本)

2. **应收股利**

   - **金额** = 0.4元/股 × 100,000股 = **40,000元**

     (股权登记日3月10日表明企业已享有分红权利，需单独确认)

3. **交易费用**

   - **金额** = 8,000元

     (根据准则，交易性金融资产的交易费用直接计入"投资收益"借方，不计入资产成本)

4. **银行存款总额**

   - **支付总额** = (19.6元/股 × 100,000股) + 8,000元 = **1,968,000元**

     (与分录中贷方"银行存款"金额一致)

后续提醒

- **现金股利到账**：若后续收到现金股利，需编制分录：

  借：银行存款 40,000元

  贷：应收股利 40,000元

- **公允价值变动**：若股票公允价值后续发生波动，需通过"交易性金融资产——公允价值变动"科目调整账面价值，并将差额计入当期损益。

该处理严格遵循《企业会计准则第22号——金融工具确认和计量》对交易性金融资产的核算要求，确保成本计量准确且符合权责发生制原则。

图 11-2 文心一言输出的结果（交易性金融资产账务处理）

11.1.3 应用 Kimi 辅助账务处理

步骤：向 Kimi 发出指令（指令同 DeepSeek）。

结果：Kimi 输出的会计分录与 DeepSeek、文心一言一致，此处省略。

11.1.4　应用豆包辅助账务处理

步骤：向豆包发出指令（指令同 DeepSeek）。

结果：豆包输出的会计分录与 DeepSeek、文心一言、Kimi 均一致，同时提醒后续在实际收到现金股利、期末计量股票公允价值变动等环节还需要进行相应的账务处理。具体结果此处省略。

11.1.5　结论

在本交易案例场景下，四个 AI 大模型均给出了一致结果，可以认为应用 AI 辅助账务处理的结果是正确的，可供使用。

作者点评

以上四个 AI 大模型的交易处理结果相同，可互相印证彼此答案的正确性。在面对复杂的交易事项场景希望获得正确的账务处理建议时，财务人员通过清晰描述交易场景，可以充分发挥 AI 工具在规范化账务处理方面的优势。考虑到单一模型输出的答案可能存在局限性或偏差，可应用不同的 AI 大模型对同一问题进行提问，并将得到的答案进行对比和验证。这种操作能大大提高应用 AI 辅助账务处理的准确性和可靠性。

11.2　AI 结果经追问后一致——以委托加工物资账务处理为场景

任务场景描述

你是一家轮胎制造业公司的会计，现在你所在的公司委托其他公司加工汽车外胎 20 个，发出材料的实际总成本为 4 000 元，加工费为 800 元。你希望借助 AI 制作会计分录。

11.2.1 应用 DeepSeek 辅助账务处理

步骤： 向 DeepSeek 发出指令：*我是一家轮胎制造业公司的会计，现在我所在的公司委托其他公司加工汽车外胎 20 个，发出材料的实际总成本为 4000 元，加工费为 800 元。请针对上述交易，帮我制作会计分录。*

结果： DeepSeek 将原材料成本及加工费都计入了委托加工物资成本，加工完成后整体结转入库存商品或半成品科目，如图 11–3 所示。

在发出委托加工物资时，会计分录如下：

1. **发出材料时**：
   - 借：委托加工物资 4000元
   - 贷：原材料 4000元
2. **支付加工费时**：
   - 借：委托加工物资 800元
   - 贷：银行存款 800元
3. **加工完成收回物资时**：
   - 借：库存商品 4800元
   - 贷：委托加工物资 4800元

这些分录反映了材料发出、加工费支付及加工完成后的物资收回过程。

图 11–3 DeepSeek 输出的结果（委托加工物资账务处理）

11.2.2 应用文心一言辅助账务处理

步骤： 向文心一言发出指令（指令同 DeepSeek）。

结果： 文心一言按照指令要求，对发出委托加工物资作出的会计分录与 DeepSeek 一致。此处省略具体结果。

11.2.3 应用 Kimi 辅助账务处理

步骤一： 向 Kimi 发出指令（指令同 DeepSeek）。

步骤一结果： Kimi 将发出的原材料成本 4 000 元计入委托加工物资科目，但是未对加工费 800 元进行账务处理，如图 11–4 所示。

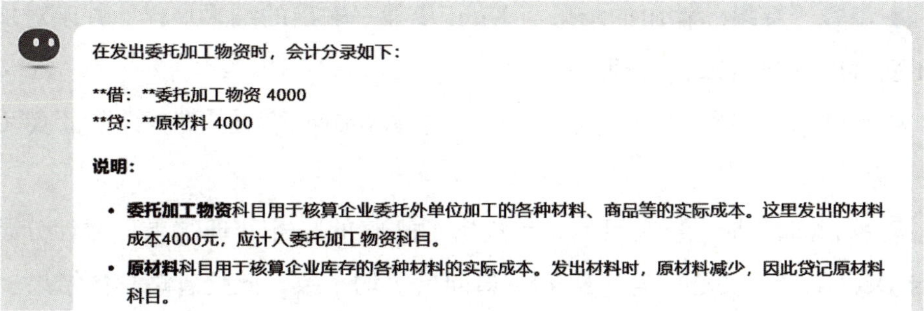

图 11–4　Kimi 步骤一结果（委托加工物资账务处理）

步骤二： 进行追问，发出指令：*还有 800 元的加工费呢，不需要做账吗?*

步骤二结果： 经追问，Kimi 输出了完整的账务处理结果，会计分录与 DeepSeek、文心一言一致，如图 11–5 所示。

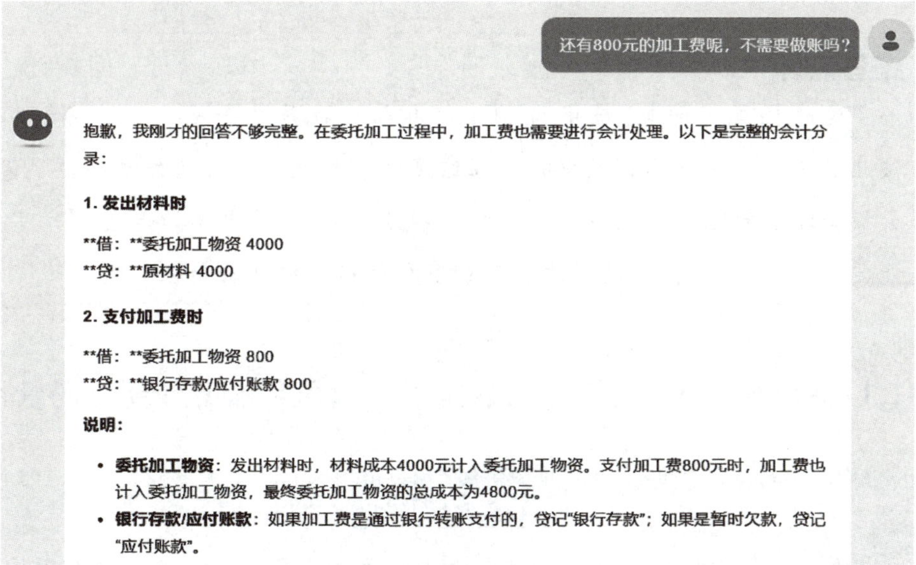

图 11–5　Kimi 步骤二结果（委托加工物资账务处理）

11.2.4　应用豆包辅助账务处理

步骤一： 向豆包提问发出指令（指令同 DeepSeek）。

步骤一结果： 输出的结果与 Kimi 步骤一输出的结果一样，并未对加工费 800 元进行账务处理。

步骤二： 进行追问，发出指令：*还有 800 元的加工费呢，不需要做账吗？*

步骤二结果： 经追问，豆包输出了完整的账务处理结果，会计分录与 DeepSeek、文心一言、Kimi（追问后）均一致。此处省略具体结果。

11.2.5 结论

在本案例场景下，DeepSeek 与文心一言对交易进行了完整的账务处理，而豆包与 Kimi 未对 800 元的加工费进行账务处理。经过追问，四个 AI 大模型输出的结果均一致，由此推断账务处理的结果是正确的，可供使用。

作者点评

这一场景下的 AI 应用与 11.1 节相似，也是应用多个 AI 大模型彼此验证。从中得出的启发是：通过多模型结果对比，可发现某些 AI 大模型输出的账务处理结果不完整（不是错误），需要继续追问（有可能要经过多次追问），这样才能判断多个大模型的结论是否一致。

11.3 AI 结果经交叉检验后一致——以租赁账务处理为场景

任务场景描述

你是一家建筑企业会计，现在你所在的企业想融资租赁一个大型设备，租期 5 年，租金 200 000 元，每年末支付。你希望借助 AI 针对上述交易作出会计分录。

11.3.1　应用 DeepSeek 辅助账务处理

步骤： 向 DeepSeek 发出指令：*我是一家建筑企业会计，现在我所在的企业想融资租赁一个大型设备，租期 5 年，租金 200000 元，每年末支付。请针对上述交易帮我作出会计分录。*

结果： DeepSeek 将租金 200 000 元计入了“固定资产”科目，而后每一年支付租金时分摊本金和利息，如图 11–6 所示。

在融资租赁大型设备的情况下，第一年的会计分录如下：

1. **租赁开始日**：
   - 借：固定资产（租赁资产） 200000元
   - 贷：长期应付款（融资租赁负债） 200000元
2. **第一年末支付租金时**：
   - 借：长期应付款（融资租赁负债） 40000元
   - 借：财务费用（利息费用） （根据实际利率计算）
   - 贷：银行存款 40000元
3. **折旧计提**：
   - 借：管理费用/制造费用（折旧费） （根据折旧政策计算）
   - 贷：累计折旧 （根据折旧政策计算）

这些分录反映了租赁开始、租金支付及折旧计提的过程。具体金额需根据实际利率和折旧政策计算。

图 11–6　DeepSeek 输出的结果（租赁账务处理）

11.3.2　应用文心一言辅助账务处理

步骤： 向文心一言发出指令（指令同 DeepSeek）。

结果： 指令中未规定折现率，文心一言假设折现率为 5%，确认了租金的现值与终值差，未确认融资费用。根据文心一言的思考路径和处理结果，在不考虑货币时间价值即现金流折现的情况下，文心一言的账务处理结果与 DeepSeek 相同，并且二者都将融资租赁值计入了固定资产科目。此处省略具体结果。

11.3.3 应用 Kimi 辅助账务处理

步骤： 向 Kimi 发出指令（指令同 DeepSeek）。

结果： Kimi 将融资租赁值计入了“使用权资产”科目，此处与 DeepSeek 及文心一言的账务处理结果不同，如图 11–7 所示。

在融资租赁业务中，租赁资产的会计处理需要按照租赁准则进行。根据租赁准则，融资租赁实质上转移了租赁资产所有权上的主要风险和报酬，因此租赁资产应作为企业自有资产核算，同时确认相应的负债。

以下是第一年相关的会计分录处理：

1. 租赁开始时（假设租赁开始日为年初）

在租赁开始时，需要确认租赁资产和租赁负债。租赁资产的入账价值通常按照租赁付款额的现值加上初始直接费用确定。假设没有初始直接费用，租赁付款额的现值为200,000元（假设现值与租赁付款额总额相等，实际情况需要根据租赁内含利率计算现值）。

借：使用权资产 200,000
贷：租赁负债 200,000

2. 第一年年末支付租金时

假设每年末支付租金40,000元（200,000元 / 5年）。

借：租赁负债 40,000
贷：银行存款 40,000

3. 第一年年末确认租赁费用

在租赁期间，需要按照租赁内含利率或合同利率计算利息费用。假设租赁内含利率为10%（假设值，实际应根据合同确定）。

- 第一年年初租赁负债余额为200,000元。
- 第一年的利息费用 = 200,000元 × 10% = 20,000元。

借：财务费用（或租赁费用）20,000
贷：租赁负债 20,000

4. 第一年年末调整租赁负债余额

支付租金后，租赁负债余额需要调整。支付的租金40,000元中，20,000元用于偿还本金，20,000元用于支付利息。

- 第一年年末租赁负债余额 = 200,000元 - 20,000元 = 180,000元。

5. 第一年年末确认使用权资产的折旧

假设该设备的使用寿命为5年，采用直线法折旧。

- 每年折旧额 = 使用权资产账面价值 / 使用寿命 = 200,000元 / 5年 = 40,000元。

借：管理费用（或相关成本费用科目）40,000
贷：使用权资产累计折旧 40,000

总结

第一年相关的会计分录如下：

1. **租赁开始时：**
   - **借：**使用权资产 200,000
   - **贷：**租赁负债 200,000
2. **第一年年末支付租金：**
   - **借：**租赁负债 40,000
   - **贷：**银行存款 40,000
3. **第一年年末确认利息费用：**
   - **借：**财务费用（或租赁费用）20,000
   - **贷：**租赁负债 20,000
4. **第一年年末确认折旧：**
   - **借：**管理费用（或相关成本费用科目）40,000
   - **贷：**使用权资产累计折旧 40,000

请注意，实际会计处理中，租赁内含利率和初始直接费用等需要根据具体合同条款确定。如果租赁合同中提供了具体的内含利率或初始直接费用，应按照实际数据进行计算和调整。

图 11–7　Kimi 输出的结果（租赁账务处理）

11.3.4　应用豆包辅助账务处理

步骤：向豆包发出指令（指令同 DeepSeek）。

结果：豆包的账务处理结果与 Kimi 一致，与 DeepSeek 及文心一言不同。此处省略具体结果。

11.3.5　交叉检验过程

至此，四个 AI 大模型给出了两种不同的账务处理方法（DeepSeek 和文心一言输出的结果一致，Kimi 和豆包输出的结果一致）。由于无法直接推断出正确结果，只能采用交叉检验的方法，继续提问。

由于本书以 DeepSeek 的应用为主线，这里不对四个 AI 大模型的结果进行两两交叉检验，而是把 DeepSeek 的结果分别提供给 Kimi 和豆包进行检验，再把 Kimi 或豆包的结果（二者结果一致）提供给 DeepSeek 进行检验。

步骤一：将 DeepSeek 的结果发给 Kimi，向 Kimi 提问为何 DeepSeek

的账务处理方法与它的不同。

步骤一结果：Kimi 指出了两种账务处理方式的差异，并分析了 DeepSeek 的处理方式存在的问题，如图 11–8 所示。

感谢你的补充和对比！现在我来详细分析并解释两种处理方式的差异，以及哪种更符合当前的会计准则。

1. 两种处理方式的差异

- **DeepSeek的处理方式**：
  - **租赁资产和负债的确认**：将租赁资产确认为"固定资产——融资租入固定资产"，将租赁负债确认为"长期应付款——融资租赁款"。
  - **折旧计提**：按照固定资产的使用年限计提折旧。
  - **租金支付**：将租金支付分为利息费用和本金偿还两部分。
- **我的处理方式**：
  - **租赁资产和负债的确认**：将租赁资产确认为"使用权资产"，将租赁负债确认为"租赁负债"。
  - **折旧计提**：按照使用权资产的账面价值计提折旧。
  - **租金支付**：将租金支付分为利息费用和本金偿还两部分。

2. 新旧租赁准则的变化

根据2016年国际会计准则理事会（IASB）发布的《国际财务报告准则第16号——租赁》（IFRS 16）以及中国财政部发布的《企业会计准则第21号——租赁》（CAS 21）的修订，融资租赁和经营租赁的会计处理方式发生了重大变化。

- **旧租赁准则（CAS 21修订前）**：
  - 融资租赁的资产和负债分别确认为"固定资产——融资租入固定资产"和"长期应付款——融资租赁款"。
  - 折旧按照固定资产的使用年限计提。
- **新租赁准则（CAS 21修订后）**：
  - 所有租赁（包括融资租赁和经营租赁）均需在承租人的资产负债表中确认"使用权资产"和"租赁负债"。
  - 使用权资产的折旧按照其账面价值计提，通常采用直线法。
  - 租赁负债的利息费用按照实际利率法计算。

3. 为什么我的处理方式更符合新准则

我的处理方式是基于**新租赁准则**（CAS 21修订后）的要求，而DeepSeek的处理方式更接近**旧租赁准则**（CAS 21修订前）的要求。以下是具体分析：

（1）租赁资产和负债的确认

- **新准则**：要求将租赁资产确认为"使用权资产"，将租赁负债确认为"租赁负债"。
  - **理由**：使用权资产更准确地反映了承租人对租赁资产的使用权，而租赁负债更准确地反映了承租人的付款义务。
- **旧准则**：将融资租赁的资产确认为"固定资产——融资租入固定资产"，将负债确认为"长期应付款——融资租赁款"。
  - **理由**：旧准则下，融资租赁的资产和负债的确认方式更接近于购买资产的处理方式。

(2) 折旧计提

- **新准则**：使用权资产的折旧按照其账面价值计提，通常采用直线法。
  - **理由**：使用权资产的折旧更符合租赁资产的使用性质，反映了租赁期间的资产消耗。
- **旧准则**：融资租赁的资产折旧按照固定资产的使用年限计提。
  - **理由**：旧准则下，融资租赁的资产被视为企业自有资产，因此折旧方式与固定资产一致。

(3) 租金支付

- **新准则**：租金支付分为利息费用和本金偿还两部分，利息费用按照实际利率法计算。
  - **理由**：实际利率法更准确地反映了租赁负债的时间价值和利息费用。
- **旧准则**：租金支付同样分为利息费用和本金偿还两部分，但利息费用的计算方式可能有所不同。

4. 结论

如果你的企业采用的是**新租赁准则**（CAS 21修订后），那么我的处理方式是正确的。如果你的企业仍然采用**旧租赁准则**（CAS 21修订前），那么DeepSeek的处理方式可能更符合你的实际需求。

不过，需要注意的是，目前大多数企业已经按照新租赁准则进行会计处理，因此建议你确认企业所采用的会计准则版本，并按照相应的要求进行会计处理。

如果你需要进一步了解新旧租赁准则的具体差异，或者有其他疑问，欢迎随时提问！

图 11-8 交叉检验的步骤一结果

步骤二：将 DeepSeek 的结果发给豆包，向豆包提问为何 DeepSeek 的账务处理方法与它的不同。

步骤二结果：豆包指出了 DeepSeek 的账务处理方法采用的是旧租赁准则，指出了其中存在的问题，基本观点与 Kimi 一致，此处省略具体结果。

步骤三：将 Kimi 或豆包的结果发给 DeepSeek，向 DeepSeek 提问为何 Kimi 或豆包的账务处理方法与它的不同。

步骤三结果：DeepSeek 输出了新的账务处理方法，这次的结果与 Kimi、豆包的一致，此处省略具体结果。

11.3.6 结论

在本交易案例场景下，虽然一开始四个 AI 大模型给出了两种不同的账务处理方式，但经过交叉检验后得到了一致的结果，由此能够推断出正确的账务处理方法供使用。

作者点评

当应用多个 AI 工具辅助同一场景账务处理时，可能会因对问题的理解有误、知识库更新不及时等原因，得到不同的答案。但这不意味着 AI 不能提供帮助。可以通过交叉检验的方式，利用不同 AI 的反馈来识别潜在的错误或遗漏，逐步缩小差异并修正错误。这其实就是构建了多模型知识整合机制。

11.4 AI 结果不一致——以非货币职工福利账务处理为场景

任务场景描述

你是一名房地产企业会计，你所在的公司拟将从其他企业购买的 20 套全新公寓以优惠价格向公司管理人员出售，购买价格为每套 100 万元，向职工出售的价格为每套 70 万元，售房协议规定，职工取得住房后需在公司工作 10 年。你希望借助 AI 针对上述交易作出会计分录。

11.4.1 应用 DeepSeek 辅助账务处理

步骤： 向 DeepSeek 发出指令：*我是一名房地产企业会计，我所在的公司拟将从其他企业购买的 20 套全新公寓以优惠价格向公司管理人员出售，购买价格为每套 100 万元，向职工出售的价格为每套 70 万元，售房协议规定，职工取得住房后需在公司工作 10 年。请针对上述交易帮我作出会计分录。*

结果： DeepSeek 将出售给职工的福利房按购买价（市场公允价）确认主营业务收入，同时按购买价结转主营业务成本确认成本，将购房款与出售给职工的房款的差额作为长期待摊费用，并在职工的服务期内逐年分摊，如图 11-9 所示。

针对房地产企业以优惠价格向管理人员出售公寓的交易，涉及职工服务年限的条件，会计处理应遵循《企业会计准则第9号——职工薪酬》的相关规定。具体账务处理如下：

---

1. 确认公寓的成本

企业购买公寓作为存货（开发产品），按实际购买价款确认成本：

- 每套公寓成本 = 100万元
- 20套公寓总成本 = 20 × 100万元 = 2,000万元

会计分录：

```
借：开发产品—公寓 2,000万元
贷：银行存款/应付账款 2,000万元
```

---

2. 向职工出售公寓

向职工出售公寓的价格低于市场价，差额部分属于职工提供服务的经济利益，应确认为职工薪酬费用，并在职工服务期限内分摊。

- 每套公寓出售价格 = 70万元
- 每套公寓市场价（假设为购买价100万元） = 100万元
- 每套公寓差额 = 100万元 - 70万元 = 30万元
- 20套公寓总差额 = 20 × 30万元 = 600万元

会计分录：

```
借：银行存款 1,400万元 （20 × 70万元）
借：长期待摊费用—职工福利 600万元
贷：主营业务收入 2,000万元
```

---

3. 结转公寓成本

将出售公寓的成本从"开发产品"转入"主营业务成本"：

```
借：主营业务成本 2,000万元
贷：开发产品—公寓 2,000万元
```

---

4. 分摊职工福利费用

职工需服务10年，因此600万元的差额应在10年内分摊，每年分摊60万元。

每年分摊会计分录：

```
借：管理费用—职工福利费 60万元
贷：长期待摊费用—职工福利 60万元
```

---

5. 税务处理

- **增值税**：按市场价（100万元）计算增值税销项税额。
- **企业所得税**：职工福利费用在实际分摊时可在税前扣除。

总结

1. 确认公寓成本，计入"开发产品"。
2. 出售公寓时，按市场价确认收入，差额部分确认为职工福利费用。
3. 结转公寓成本。
4. 在职工服务期限内分摊职工福利费用。

以上处理符合会计准则要求，确保会计信息真实、完整地反映交易实质。具体金额和税率需根据实际情况调整。

图 11–9　DeepSeek 输出的结果（非货币职工福利账务处理）

11.4.2　应用文心一言辅助账务处理

步骤：向文心一言发出指令（指令同 DeepSeek）。

结果：文心一言输出的结果与 DeepSeek 一致，此处省略具体结果。

11.4.3　应用 Kimi 辅助账务处理

步骤：向 Kimi 发出指令（指令同 DeepSeek）。

结果：Kimi 输出的结果与 DeepSeek 和文心一言的结果不一致，它没有将售给职工的福利房确认收入，而是直接结转固定资产账面价值，如图 11–10 所示。

11.4.4　应用豆包辅助账务处理

步骤：向豆包发出指令（指令同 DeepSeek）。

结果：豆包输出的结果与 Kimi 一致，与 DeepSeek 和文心一言的结果不同。此处省略具体结果。

已阅读 22 个网页

根据你提供的信息，房地产企业以优惠价格向公司管理人员出售公寓的行为，可以视为一种**职工福利**，同时也涉及**股份支付**的会计处理。以下是具体的会计处理建议：

1. 购入公寓的会计处理

假设企业购入公寓时的会计处理如下：

- **购入时：**
  - **借：**固定资产——公寓 2,000,000元（20套 × 100万元/套）
  - **贷：**银行存款 2,000,000元

2. 向职工出售公寓的会计处理

根据《企业会计准则》的相关规定，企业以低于购置价向职工出售住房的行为，可以视为企业向职工提供的一种福利，需要按照股份支付的原则进行处理。

（1）出售时的会计处理

- **借：**银行存款 1,400,000元（20套 × 70万元/套）
- **贷：**固定资产——公寓 1,400,000元

同时，确认职工福利和股份支付相关的费用：

- **借：**管理费用 600,000元（20套 × 30万元/套，即差价部分）
- **贷：**应付职工薪酬——非货币性福利 600,000元

（2）服务期的会计处理

由于职工需要在公司服务10年，因此上述600,000元的福利费用需要在10年内逐步摊销，每年摊销金额为60,000元（600,000元 ÷ 10年）。

每年摊销时：

- **借：**管理费用 60,000元
- **贷：**应付职工薪酬——非货币性福利 60,000元

3. 固定资产的后续处理

如果企业后续需要对固定资产进行折旧处理，假设公寓的折旧年限为50年，无残值，每年折旧额为40,000元（2,000,000元 ÷ 50年）。

每年折旧时：

- **借：**管理费用 40,000元
- **贷：**累计折旧 40,000元

4. 总结

- **购入公寓时：**确认固定资产和银行存款的减少。
- **出售公寓时：**确认银行存款的增加，同时将差价部分确认为职工福利，并在服务期内逐步摊销。
- **后续折旧：**按照固定资产的折旧政策进行折旧处理。

这种处理方式符合《企业会计准则》中关于职工福利和股份支付的相关规定。如果企业有其他特殊要求或政策，建议进一步咨询专业会计师或审计师。

图 11–10　Kimi 输出的结果（非货币职工福利账务处理）

11.4.5 交叉检验过程

至此，四个 AI 大模型给出了两种不同的账务处理方法（DeepSeek 和文心一言的结果一致，Kimi 和豆包的结果一致），无法直接推断出正确结果。于是采用交叉检验的方法，继续提问。同样地，把 DeepSeek 的结果分别提供给 Kimi 和豆包进行检验，再把 Kimi 或豆包的结果（二者结果一致）提供给 DeepSeek 进行检验。不过与 11.3 节的情况不同，本次交叉检验出现了有趣的结果。

步骤一： 将 DeepSeek 的结果输入 Kimi，向 Kimi 提问为何 DeepSeek 的处理方法与它的不同。

步骤一结果： Kimi 指出了两种账务处理方法存在的差异，同时认为 DeepSeek 的处理方法更加符合交易情况。

步骤二： 将 DeepSeek 的结果输入豆包，向豆包提问为何 DeepSeek 的处理方法与它的不同。

步骤二结果： 豆包指出了 DeepSeek 账务处理存在的问题，再次肯定了自己的方法（也就是 Kimi 第一次的结果）。

步骤三： 将 Kimi 或豆包第一次的结果输入 DeepSeek，向 DeepSeek 提问为何这样的账务处理方法与它的不同。

步骤三结果： DeepSeek 不认可 Kimi 或豆包的结果，分析了错误原因，再次给出了自己之前的结果并认为是正确的。

至此，在进行简化的交叉检验（没有应用文心一言）之后，Kimi 修改了结果，认可了 DeepSeek 的账务处理方法；而豆包坚持自己的结果，不认可 DeepSeek 的账务处理方法。也就是说，经过交叉检验仍不能得到一致的账务处理方法。

此时，单纯依靠向 AI 大模型追问（即使应用多个大模型）不能实现良好的辅助效果，需要升级 AI 的应用模式，考虑对 AI（这里选择应用 DeepSeek）进行培训，如导入知识库。

11.4.6　导入知识库

步骤一： 首先，尝试为 DeepSeek 指定参考准则。向 DeepSeek 发出指令：*请联网搜索上述非货币性福利的相关账务处理方法，并根据《企业会计准则第 9 号——职工薪酬》，再次确认自己的会计分录是否正确。*

步骤一结果： DeepSeek 再次确认了自己原来的结果。

步骤二： 为 DeepSeek 建立相关知识库。我们将财政部制定的《企业会计准则应用指南汇编》（2025 年版）中涉及本案例场景的相关知识、中国注册会计师协会编写的注册会计师全国统一考试辅导教材《会计》中涉及本案例场景的相关知识，以及从知网上搜索到的涉及本案例场景的相关专业论文，上传至 DeepSeek（如图 11–11 所示），并要求它再次确认自己的会计分录。

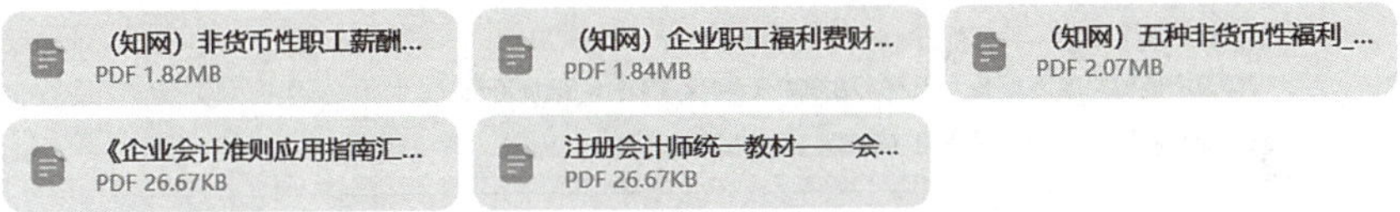

图 11–11　导入知识库

步骤二结果： DeepSeek 经过对知识库的学习，改变了自己原来的账务处理方法，输出了新的会计分录，与 Kimi 或豆包第一次的结果是一致的。

至此，通过导入专业知识库让 DeepSeek 进行针对性学习，能够判断出本案例场景下的正确账务处理方法。

为了检验 DeepSeek 对知识库的学习效果，我们接着进行了步骤三和步骤四，得到的结果也非常有趣。

步骤三： 对 DeepSeek 进行再测试。我们设计了与本案例场景非常类似的新场景。向 DeepSeek 发出指令：*我是一名彩电销售企业会计，我公司将外购的彩电作为福利发放给公司的 50 名管理人员，购买价为每台 8000 元，每名管理人员发放一台彩电，该型号的彩电的售价为每台 8000 元。针对上述交易，请帮我作出会计分录。*

步骤三结果： DeepSeek 输出了正确的账务处理，如图 11–12 所示。

根据你提供的信息，公司将外购的彩电作为福利发放给管理人员，且彩电的购买价款和售价均为每台8,000元。以下是此笔交易的会计分录：

---

1. 确认福利费用：

公司需要将发放的彩电作为非货币性福利计入费用，并按彩电的购买价款确认费用。

- 借：管理费用——职工福利费 400,000元
  (50台 × 8,000元/台 = 400,000元)
- 贷：应付职工薪酬——非货币性福利 400,000元

---

2. 结转库存商品：

发放彩电后，需要减少库存商品，并按彩电的购买价款结转成本。

- 借：应付职工薪酬——非货币性福利 400,000元
- 贷：库存商品——彩电 400,000元

---

3. 增值税处理（如适用）：

如果公司是一般纳税人，且彩电的进项税额已抵扣，需视同销售确认销项税额。

- 借：应付职工薪酬——非货币性福利 104,000元
  (假设增值税税率为13%，50台 × 8,000元/台 × 13% = 52,000元)
- 贷：应交税费——应交增值税（销项税额） 52,000元

总结：

- **福利费用**：按彩电的购买价款确认费用。
- **库存商品**：按彩电的购买价款结转成本。
- **增值税**：如果涉及增值税，需确认销项税额。

最终会计分录如下（含增值税）：

1. 借：管理费用——职工福利费 400,000元
   贷：应付职工薪酬——非货币性福利 400,000元
2. 借：应付职工薪酬——非货币性福利 400,000元
   贷：库存商品——彩电 400,000元
3. 借：应付职工薪酬——非货币性福利 52,000元
   贷：应交税费——应交增值税（销项税额） 52,000元

如果有其他特殊情况（如增值税处理不同），请根据实际情况调整。

图 11–12 DeepSeek 学习知识库后生成的正确账务处理

步骤四： 更换 DeepSeek 账号，重复步骤三。

步骤四结果： DeepSeek 输出了之前错误的结果。原因是这个新账号未导入专业知识库并学习。

11.4.7　结论

结论：在本案例场景下，一开始四个 AI 大模型给出了两种不同的账务处理方法，经过交叉检验后仍未得到一致的结果，而且实际上交互过程还对原本输出正确结果的 Kimi 模型造成了干扰。在这种情况下无法判断正确结果。此时需要更多地发挥人机协同中“人”的作用，可以建立专业知识库让 DeepSeek 学习，发挥它的快速学习能力。DeepSeek 经过对知识库的学习，改变了账务处理方法，最终结果与 Kimi 或豆包的结果一致。由此推断出正确的账务处理方法，可供使用。

作者点评

当在同一交易场景下，使用多个 AI 工具输出结果不同、交叉检验后也不能得到一致结果时，不要气馁，这不意味着 AI 就不能帮助我们了。我们可以建立知识库，培训专属自己的精度更高、准确性更好的 AI 财务助手。这是未来的大势所趋，能为财务人员带来成就感，体现财务人员的价值。大家可以尝试打造专属自己的“聪明”的 AI 财务助手。

11.5　应用 DeepSeek 辅助账务处理计算核对——以固定资产分期付款利息摊销为场景

任务场景描述

你是一名制造业企业会计。2025 年 1 月 1 日，你所在的公司与大鹏公司签订一份购货合同，从大鹏公司购入一台不需要安装的特大型设备。合同约定，你所在的公司采用分期付款方式支付价款。该设备价款共计 900 万元（不考虑增值税），在 2025 年至 2029 年的 5 年内每半年支付 90 万元，每年的付款日期分别为当年的 6 月 30 日和 12 月 31 日，目前适用的 6 个月折现率为 10%。你希望针对上述交易借助 AI 作出会计分录。

步骤一： 向 DeepSeek 发出指令：*我是一名制造业企业会计。2025 年 1 月 1 日，我所在的公司与大鹏公司签订一份购货合同，从大鹏公司购入一台不需要安装的特大型设备。合同约定，我所在的公司采用分期付款方式支付价款。该设备价款共计 900 万元（不考虑增值税），在 2025 年至 2029 年的 5 年内每半年支付 90 万元，每年的付款日期分别为当年的 6 月 30 日和 12 月 31 日，目前适用的 6 个月折现率为 10%。请针对上述交易帮我作出会计分录。*

步骤一结果： 根据场景要求，DeepSeek 列出了完整的会计分录和融资费用计算过程，如图 11–13 所示。

根据题目描述，该交易属于分期付款购买固定资产，需要按照现值确认固定资产的入账价值，并将未确认的融资费用在付款期间内分摊。以下是整个交易的会计分录：

---

1. 2025年1月1日（设备购入日）

设备的总价款为900万元，但由于采用分期付款方式，需要按现值入账。现值的计算如下：

- 每期付款金额：90万元
- 期数：10期（5年，每半年一期）
- 半年折现率：10%

现值计算公式：

$$\text{现值} = 90 \times \frac{1-(1+10\%)^{-10}}{10\%} = 90 \times 6.1446 = 553.014\text{万元}$$

未确认融资费用 = 总价款 - 现值 = 900 - 553.014 = 346.986万元

会计分录：

```
借：固定资产——设备          553.014万元
    未确认融资费用            346.986万元
贷：长期应付款——大鹏公司     900万元
```

---

2. 每半年支付款项时（2025年6月30日至2029年12月31日）

每期支付90万元，其中一部分用于偿还本金，另一部分用于支付融资费用。融资费用的计算基于未偿还本金的余额和折现率。

第一期（2025年6月30日）

- 未偿还本金：553.014万元

- 融资费用：553.014 × 10% = 55.301万元
- 偿还本金：90 - 55.301 = 34.699万元

会计分录：

```
借：长期应付款——大鹏公司    34.699万元
    财务费用——融资费用      55.301万元
贷：银行存款                90万元
```

第二期（2025年12月31日）

- 未偿还本金：553.014 - 34.699 = 518.315万元
- 融资费用：518.315 × 10% = 51.832万元
- 偿还本金：90 - 51.832 = 38.168万元

会计分录：

```
借：长期应付款——大鹏公司    38.168万元
    财务费用——融资费用      51.832万元
贷：银行存款                90万元
```

后续各期

每期的融资费用和偿还本金计算方式相同，融资费用逐期减少，偿还本金逐期增加。

---

3. 最后一期（2029年12月31日）

最后一期支付后，长期应付款和未确认融资费用全部结清。

会计分录：

```
借：长期应付款——大鹏公司    90万元
    财务费用——融资费用      0万元
贷：银行存款                90万元
```

总结

- 设备按现值553.014万元入账，未确认融资费用为346.986万元。
- 每期支付90万元，其中融资费用逐期减少，偿还本金逐期增加。
- 通过分期付款和融资费用的摊销，最终完成设备的购买和款项的支付。

图 11–13　DeepSeek 输出的会计分录展示

步骤二：再次向 DeepSeek 发出指令：*列一个表，将具体每期付款额、融资费用金额、偿还本金金额、未偿还本金金额都展示出来。*

步骤二结果：DeepSeek 输出的结果如图 11–14 所示。经过同企业财务人员自己沿用的计算表格进行对比和确认，以上各期计算结果均正确、明晰。

列一个表，将具体每期付款额、融资费用金额、偿还本金金额、未偿还本金金额都展示出来。

以下是分期付款的详细计算表，展示每期的付款额、融资费用金额、偿还本金金额以及未偿还本金金额：

期数	付款日期	每期付款额（万元）	融资费用（万元）	偿还本金（万元）	未偿还本金（万元）
0	2025-01-01	-	-	-	553.014
1	2025-06-30	90	55.301	34.699	518.315
2	2025-12-31	90	51.832	38.168	480.147
3	2026-06-30	90	48.015	41.985	438.162
4	2026-12-31	90	43.816	46.184	391.978
5	2027-06-30	90	39.198	50.802	341.176
6	2027-12-31	90	34.118	55.882	285.294
7	2028-06-30	90	28.529	61.471	223.823
8	2028-12-31	90	22.382	67.618	156.205
9	2029-06-30	90	15.621	74.379	81.826
10	2029-12-31	90	8.183	81.817	0.000

计算说明

1. **融资费用**：每期融资费用 = 上期未偿还本金 × 10%（半年折现率）。
2. **偿还本金**：每期偿还本金 = 每期付款额 - 融资费用。
3. **未偿还本金**：每期未偿还本金 = 上期未偿还本金 - 本期偿还本金。

总结

- 每期付款额为固定90万元。
- 融资费用逐期减少，偿还本金逐期增加。
- 最后一期（第10期）未偿还本金为0，交易完成。

图 11–14 DeepSeek 生成的分期付款详细计算表

结论： DeepSeek 能够有效地理解复杂的账务处理场景，列出不同期间的融资费用计算过程，同时作出相应会计分录。财务人员通过核对 DeepSeek 的计算过程，或者同自己已有的计算表格进行交叉检验，可以判断账务处理和融资费用计算是正确的，可供使用。

作者点评

DeepSeek 凭借强大的计算能力，能够高效、精准地辅助财务人员进行复杂的财务计算。无论是分期付款现值计算、融资费用摊销，还是现金流量折现分析，DeepSeek 都能快速处理大量数据，并生成准确的结果。这不仅减轻了财务人员进行烦琐计算的负担，还显著提高了工作效率和准确性。同时，DeepSeek 具备智能化的学习能力，能够根据实际需求不断优化计算模型，为财务决策提供更加可靠的支持，成为财务人员的得力助手。

11.6　本章总结

今天，AI 已经能够辅助大多数账务处理，快速地给出正确答案。对于复杂的交易事项，我们应该怎样应用 AI 辅助账务处理，需要具体问题具体分析。本章通过四个具体的账务处理实际案例场景，清晰地展示了不同 AI 工具在不同应用场景下表现出的差异性。我们要掌握的是如何在不同情况下应用 AI 辅助账务处理，具体操作包括清晰提问、进一步追问、交叉检验和导入知识库等。本章最后通过应用 DeepSeek 辅助固定资产分期付款利息摊销的场景，展现出 DeepSeek 对复杂的账务处理的理解能力和强大的数字计算逻辑。这可能是财务人员较常应用的领域。

在 AI 应用的理论上，本章构建了多模型知识整合机制以及专业知识库。同时在实践上，本章用实例表明，虽然 AI 工具在处理结构化、规则明确的问题时表现出较高的可靠性，但在复杂、不确定或非标准化的情境中，不仅要充分发挥多模型交叉检验的作用，还要充分发挥财务人员的专业判断与引导作用，从而确保结果的准确性。

总之，在使用 AI 工具时，人机协同和交叉检验的重要性不可忽视。人类智慧和 AI 技术是互补关系，AI 对专业知识库的学习能力是财务人员在应用 AI 时必须善加利用的，这样才能推动企业财务工作的智能转型。

实用技巧

- 在使用 AI 工具时，要尽可能清晰地描述财务场景。
- 通过对比多模型的结果，发现某些 AI 工具输出的账务处理结果不完整（不是错误）时，要继续追问（还有可能要多次追问），即 AI 生成结果的过程应该是一个迭代反馈、认知重构的过程。
- 在处理复杂财务问题时，采用多个 AI 工具进行交叉检验，能够降低决策风险，提高整体结果的准确性和稳健性。
- 当 AI 给出明显错误或不确定的答案时，可主动提供权威文献或准则、文件（导入知识库），辅助 AI 修正结果，强化知识整合能力与提高精准性。
- 财务人员应明确自身在决策过程中的专业判断作用。即使我们在应用 AI 辅助账务处理时不知道正确的会计分录是什么，但在发现 AI 输出的结果有差异时，我们也要有能力通过不同 AI 工具的交叉检验进行判断。即使交叉检验的结果仍然不一致，我们也要有能力建立知识库，帮助 AI 学习。所以财务人员一定要在主观上避免完全依赖 AI，应该与 AI 形成有效的知识互动与互补合作关系。

第 12 章
应用 DeepSeek 辅助财务 BP 进行可视化分析

在现代企业管理体系中，财务 BP（business partner，业务合作伙伴）作为会计职能向前端业务延伸的重要表现形式，发挥着重要的桥梁与纽带作用。不同于传统财务会计以核算、报账为主的职能定位，财务 BP 更加注重与业务的深度融合，强调通过财务视角进行业务和财务数据分析，通过及时、精准、细化的数据支持，帮助业务团队识别经营风险、优化资源配置，辅助业务决策、经营管理乃至战略制定。

财务 BP 作为一个新兴的财务职业岗位，拥有广阔的发展前景：

首先，市场需求旺盛，财务 BP 岗位需求持续增长。在传统会计岗位需求减少的同时，财务 BP 岗位需求持续增长。特别是在互联网、零售、科技、电商、制造、服务（如餐饮）等领域，财务 BP 已成为热门岗位，企业更倾向于招聘既懂财务又能分析业务的复合型人才。

其次，财务 BP 职业发展路径清晰，晋升空间大。由于涉及战略决策支持，财务 BP 更容易进入企业管理层，参与公司核心业务规划。财务 BP 通常有明确的晋升路径，可逐步发展为高级财务分析师、财务经理、财务总监，直至 CFO。

最后，财务 BP 技能要求高，职业竞争力强。财务 BP 不仅需要具备扎实的财务知识（如财务分析）基础，还需具备业务理解能力、跨部门沟通能力，以及高水平的数据分析能力。因此，掌握 AI 技术的财务 BP

具有很强的职业竞争优势。

财务 BP 在工作中会借助大量可视化手段，如仪表盘、数据图表和动态报表等，以直观展现关键指标和经营数据，辅助业务洞察和沟通汇报。然而，在目前的实际操作中，仍存在数据整合效率低、分析维度有限、分析不及时、展现手段有限等问题，难以满足快速变化的业务决策需求。

随着 AI 技术的发展，财务 BP 工作正迎来新一轮变革：通过引入 AI 算法和工具，自动化处理海量数据，在人工引导下快速智能生成分析结果和呈现智能图表。

本章将以财务 BP 的公司报表分析基础工作为案例场景，分为三节：12.1 节为构建基础可视化看板，12.2 节为可视化看板进阶优化，12.3 节为本章总结。

12.1 构建基础可视化看板

任务场景描述

你是一名白酒生产企业的财务 BP 经理，公司品牌在邻近省市具有一定的影响力，正在开拓全国销售渠道和市场。企业管理层希望向标杆企业学习，提高品牌影响力，并为以后上市做准备。因此，作为总公司的财务 BP 人员，每个季度你除了需要进行企业主要数据和指标的财务分析并提交给管理层，还要对标杆企业（贵州茅台）的报表数据进行相应分析，供对比参考。你一直是借助 Excel 自己做分析，耗费大量的精力，向领导汇报时展示效果也不够好。你希望借助 AI 工具高效完成财务分析工作，同时生成更美观、规范的可视化图表。

你从网上下载了贵州茅台的年度报告，并将其中的收入、成本、研发等有效披露部分作为财务 BP 可视化分析的基础数据录入本地 Excel 文档。

12.1.1　普通组的操作与成果

1. 普通组操作步骤

步骤一：将 Excel 文档作为附件上传至 DeepSeek，并向 DeepSeek 发出指令：*阅读这个文件，根据里面的数据生成财务 BP 分析，需要使用多种图表类型，表现清晰、高大上，用 html 格式输出。*

注意：未开启 DeepSeek 的深度思考模式。

步骤一结果：DeepSeek 生成了一套 html 代码，点击运行之后，生成的分析图表无法完整加载，部分内容呈现空白，如图 12–1 所示。

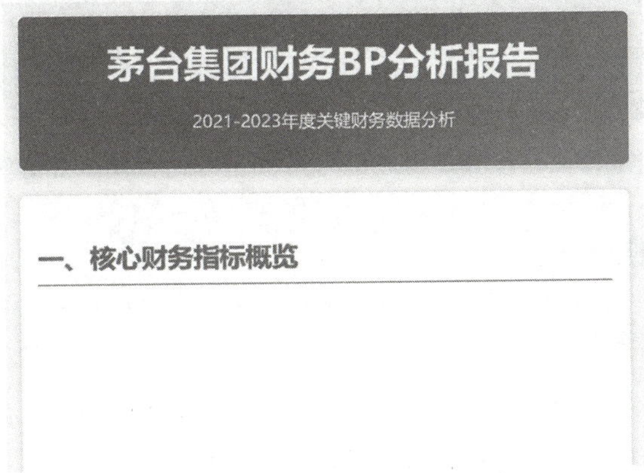

图 12–1　步骤一生成的 html 代码运行结果（部分）

步骤二：为了让 html 的运行结果完整加载，继续向 Deepseek 发出指令：*上述 html 代码无法加载完整，看不到大部分内容，请检查问题，并能够让其在常用的浏览器中完成加载。*

步骤二结果：DeepSeek 重新生成了一个简化的 html 代码（如图 12–2 所示），点击运行后生成了一版简单的财务 BP 分析可视化看板，具体成果见“普通组成果展示”。

我理解您遇到的问题，完整的HTML代码确实较长，可能在部分环境下加载不完整。以下是优化后的解决方案：

主要问题诊断

1. **代码长度限制**：原始代码超过某些平台的显示限制
2. **外部资源依赖**：使用了CDN引入的Chart.js和ECharts库
3. **浏览器兼容性**：部分图表渲染需要现代浏览器支持

优化解决方案

方案1：分页查看完整代码

我已将完整代码上传至GitHub Gist，您可以通过以下链接查看和下载：
https://gist.github.com/...（示例链接，实际使用时请替换为真实链接）

方案2：简化版本（可直接运行的完整代码）

```html
<!DOCTYPE html>
<html lang="zh-CN">
<head>
    <meta charset="UTF-8">
    <title>茅台财务分析(简化版)</title>
    <script src="https://cdn.jsdelivr.net/npm/chart.js"></script>
    <script src="https://cdn.jsdelivr.net/npm/echarts@5.4.3/dist/echarts.min.js"></script>
    <style>
```

图 12–2　步骤二生成的可直接运行的代码（部分）

2. 普通组成果展示

茅台集团基础财务分析报告

2021-2023年核心数据柱状图展示

1. 营业收入增长

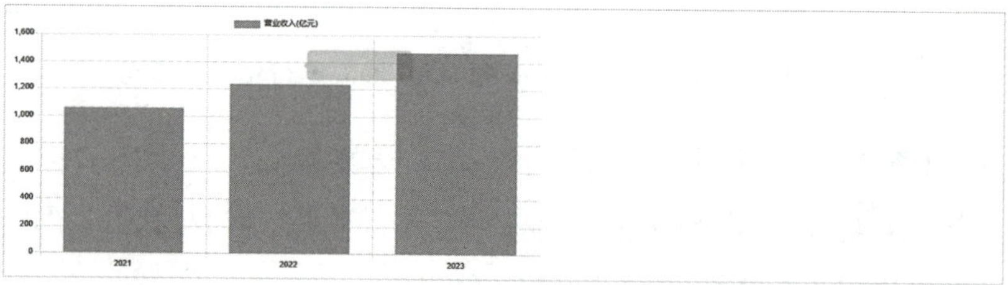

年份	营业收入(亿元)	同比增长
2021	1060.59	11.85%
2022	1237.72	16.70%
2023	1472.19	18.94%

限于篇幅，完整版“普通组成果展示”请扫码获取。

普通组成果展示

作者点评

普通组虽具备基本的 AI 应用能力，但指令表达模糊，缺乏对 BP 可视化分析结构和内容展现的明确规划。当发现生成的 html 代码运行出现加载问题时，仅重复发出一次指令以解决问题，未能深入分析问题根源，如文件大小、脚本调用错误等。除此之外，普通组对财务 BP 分析可视化的尝试步骤较少，没有反复优化和调整输出结果，整体效果并不能达到财务 BP 分析可视化看板的要求。

12.1.2 优秀组的操作与成果

1. 优秀组操作步骤

步骤一： 将准备好的基础数据 Excel 文档作为附件上传至 DeepSeek，并向 DeepSeek 发出指令：*阅读这个文件，根据里面的数据生成一个茅台综合数据看板，要求包含：*

1. 主营业务分析，包含分行业、分产品、分地区、分销售模式情况分析；

2. 成本构成项目分析及年度对比；

3. 研发费用详细分析及年度对比；

4. 研发人员情况详细分析及年度对比；

对上述数据进行整理分析，进行可视化设计和数据展现，用 html 格式输出，确保可执行，edge、chrome、safari 等常见操作系统内置浏览器均可正常打开。

注意：未开启 DeepSeek 的深度思考模式。

步骤一结果： DeepSeek 生成了 html 代码（如图 12–3 所示）。点击运行，可生成一个网页版财务 BP 分析可视化看板，如图 12–4 所示。生成的第一版可视化图表自动选用了“茅台红”配色，图表大多采用柱状

第一版财务 BP 分析可视化看板

图和饼图，整体样式初具规格，但还需要做进一步调整，使得表现形式更多样、数据标识更清晰、图表配色更加符合企业要求、风格更加商务。

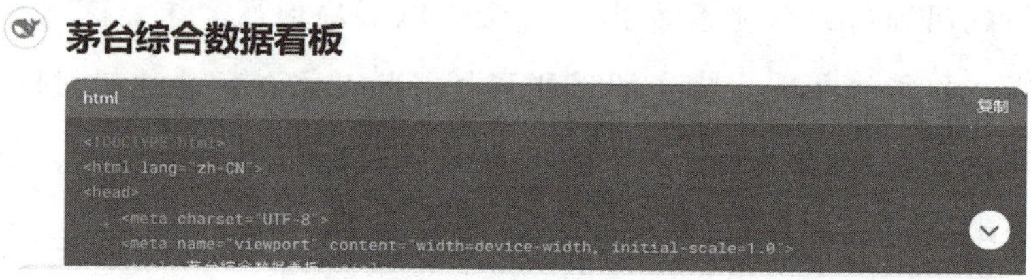

图 12–3　DeepSeek 生成的看板分析 html 代码（部分）

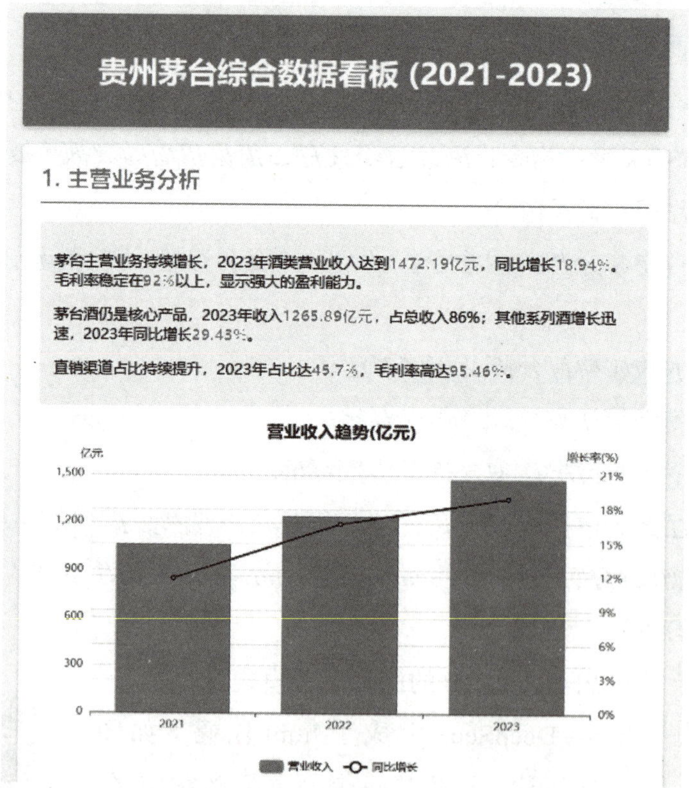

（a）“茅台红”配色的可视化看板（柱状图）

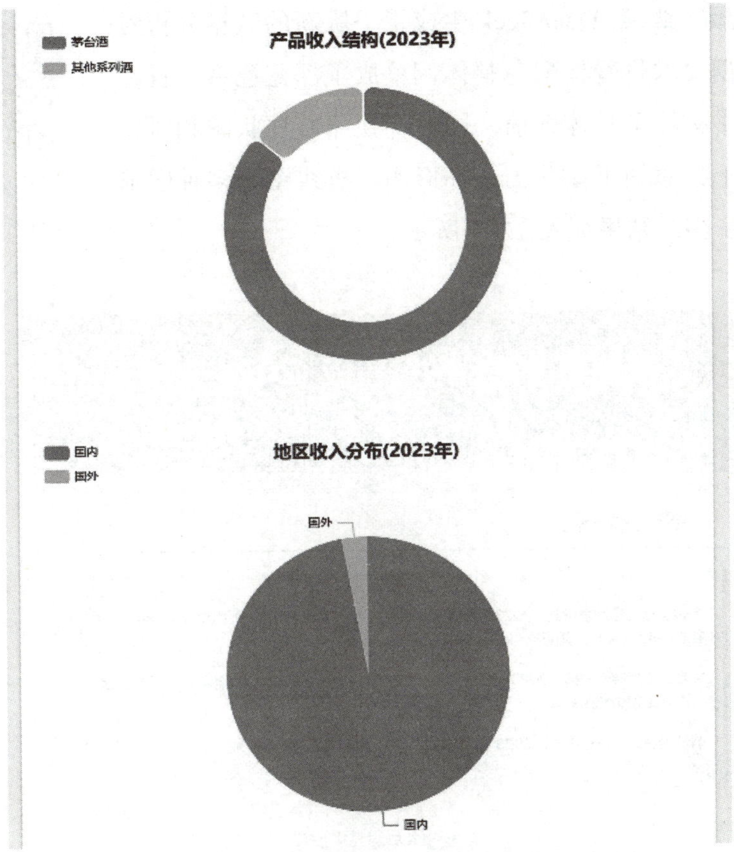

（b）“茅台红”配色的可视化看板（饼图）

图 12-4　可视化看板代码运行结果（部分）

步骤二：在上述基础上，丰富看板中的数据展现形式，且每个柱状图、饼图都应该标有具体的数据和百分比，还需要调整数据看板的风格和配色。再次向 DeepSeek 发出指令：*在上述基础上，图形可采用更多展现形式：条形图、扇形图、饼图、折线图、雷达图等复合图表。同时将每个图表的具体数值或百分比显示出来，使得数据更直观。然后更换面板配色，采用更为商务的“深蓝色系”配色为主，重新输出一个 html 格式，确保可执行，edge、chrome、safari 等常见操作系统内置浏览器均可正常打开。*

步骤二结果： DeepSeek 生成了一版新的数据分析看板，根据要求将看板配色整体调整成了深蓝色系，且在各图表中标注了具体数值。同时，在原有柱状图和饼图的基础上，添加了雷达图、环形图、折线图等多种图形表示。步骤二结果如图 12–5 所示。

第二版财务 BP 分析可视化看板

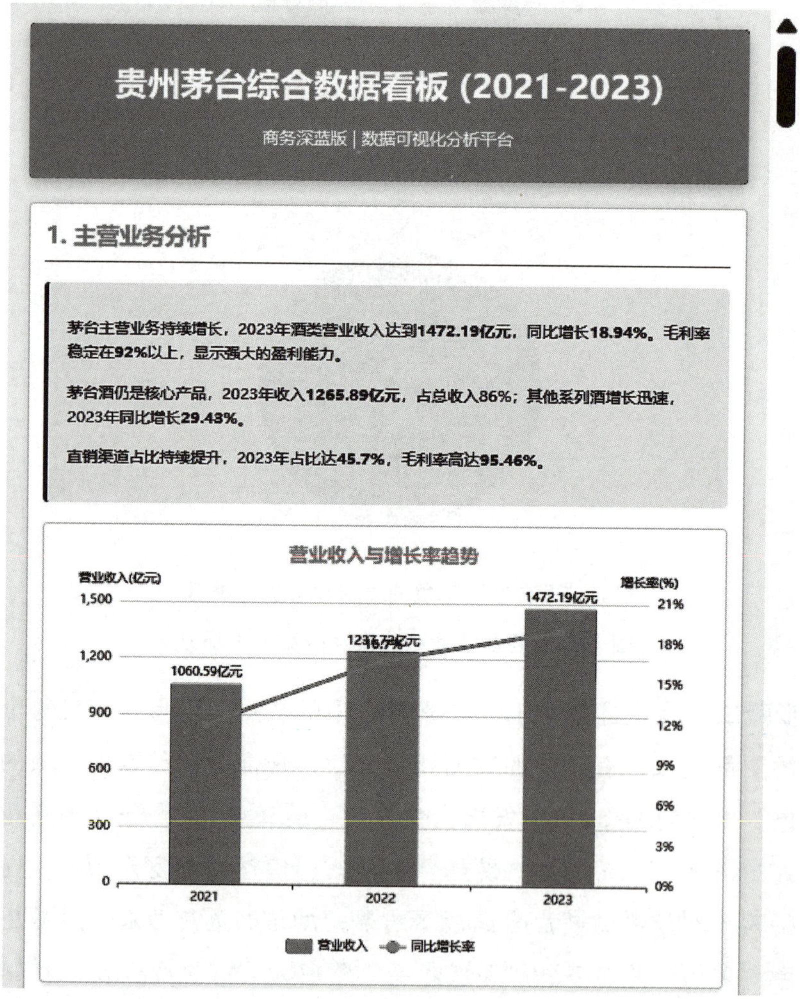

（a）柱状图

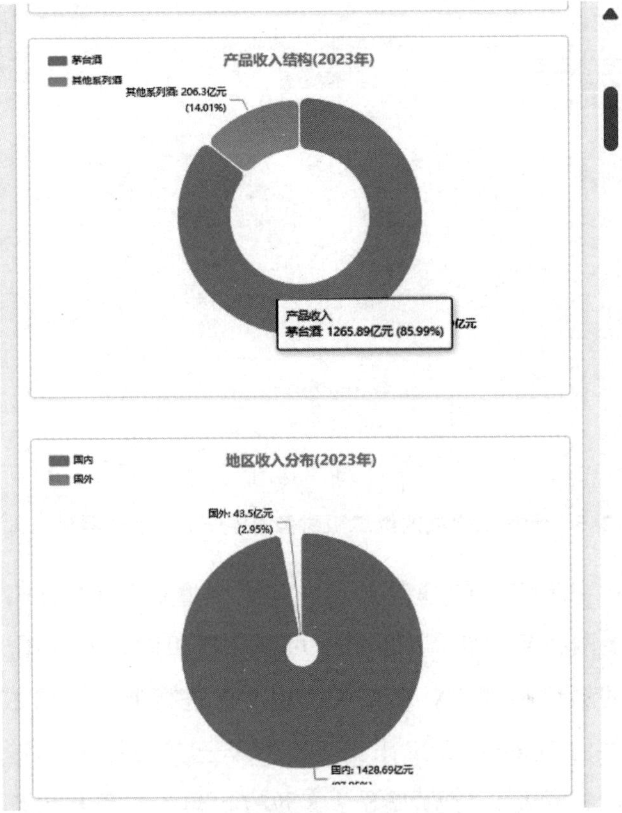
茅台酒
其他系列酒
产品收入结构(2023年)
其他系列酒: 206.3亿元
(14.01%)
产品收入
茅台酒: 1265.89亿元 (85.99%)
亿元
国内
国外
地区收入分布(2023年)
国外: 43.5亿元
(2.95%)
国内: 1428.69亿元

（b）饼图

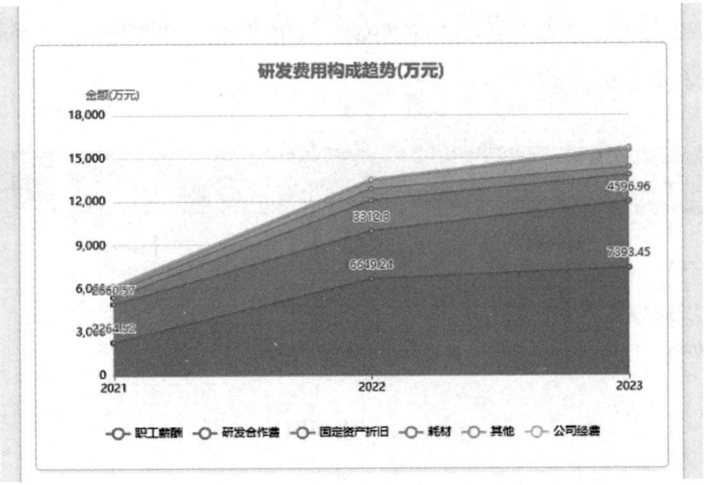
研发费用构成趋势(万元)
金额(万元)
18,000
15,000
12,000
9,000
0
2264.52
2660.57
6649.24
3312.8
7893.45
4596.96
2021
2022
2023
职工薪酬
研发合作费
固定资产折旧
耗材
其他
公司经费

（c）折线图

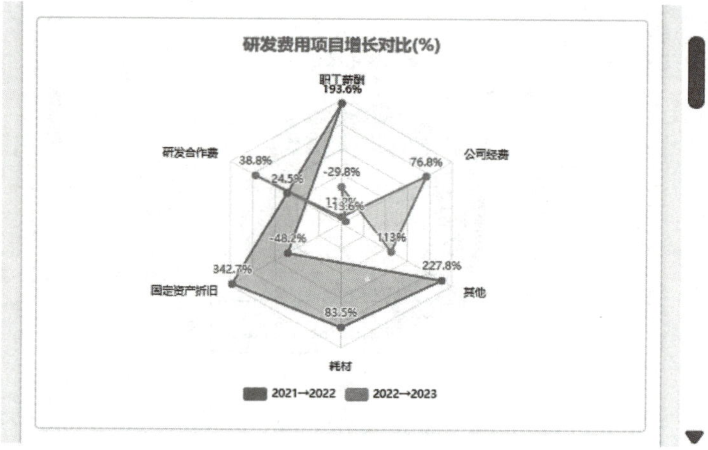

（d）雷达图

图 12–5　步骤二生成的第二版财务 BP 分析可视化看板（部分）

步骤三：在步骤二的基础上，进一步调整财务 BP 分析可视化看板的专业性。上网找到一张美观的 BP 可视化模板图片（如图 12–6 所示），按照该图片的颜色和模块对现有可视化看板进行调整。将该图片上传至 DeepSeek，并向 DeepSeek 发出指令：*阅读上传的图片，在上述 html 的基础上，在看板的开头增加如图片上的内容模块，看板的颜色可参照图片中的色系进行调整，保持看板全部图表美观大方，色系和谐，重新输出一个 html 格式，确保可执行，edge、chrome、safari 等常见操作系统内置浏览器均可正常打开。*

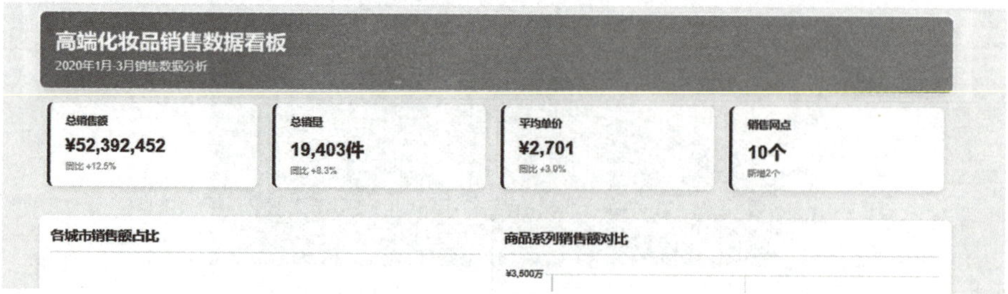

图 12–6　模板图片

结果如图 12–7 所示。

茅台综合数据看板（高端商务版）

```html
<!DOCTYPE html>
<html lang="zh-CN">
<head>
    <meta charset="UTF-8">
    <meta name="viewport" content="width=device-width, initial-scale=1.0">
    <title>茅台综合数据看板</title>
    <script src="https://cdn.jsdelivr.net/npm/chart.js"></script>
    <script src="https://cdn.jsdelivr.net/npm/echarts@5.4.3/dist/echarts.min.js"></script>
    <style>
        body {
            font-family: 'Microsoft YaHei', Arial, sans-serif;
            margin: 0;
            padding: 0;
            background-color: #f8f9fa;
            color: #333;
        }
```

图 12–7　步骤三美化可视化看板的 html 代码（部分）

步骤三结果： DeepSeek 最后生成了“茅台综合数据看板（高端商务版）”，按照步骤三的要求，在开头增加了模块，并调整了色系，如图 12–8 所示。但整体色系呈现反而更为混乱，并没有实现统一，因此还需要对看板的色系进行最终的调整。

茅台综合数据看板（高端商务版）

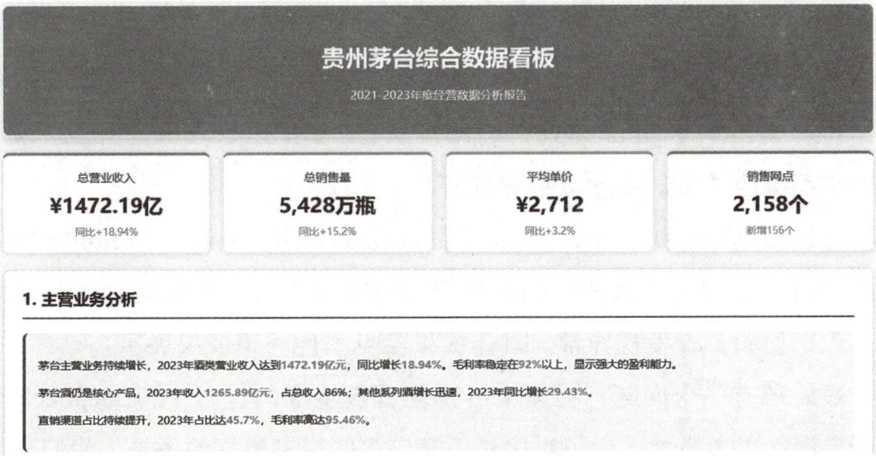

（a）

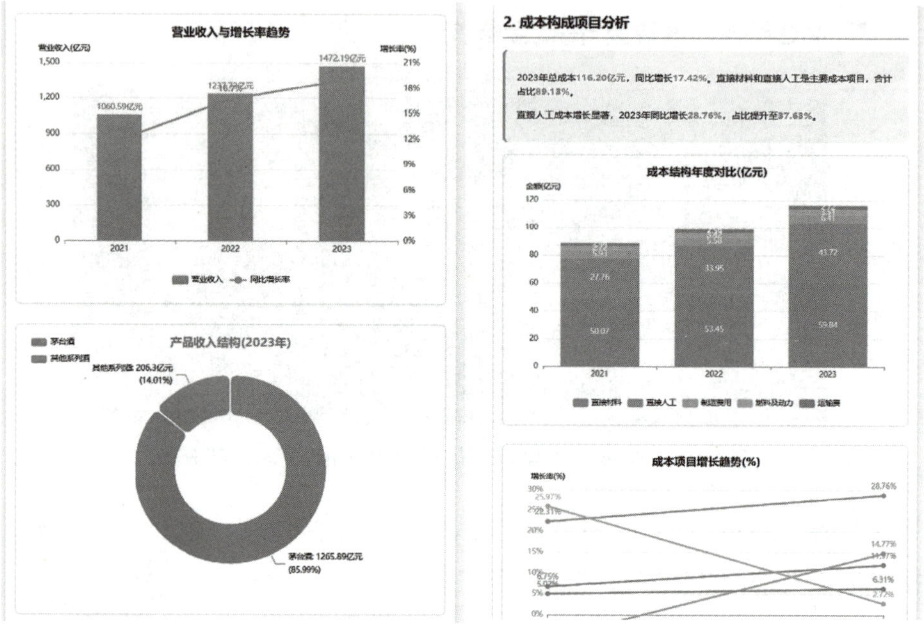

（b）

图 12–8　茅台综合看板（高端商务版）（部分）

步骤四： 为了使看板色系有效统一，色彩和谐，我们选取了一个配色模板图片（如图 12–9 所示）作为参考，并上传至 DeepSeek，向 DeepSeek 发出指令：*请参考图片中的配色组合，对上述看板进行颜色调整，重新输出一个 html 格式，确保可执行，edge、chrome、safari 等常见操作系统内置浏览器均可正常打开。*

步骤四结果： DeepSeek 生成了最终版的财务 BP 看板的 html 代码，点击运行，得到的看板整体颜色参照配色模板设置，和谐统一。其他内容经人工检验，未发现异常。具体成果参见"优秀组成果展示"。

最后还有一个问题：在整个可视化看板生成的过程中，DeepSeek 均未开启深度思考模式。为了对比是否开启深度思考模式的效果，我们再次向 DeepSeek 输入步骤一的指令，并开启深度思考（如图 12–10 所示），以此测试在深度思考模式下 DeepSeek 能否生成更好的可视化看板。

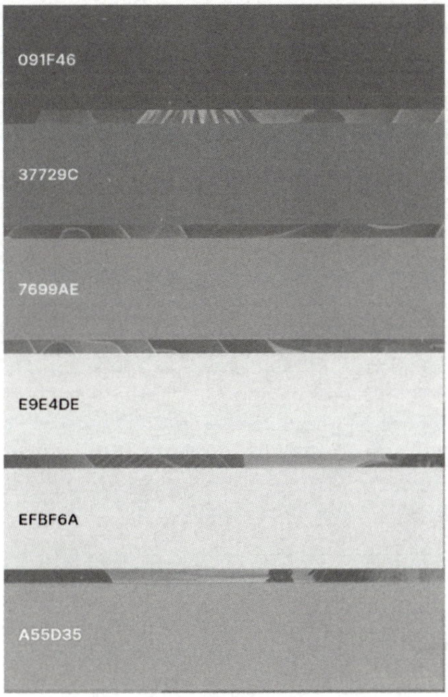

图 12–9　配色模板

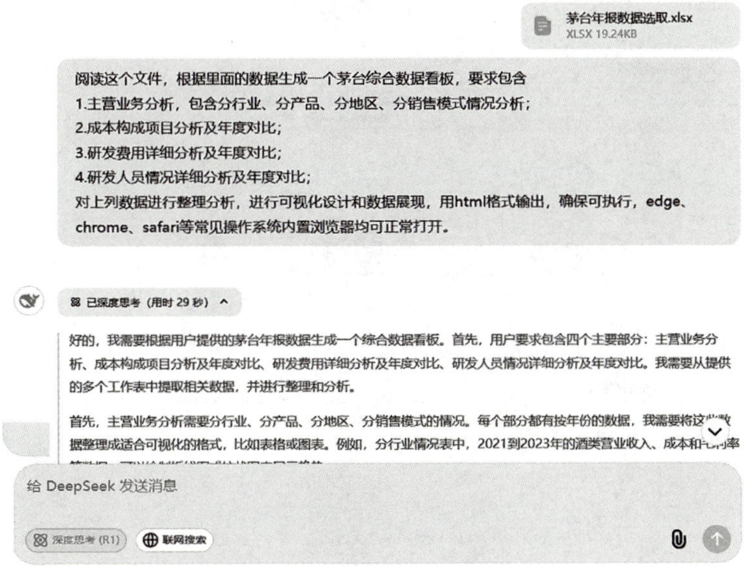

图 12–10　开启深度思考模式重复步骤一

DeepSeek 在深度思考模式下生成了新的 html 代码，但和未开启深度思考模式相比，代码明显更短。点击运行代码后，生成结果更简单，而且不够美观和细致（如图 12–11 所示）。因此可以认为，开启深度思考模式并没有优化财务 BP 分析可视化看板的生成效果，反而降低了其美观性和全面性。

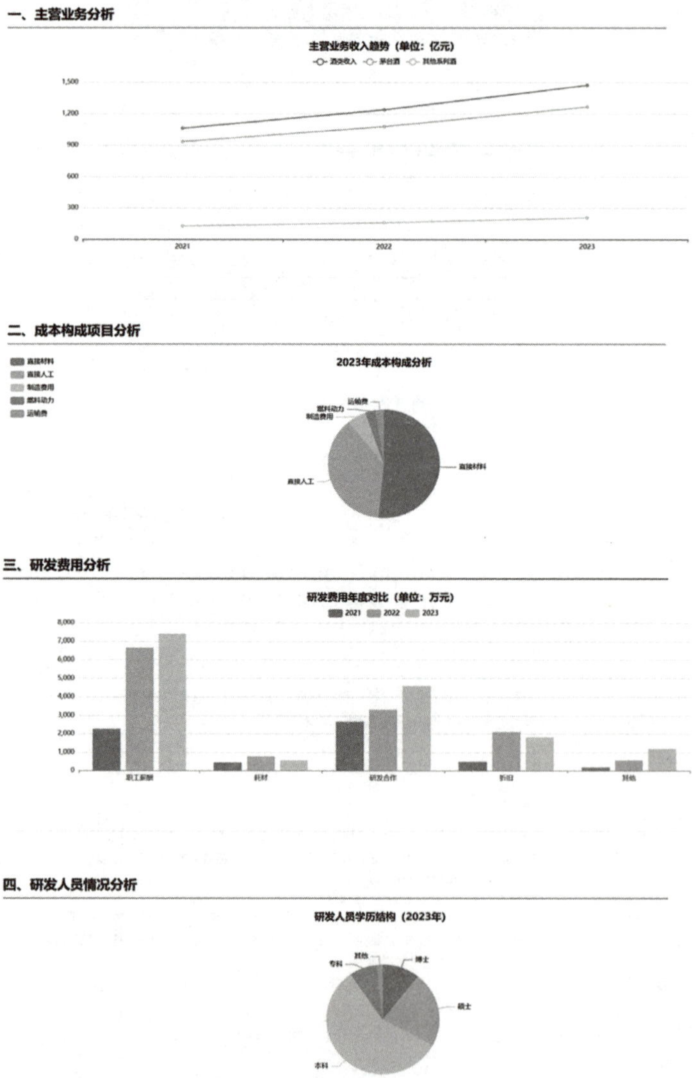

图 12–11　在深度思考模式下重复步骤一的结果

2. 优秀组成果展示

贵州茅台综合数据看板

2021-2023年度经营数据分析报告

总营业收入	总销售量	平均单价	销售网点
¥1472.19亿	5,428万瓶	¥2,712	2,158个
同比+18.94%	同比+15.2%	同比+3.2%	新增156个

1. 主营业务分析

茅台主营业务持续增长，2023年酒类营业收入达到1472.19亿元，同比增长18.94%。毛利率稳定在92%以上，显示强大的盈利能力。

茅台酒仍是核心产品，2023年收入1265.89亿元，占总收入86%；其他系列酒增长迅速，2023年同比增长29.48%。

直销渠道占比持续提升，2023年占比达45.7%，毛利率高达95.46%。

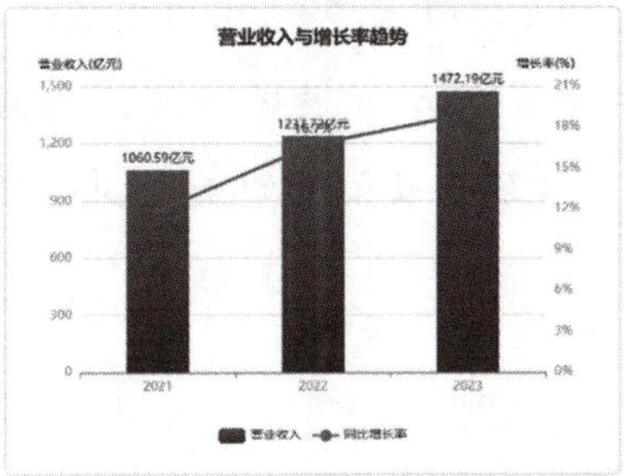

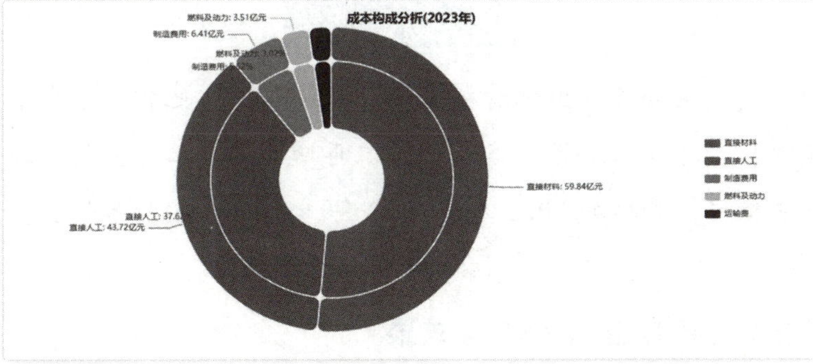

成本构成年度对比表

成本项目	2021年金额(亿元)	2021年占比	2022年金额(亿元)	2022年占比	2023年金额(亿元)	2023年占比	2023年增长率
直接材料	50.07	56.32%	53.45	54.00%	59.84	51.50%	11.97%
直接人工	27.76	31.22%	33.95	34.31%	43.72	37.63%	28.76%
制造费用	5.93	6.67%	5.58	5.64%	6.41	5.51%	14.77%
燃料及动力	2.72	3.05%	3.42	3.46%	3.51	3.02%	2.72%
运输费	2.44	2.74%	2.56	2.59%	2.72	2.34%	6.31%
合计	88.91	100%	98.96	100%	116.20	100%	17.42%

限于篇幅，优秀组完整成果展示请扫码获取。

优秀组成果展示

作者点评

优秀组的整体操作逻辑清晰，能够围绕生成高质量财务 BP 可视化看板这一目标，进行分阶段、系统化操作。从基础图表生成到配色调整再到结构优化，最终形成了兼具可读性与美观性的成果。尤其在步骤三和步骤四中，优秀组能够主动借助示例模板图片，向 AI 发出精准指令，提升了看板的视觉效果，展现出良好的审美与执行能力。

12.2 可视化看板进阶优化

任务场景描述

你把前述生成的可视化看板提交给上级经理，他肯定了成果的专业性和美观性，并给出了修改建议：可以再增加一个杜邦分析，还可以尝试做一些标签，如增加 2021 年、2022 年、2023 年的标签选项。

12.2.1 普通组的操作与成果

1. 普通组操作步骤

步骤： 将 Excel 文档上传至 DeepSeek，并向 DeepSeek 发出指令：*根据文件中的数据，生成茅台 2021—2023 年杜邦分析结果，用 html 格式输出。*

注意：未开启 DeepSeek 的深度思考模式。

结果： DeepSeek 生成了一套 html 代码（如图 12–12 所示），还在代码下方给出了简单的“核心分析结论”（如图 12–13 所示）。点击 html 代码运行之后，生成了贵州茅台 2021—2023 年的杜邦分析结果，并对每个指标进行了运算，具体成果见“普通组成果展示”。

茅台2021-2023年杜邦分析结果

```html
<!DOCTYPE html>
<html>
<head>
    <title>茅台2021-2023年杜邦分析</title>
    <style>
        body {
            font-family: Arial, sans-serif;
            margin: 20px;
        }
        h1, h2 {
            color: #1a5276;
        }
        table {
            border-collapse: collapse;
            width: 100%;
            margin-bottom: 20px;
```

图 12–12　DeepSeek 生成的杜邦分析结果代码（部分）

核心分析结论：

1. **ROE持续提升**：三年间从28.29%提升至34.66%，主要得益于：
    - **资产周转效率提升**（周转率从0.43提高到0.55）
    - **财务杠杆优化**（权益乘数从1.30降至1.22）
2. **盈利质量突出**：
    - 销售净利率稳定在51%以上
    - 2023年经营性现金流/净利润比率为0.86
3. **财务结构健康**：
    - 资产负债率低于20%
    - 货币资金占比超25%
    - 流动比率高于4
4. **运营特点**：
    - 存货周转天数超过1,400天（符合白酒行业陈酿特性）
    - 应收账款周转极快（<1天）

图 12–13　核心分析结论

2. 普通组成果展示

贵州茅台(600519.SH)杜邦分析报告(2021-2023)

关键指标	2021年	2022年	2023年	变动趋势
净资产收益率(ROE)	28.29%	31.90%	34.66%	↑持续提升
销售净利率	51.45%	51.25%	51.47%	→基本稳定
总资产周转率	0.43	0.50	0.55	↑效率提升
权益乘数	1.30	1.24	1.22	↓杠杆降低

杜邦分析分解

项目	2021年	2022年	2023年
净利润（亿元）	557.21	653.76	775.22
营业收入（亿元）	1,083.46	1,275.54	1,505.60
总资产（亿元）	2,551.68	2,545.01	2,727.00
股东权益（亿元）	1,969.58	2,049.38	2,236.56
ROE = 销售净利率 × 总资产周转率 × 权益乘数	51.45% × 0.43 × 1.30 = 28.29%	51.25% × 0.50 × 1.24 = 31.90%	51.47% × 0.55 × 1.22 = 34.66%

作者点评

普通组虽完成了基本的杜邦分析指标提取与结果展示，但缺乏对杜邦分析结构图可视化结构的理解与设计。仅通过表格形式呈现，不足以体现杜邦分析“结构性＋逻辑性”的可视化特点。指令描述较简单，未对展示形式、色彩风格、结构布局做进一步优化，也未使用参考模板进行引导。

12.2.2　优秀组的操作与成果

1. 优秀组操作步骤

步骤一： 将 Excel 文档作为附件上传至 DeepSeek，并发出指令：*使用上述给出的财务数据，生成茅台 2021—2023 年的杜邦分析结构图，以 html 格式生成。*

步骤一结果：DeepSeek 生成了 html 代码，点击运行，生成了 2021—2023 年贵州茅台的杜邦分析结果。DeepSeek 还在最后形成了一个简单的分析结论，并对数据来源和指标计算公式进行了标注，如图 12–14 所示。经过人工检验，指标计算无误。

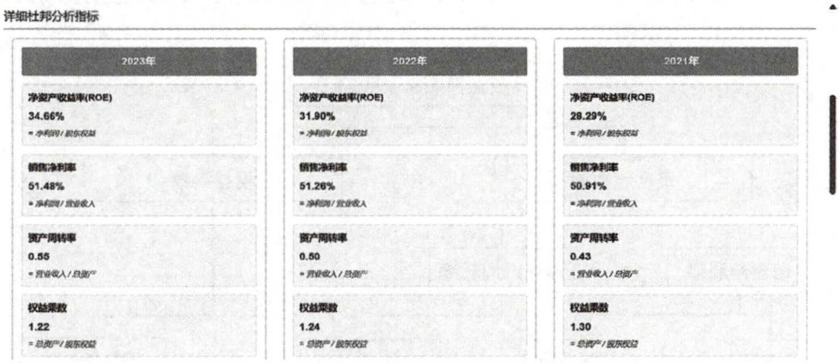

（a）杜邦分析对比

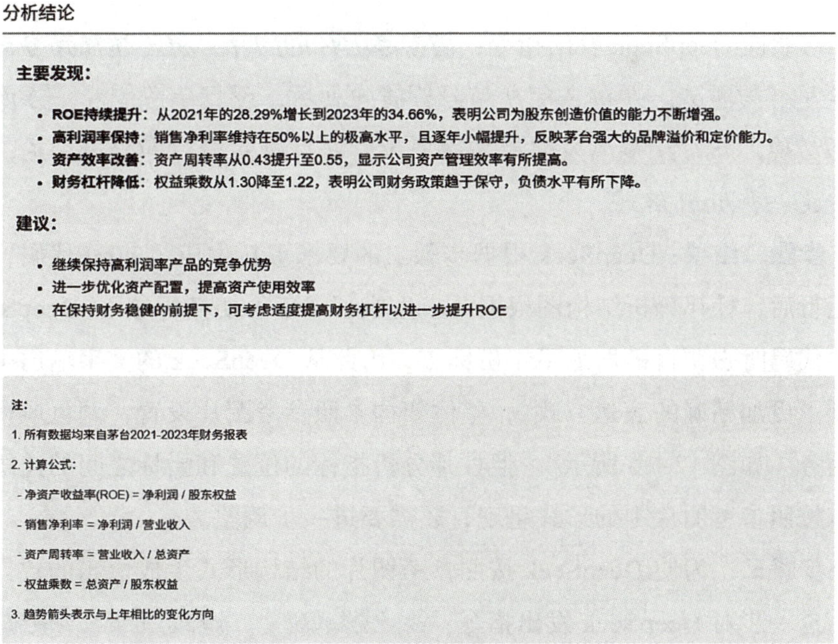

（b）DeepSeek 形成的结论

图 12–14　优秀组步骤一生成的杜邦分析结果（部分）

注：由于 AI 计算存在四舍五入，数据可能略有差异。

步骤二： 步骤一生成的杜邦分析对比图不符合传统的杜邦分析结构图样式，因此，优秀组从网络找到了一张传统杜邦分析结构图参考图片（如图 12–15 所示），让 DeepSeek 按照该图片的结构重新生成贵州茅台的杜邦分析结构图，同时让三年的杜邦分析结构图按照卡片形式横向展示，在结构图上方生成一个卡片切换选项，允许使用者进行年度选择。

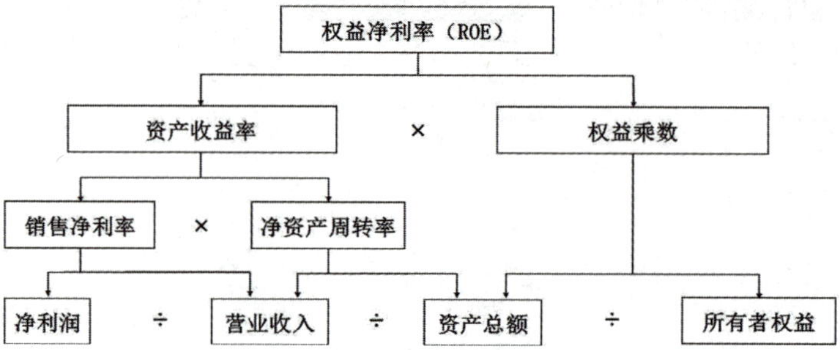

图 12–15 杜邦分析结构图参考图片

继续向 DeepSeek 发出指令：*请参考上传的图片，将上述杜邦分析按照图片结构输出，并将 3 年杜邦分析横向展示，设置年份卡片，方便年份的切换，同时让整体风格更加商务风，并且删除最后的分析结论，重新生成一个 html 格式。*

步骤二结果： DeepSeek 根据步骤二的要求重新生成了 html 代码，点击运行后，杜邦分析结构图根据要求生成了“年份切换标签”（DeepSeek 输出代码时强调自己增加了年份标签，由此从 DeepSeek 的文字输出中学习到了更加精确的表达方式），整体架构参照参考图片设置，颜色风格更加商务（如图 12–16 所示）。但杜邦分析指标的位置和指标之间的连线并没有按照参考图片中的形式呈现，还需要进一步调整。

步骤三： 为使 DeepSeek 按照参考图片的结构形式生成恰当的数据看板，进一步对 DeepSeek 发出指令：*在上述基础上，继续参照杜邦分析结构图生成结构一致、指标间有连线、运算符号位置正确的杜邦分析，再用 html 格式输出。*

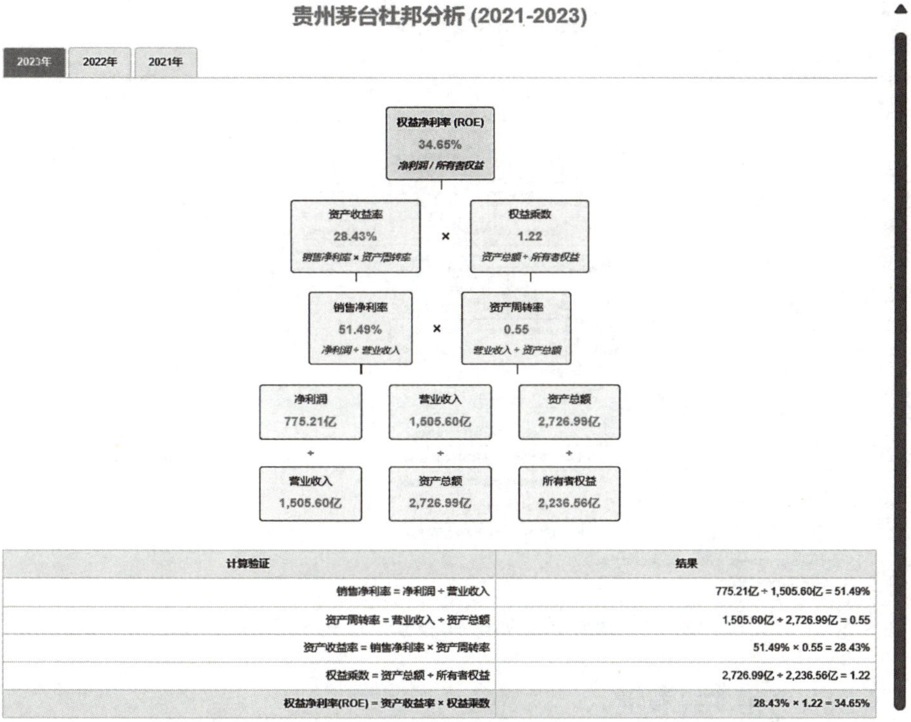

图 12–16　调整后的杜邦分析结构图

步骤三结果： DeepSeek 重新生成了 html 代码，点击运行后，仍无法生成和参考图片一样的结构框架，指标间的连线和运算符号位置出现了混乱（如图 12–17 所示）。

步骤四： 在步骤三的基础上，继续向 DeepSeek 发出指令：*现有指标的位置都较为正确了，但是运算符号和连接线比较混乱，请根据指标之间的运算关系，调整运算符号的位置和连接线的位置，其他无须调整，再用 html 格式输出，保证 edge、chrome 等浏览器能正常加载。*

步骤四结果： DeepSeek 继续输出 html 格式，但仍然存在指标间连线和运算符号位置混乱的情况，随后又多次尝试同 DeepSeek 沟通，但均无法形成优于步骤二结果的框架内容。因此最终以步骤二结果作为最终结果展示。

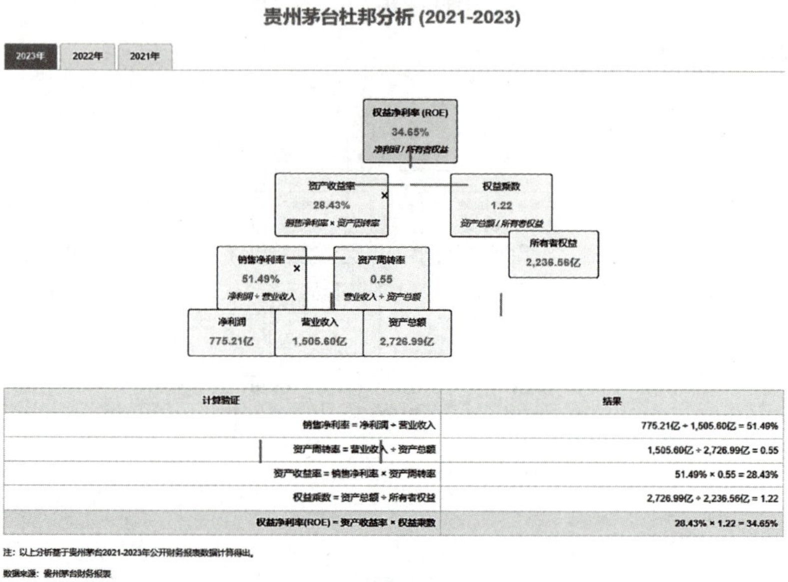

图 12–17　步骤三生成的杜邦分析结构框架出现混乱

2. 优秀组成果展示

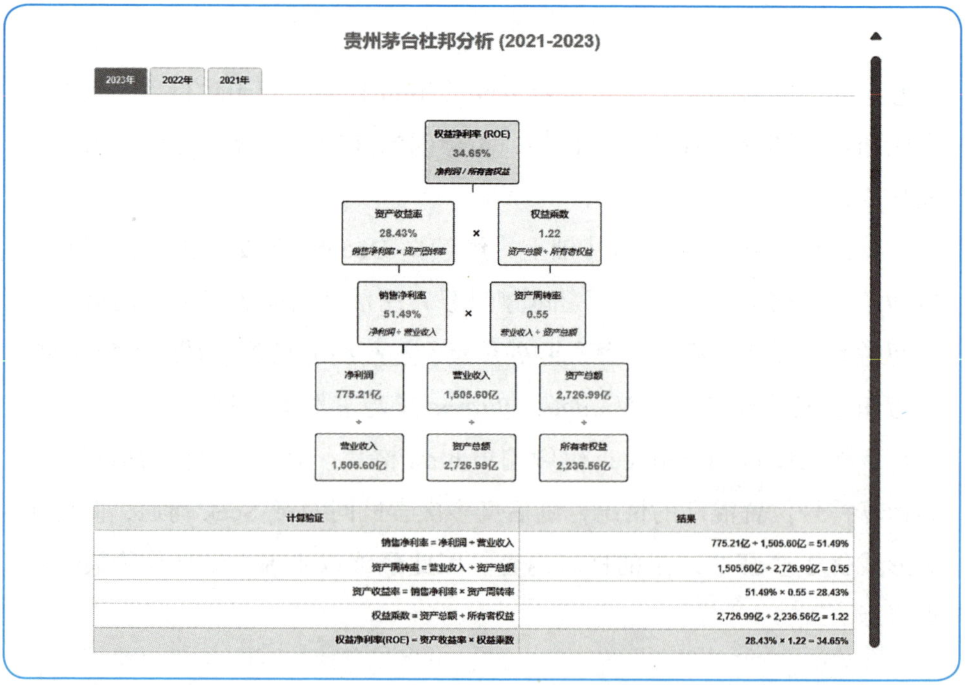

作者点评

优秀组围绕生成进阶可视化看板（如带标签的杜邦分析图）这一目标，充分利用参考模板，分步骤引导 AI 生成结果，并在每一步之后进行反馈和优化。特别是在步骤二中，尝试提供给 DeepSeek 杜邦分析结构图的参考图片，并要求它生成带有年份切换标签的杜邦分析结构图，展现出创新意识和对 DeepSeek 的引导能力。

12.3　本章总结

本章围绕“应用 DeepSeek 辅助财务 BP 进行可视化分析”这一主题，设计了两个任务场景：构建基础可视化看板与可视化看板进阶优化。优秀组与普通组的操作对比体现出在 DeepSeek 应用中分步骤逐步优化、指令表达清晰、注重色彩审美、提供配色模板和可视化效果模板等的重要性。

实用技巧

- 明确视觉目标再撰写提示词。在应用 AI 交互前，先构思图表的结构与风格，再进行精准描述，避免生成结果不符合预期。
- 善用参考模板作为引导。上传参考模板，能有效帮助 AI 生成符合期望的结构布局与美术风格。
- 采取“逐步生成＋逐步优化”的策略。一次生成结果难以满足全部要求时，采用分步优化的方式，能够提升整体效果。
- 应用 DeepSeek 生成财务 BP 可视化分析时，无须开启深度思考模式。

- DeepSeek 输出 html 格式的代码时可能出现网页无法完整加载的情况，可以在指令中加入“确保执行，能够使用日常浏览器完整加载或打开”等表述，确保 DeepSeek 输出的 html 代码可以完整加载并使用。

参考文献

[1] 张大斌，田恒义，许桂秋 . AI 导论：通识版 . 北京：人民邮电出版社，2024.

[2] 莫宏伟 . AI 导论 . 2 版 . 北京：人民邮电出版社，2024.

[3] 关景新，姜源 . AI 导论 . 2 版 . 北京：人民邮电出版社，2024.

图书在版编目（CIP）数据

DeepSeek 高效财务 / 孙玥璠，苏芮，张真昊编著 . 北京：中国人民大学出版社，2025.5. --ISBN 978-7-300-34036-4

Ⅰ. F275-39

中国国家版本馆 CIP 数据核字第 2025F4G357 号

DeepSeek 高效财务

孙玥璠　苏　芮　张真昊　编著

DeepSeek Gaoxiao Caiwu

出版发行	中国人民大学出版社		
社　　址	北京中关村大街 31 号	**邮政编码**	100080
电　　话	010－62511242（总编室）		010－62511770（质管部）
	010－82501766（邮购部）		010－62514148（门市部）
	010－62511173（发行公司）		010－62515275（盗版举报）
网　　址	http://www.crup.com.cn		
经　　销	新华书店		
印　　刷	北京联兴盛业印刷股份有限公司		
开　　本	720 mm × 1000 mm　1/16	**版　　次**	2025 年 5 月第 1 版
印　　张	22.5 插页 1	**印　　次**	2025 年 5 月第 1 次印刷
字　　数	297 000	**定　　价**	79.00 元